EXCURSIONS

DANS L'INDE

PARIS. — IMPRIMERIE DE CH. LAHURE ET Cie

Rues de Fleurus, 9, et de l'Ouest, 21

EXCURSIONS
DANS L'INDE

PAR

LOUIS DEVILLE

PARIS

LIBRAIRIE DE L. HACHETTE ET Cie

RUE PIERRE-SARRAZIN, N° 14

1860

EXCURSIONS

DANS L'INDE.

INTRODUCTION.

Le nom seul de l'Inde éveille en nous l'idée d'une lointaine et riche contrée peuplée de nombreux habitants aux coutumes bizarres. Les croyances religieuses des Hindous remontent à la plus haute antiquité. Elles reposent sur les Védas, qui, suivant la tradition, sont l'œuvre de Dieu même. Ces livres sacrés, écrits en langue sanscrite, remontent à plusieurs milliers d'années avant l'ère chrétienne, et ne doivent être lus que par les brahmes ou prêtres. Les Védas renferment les doctrines théologiques, une collection complète de prières et les commandements religieux.

Les Hindous admettent un Dieu composé de trois

personnes qui se métamorphosent et prennent diverses incarnations pour sauver le monde du mauvais génie. Dieu est l'âme universelle du monde. Toutes les autres âmes qui sont émanées de la divinité s'élèvent ou descendent dans l'échelle des êtres suivant leur conduite pendant la vie. Dieu, en s'incarnant, parcourt tous les degrés de la nature. Les Hindous considèrent la terre, l'air, le feu, les étoiles, comme représentés par Prithivi, Indra, Aghni, etc., autant de dieux séparés de la divinité centrale.

Cette croyance des Hindous à la métempsycose explique leur respect pour les animaux. Ils ne tueront aucune créature vivante, puisque les âmes passent dans le corps d'un animal jusqu'au moment où elles deviennent assez pures pour se réunir à Dieu, l'âme universelle. Ils ne mangeront pas de viande, ils ne boiront pas de vin et feront de nombreuses ablutions pour se rendre plus dignes d'être absorbés dans la divinité.

Il faut en outre faire des offrandes pendant les cérémonies religieuses et s'imposer des pénitences et des mortifications si l'on veut obtenir cette béatitude éternelle. Aussi trouve-t-on une foule de fakirs, de joguis, d'atils, etc., qui supportent volontairement des tortures épouvantables. Combien de fanatiques se précipitent sous les roues du char de Jaggernauth pour être écrasés par leur idole vénérée!

Les Hindous, naturellement faibles et craintifs, sont très-attachés à leurs superstitions, et bravent pour elles les souffrances et la mort. Ils conservent fidèlement toutes leurs institutions religieuses et forment encore aujourd'hui les quatre castes distinctes dont l'établissement remonte à une époque si reculée. Les brahmes ont toujours su maintenir la brillante position qu'ils se sont attribuée. Les musulmans et les membres de quelques sectes religieuses refusent seuls de reconnaître les priviléges des brahmes ; mais ils ne forment qu'une faible partie de la population indienne.

Pour conserver leurs castes et n'être pas rangés dans la classe des parias, les Hindous ont évité tout contact avec les nombreux dominateurs de leur pays ; ce qui explique le petit nombre de conversions obtenues par les musulmans et par les Anglais depuis leur établissement dans l'Inde. Il nous reste à voir si les écoles européennes, les chemins de fer et le développement du commerce finiront enfin par triompher de la superstition qui tient les indigènes à l'écart des peuples étrangers.

Il y a déjà un pas de fait dans cette voie. Les brahmes devaient seuls répandre l'instruction parmi leurs compatriotes, conformément aux prescriptions des Védas. Dans les principales villes de l'Inde on a cependant ouvert des écoles primaires pour les natifs, et depuis quelques années les brahmes eux-mêmes s'y rendent avec empressement pour se préparer à l'exercice des professions industrielles qu'ils veulent embrasser, contrairement à leurs règles religieuses. Mais les Hindous qui apprécient les avantages de l'instruction européenne sont encore peu nombreux.

La plupart des indigènes vont en effet aux écoles établies dans les villages. Les pédagogues, généralement fort ignorants, ne peuvent donner qu'une instruction très-restreinte et nullement morale. Il est regrettable que le gouvernement n'étende pas son influence sur ces maîtres d'écoles, en leur accordant des encouragements pécuniaires. Ce serait le moyen d'intervenir dans cet enseignement et de lui donner une direction plus intelligente.

Peut-être en répandant l'instruction dans les populations, arriverait-on à diminuer leur répulsion pour la civilisation européenne. Malheureusement le budget de l'instruction dans l'Inde ne s'élève qu'à deux millions cinq cent mille francs. C'est une somme presque insignifiante en comparaison du nombre des écoles que nécessiteraient les cent cinquante millions d'individus soumis à la domination anglaise. Cependant le revenu annuel de la Compagnie dépasse six cents millions de francs.

Les Anglais aiment mieux entretenir une armée de trois cent mille hommes, dont quarante mille sont européens. Le budget militaire atteint presque

trois cents millions de francs par an et fournit des
appointements à dix mille Anglais. La Compagnie
donne aux troupes indigènes une haute paye qui
assure leur fidélité jusqu'au moment où l'on viole-
rait leurs superstitions religieuses. On verrait alors
les cipayes se soulever pleins de confiance dans
leur grand nombre. Mais peut-être ne pourraient-
ils pas lutter contre les régiments anglais. Les
troupes indigènes ne triompheraient que si elles
étaient secondées par un soulèvement général de la
population. Les Indiens supportent impatiemment
des impôts très-élevés et les violences d'une police
fort mal organisée.

La Compagnie des Indes mériterait cependant la
reconnaissance des natifs sous plus d'un rapport.
Depuis quelques années elle a signalé son administration par la poursuite énergique des nombreux
criminels qui infestent l'Inde. Elle a diminué le
nombre des Dacoïts. Ces voleurs pénètrent dans les
maisons et torturent les habitants jusqu'à ce qu'ils
aient déclaré où sont cachées leurs richesses. L'u-
sage des suttis a été supprimé. Les femmes hindoues ne sont plus brûlées sur le bûcher de leurs
maris. On ne laisse pas les Rajpouts tuer leurs filles
dès leur naissance, ni les Khonds offrir des sacrifices humains. Les empoisonnements par les
dattureas commencent à devenir moins fréquents.
Enfin, on a détruit les associations redoutables des

Thugs ou étrangleurs, qui ont commis tant de meurtres.

Mais il reste encore beaucoup à faire. Au-dessous du magistrat ou du collecteur anglais se trouvent des agents indigènes qui dans les districts abusent de leur pouvoir pour se livrer à une foule d'exactions. Les malheureuses victimes n'osent pas adresser leurs plaintes à l'autorité anglaise. Elles sont convaincues qu'elles ne pourront lutter contre les faux témoignages que leurs adversaires se procurent à prix d'argent. Beaucoup de délits et même des crimes restent souvent impunis, s'ils sont commis par des indigènes assez riches pour acheter les agents subalternes. Ces derniers, fort nombreux dans l'Inde, appartiennent généralement à la population musulmane. La faveur seule fait obtenir les emplois. Il serait bien plus politique de les confier aux élèves sortis des écoles ouvertes par la Compagnie. Dans l'organisation civile, les indigènes n'obtiennent pas une plus haute position que dans le service militaire; ce qui est pour eux l'occasion d'un vif mécontentement, car ils voient tous les forts appointements réservés aux Anglais.

La Compagnie des Indes s'occupe aussi de fertiliser une grande étendue de terres devenues stériles par suite d'irrigations insuffisantes. Elle a fait restaurer les canaux creusés par les empereurs mogols et qui avaient cessé d'apporter l'eau à Delhi.

Depuis 1821 jusqu'à 1848 le gouvernement a employé dans les provinces du nord-ouest la somme énorme de treize millions neuf cent mille francs en travaux de canalisation, qui pendant le même temps ont rapporté une somme égale à la dépense primitive. En outre, les terres fertilisées ont produit un revenu bien plus considérable qu'autrefois. Le canal du Gange ne sera pas une entreprise moins heureuse. Par suite de ces travaux, plus de six millions d'habitants se trouvent à l'abri des terribles famines qui menaçaient de décimer la population de ces contrées. On a aussi entrepris plusieurs canaux dans la présidence de Madras et dans le pays qui s'étend entre Lahore et Moultan.

En outre, on s'est occupé depuis 1836 des voies de communication. A cette époque, on commença l'exécution d'un système de grandes routes larges et bien macadamisées. Elles sont maintenant en partie achevées et se dirigent, l'une de Calcutta vers Lahore, les autres de Bombay vers Agra et Calcutta. On peut se figurer quelle somme énorme ont coûté ces longues et belles routes. Mais à peine sont-elles terminées qu'on s'occupe déjà d'établir des chemins de fer dans toutes ces directions.

Il faut avouer qu'il est difficile de trouver un peuple égal aux Anglais sous le rapport de l'administration des colonies. Où rencontrer dans le monde un exemple de prospérité commerciale comparable à celle de la Compagnie des Indes? En 1600 la reine Élisabeth accorde à quelques habitants de Londres un privilége de quinze années pour l'exploitation du commerce dans ces contrées éloignées. Quel étonnant spectacle que celui d'une association de marchands luttant tour à tour avec les Portugais, les Hollandais, les Français, et finissant toujours par triompher! Des comptoirs fondés à Calcutta, à Bombay et à Madras, sont l'origine d'autant de villes devenues depuis si importantes. Combien de guerres cette Compagnie a-t-elle dû soutenir contre les populations natives avant d'occuper cet immense territoire de 1 465 331 milles carrés, peuplé de 150 millions d'habitants! Quelle habile politique pour savoir profiter de toutes les occasions d'agrandissement!

Certainement les fondateurs de la puissance anglaise dans l'Inde n'ont pas toujours eu une conduite politique irréprochable. Une ambition sans bornes leur a fait souvent employer des moyens peu avouables. Ils ont souvent violé les lois de l'équité pour étendre la domination anglaise. Peut-être sera-t-il difficile un jour de conserver un territoire si considérable. Le pouvoir du gouvernement aurait sans doute été plus fort, s'il eût restreint son action à un domaine moins étendu. Mais les circonstances entraînent quelquefois les gouvernements, et ils négligent rarement les occasions de reculer

les frontières des pays soumis à leur pouvoir. Est-ce
un malheur pour les Indiens? Je ne puis le croire.
En effet, les princes qui gouvernaient les différents
États formant aujourd'hui le domaine de la Compagnie, étaient sans cesse en guerre les uns contre les
autres. L'administration des souverains indigènes ne
pouvait qu'être inférieure à celle des Anglais, bien
qu'on puisse les accuser d'une certaine rapacité.

Toujours les populations de l'Inde ont été dépouil-
lées au profit de leurs radjahs, qui amassaient des
trésors fabuleux. Il est vrai que la Compagnie, elle
aussi, a su se ménager un assez beau tribut annuel
de 600 millions de francs. C'est le produit de l'impôt foncier, du droit sur le sel et les liqueurs fer-
mentées, de la douane et du monopole de l'opium.
Les dépenses occasionnées par les expéditions militaires ont cependant amené un déficit annuel pour
la Compagnie de 1838 à 1849. Mais depuis elle
réalise chaque année un bénéfice net qui s'est
élevé à la somme de 13 281 625 francs pour l'année 1851-1852. Ce revenu ne peut que s'accroître,
à moins de nouvelles guerres.

En échange, le gouvernement anglais donne à
l'Inde la tranquillité intérieure, la sécurité dans la
jouissance des fortunes particulières, la liberté des
cultes, une répression plus efficace des crimes, les
avantages de l'instruction européenne, l'améliora-
tion des canaux et des routes, l'établissement des

chemins de fer, enfin une grande prospérité commerciale.

Quel pays renferme, du reste, plus d'éléments de richesse que l'Inde ? Du pied de l'Himalaya coulent deux larges fleuves, l'Indus et le Gange, qui vont porter la fertilité dans des plaines immenses. Le sol même le plus aride devient d'une extrême fécondité dès qu'on y étend les bienfaits de l'irrigation. Une riche terre d'alluvion produit l'indigo, l'opium, le coton, le sucre, le riz, la cannelle, les gommes et les résines. Çà et là s'élèvent des forêts de palmiers, de dattiers et de bambous qui atteignent souvent vingt mètres de hauteur. Les montagnes des Ghattes sont couvertes d'arbres magnifiques, tels que les pins déodars, les tamariniers, les banians, les arbres de teck et de sandal. On trouve la soude et le nitre en abondance, le fer partout, et dans plusieurs contrées la houille, l'étain, le zinc, le vif-argent et l'antimoine. Quant aux mines de diamants, elles sont situées à Purneah, à Sumbourpour, sur les rives de la Krichna et du Pennar, enfin dans les montagnes d'Oude. Les agates, les jaspes, le lapis-lazuli, l'onyx, la cornaline, les rubis, les saphirs ne sont pas rares dans l'Inde. Comment, après tant de pierres précieuses, nommer les marbres noirs, blancs ou verts. Et cependant ils ont servi à la construction des magnifiques monuments qui témoignent encore de la puissance des Grands-Mogols.

Peu de contrées sont aussi bien partagées que l'Inde sous le rapport de la végétation. Elle nourrit tous les animaux que nous avons en Europe, et de plus, les chameaux, les éléphants, les tigres, les singes, les serpents et les alligators. J'avoue que ces dernières espèces me semblent bien moins regrettables pour nous que les deux premières. J'ai failli oublier les requins, dont les nageoires se vendent aux gourmets chinois, et rapportent un million de francs par année. On pêche tous les deux ans les perles fines sur les côtes de l'île Ceylan.

Grâce à la fertilité du sol et à la sobriété des indigènes, les artisans se contentent d'un salaire fort modéré. Et cependant ils atteignent une grande perfection dans quelques-uns de leurs produits. Où trouver de plus solides navires que ceux construits à Bombay, de plus beaux châles que ceux de Cachemire, des mousselines plus fines que celles de Dacca ? On admire encore maintenant les pierres gravées, les filigranes d'argent, les peintures microscopiques, les ouvrages en bois de sandal et tant d'autres charmantes productions qui montrent l'habileté et la patience des Indiens. L'énonciation, tout incomplète qu'elle soit, de ces produits agricoles et industriels, suffit à donner une idée de la richesse de l'Inde.

La position géographique de cette contrée lui permet d'établir des relations commerciales aussi

faciles avec l'Europe qu'avec la Chine. L'Angleterre
exporte dans l'Inde des marchandises pour 187 millions de francs, et ses importations atteignent à peu
près la même somme. Ainsi, le commerce maritime
entre ces deux pays s'élève à un total annuel de
374 millions de francs. Il emploie quatre mille navires qui transportent plus d'un million de tonnes
de marchandises, et reçoivent pour le fret plus de
50 millions de francs.

Il faut encore plusieurs mois de navigation pour
les bâtiments à voile qui se rendent de Londres
à Calcutta ou à Bombay, car ils sont obligés de dou-
bler le cap de Bonne-Espérance. Mais le canal de
l'isthme de Suez unira bientôt la Méditerranée à la
mer Rouge. Les relations avec l'Inde deviendront
alors plus promptes et moins coûteuses. Toutes les
nations de l'Europe pourront prendre part au commerce de ces riches contrées asiatiques.

L'Angleterre réclamera peut-être même un jour
l'appui des peuples intéressés à la stabilité de son
gouvernement dans l'Inde. Lorsqu'elle sera me-
nacée d'une nouvelle invasion, la population indigène attendra tranquillement l'issue de la guerre
et ne soutiendra pas ses dominateurs actuels. Les
Indiens sont trop impatients du joug européen, et ils
ont déjà laissé voir leur antipathie contre le gouvernement de la Compagnie, lorsqu'ils ont reçu la nouvelle de sa désastreuse campagne de l'Afghanistan.

Les Anglais conserveront sans doute encore longtemps leur puissance dans l'Inde; excellents admi-
nistrateurs, ils répandent les bienfaits de la civilisation sur ces populations fanatiques. Mais la
guerre du Caucase est terminée, les Russes se tiennent derrière la frontière de Perse, prêts à prendre
cette grande route qu'ont suivie tous les conqué-
rants de l'Inde. Sans doute, en cas de guerre, les
vaisseaux anglais amèneraient assez vite les troupes
envoyées d'Europe, s'ils pouvaient profiter du canal de l'isthme de Suez; mais quel retard s'il fallait
encore faire le tour de l'Afrique!

La lutte commencera probablement sur les bords
de l'Indus, cet immense fossé creusé par la nature.
Faut-il désirer que les Russes le franchissent? Ils
auraient bientôt occupé Delhi, l'ancienne capitale
des Grands-Mogols. Que gagneraient la civilisation
de l'Inde et le commerce du monde à ce change-
ment de domination?

Après cette introduction, qui m'a paru nécessaire, je vais copier mes notes de voyage sans y
rien changer, voulant qu'elles conservent leur caractère de spontanéité. Peut-être cependant, par
quelques modifications, je pourrais leur donner
un air de plus grande nouveauté : par exemple, en
remplaçant partout les mots de Compagnie des
Indes par celui de gouvernement de la reine; ce serait assez naturel, puisque l'Inde, devenue posses-

sion anglaise, est régie par un vice-roi ; mais je préfère que mes notes restent telles qu'elles ont été écrites dans mon journal de voyage. Je l'ai régulièrement tenu pendant dix années, me proposant d'y retrouver un jour la description fidèle des contrées que j'ai parcourues et les impressions qu'elles m'ont fait éprouver. Inutile d'ajouter que le style a dû naturellement se ressentir de la précipitation avec laquelle j'écrivais chaque soir les notes de la journée. Il ne faut donc pas chercher dans le récit de mon voyage autre chose que la sincérité ; c'est sa seule qualité, mais elle est incontestable. Peut-être aussi un voyageur qui dit la vérité sans hyperbole, paraîtra-t-il quelque peu original.

CHAPITRE I.

1ᵉʳ *septembre* 1852. — Il est donc vrai, je pars pour l'Inde. Me voici sur la diligence qui doit me conduire à Marseille. Adieu Paris, qui sait quand je te reverrai ? Au chemin de fer de Lyon la voiture est mise sur un wagon. La locomotive siffle bruyamment ; le convoi a quitté la gare, et nous parcourons rapidement la campagne de Paris. Jusqu'à Montereau s'étend un long tapis de verdure bordé par la forêt de Fontainebleau. Puis viennent les coteaux de la Bourgogne, couverts de nombreux vignobles. Le pays s'accidente alors et le chemin de fer tantôt s'enfonce sous de longs tunnels, tantôt est suspendu sur de hauts viaducs ou longe les flancs de la montagne. A Dijon un bon dîner de table d'hôte nous attend. On y consacre trois quarts d'heure.

Puis on repart, et bientôt l'on a perdu de vue le haut clocher de la cathédrale. On remarque les curieux dessins de sa couverture en tuiles vernissées. Après onze heures de marche, le train arrive à Châlon. Les voitures reprennent alors terre et roulent rapidement. Le galop de nos quatre chevaux nous semble néanmoins bien lent au sortir du chemin de fer. Il fait un beau clair de lune; aussi pouvons-nous apprécier les larges débordements de la Saône. Mais ce spectacle monotone cesse bientôt de m'intéresser.

Je réfléchis à l'influence qu'exerce la disposition morale du voyageur dans l'appréciation des lieux qu'il parcourt. Ce chemin de fer de Paris à Châlon me paraissait, il y a un mois, bien peu intéressant. Aujourd'hui je l'ai trouvé pittoresque. C'est qu'alors je revenais à Paris après un voyage en Égypte, en Grèce, et en Syrie. Mon impatience de rentrer dans ma famille attirait toute mon attention sur le mouvement des aiguilles de ma montre. Maintenant au contraire je quitte la France plus vite que je ne le voudrais. Ces vertes campagnes et ces riants villages m'échappent trop promptement. Écrivez donc ensuite des relations de voyage. On lira souvent vos impressions personnelles au lieu de la description exacte des contrées que vous avez parcourues. Il est bien difficile de s'isoler, de se soustraire à l'influence d'une foule de circonstances accidentelles. Et puis chacun envisage les choses à son point de vue. Un poëte, un homme d'État, un artiste, un négociant, verront le même pays avec des appréciations bien différentes. Mais ces réflexions assez simples, et nullement contredites faute de voisin, ne tardent pas à me procurer le sommeil.

2. — Vers huit heures du matin nous arrivons à Lyon où l'on déjeune. Puis la diligence traverse rapidement cette grande ville et gravit les montagnes voisines. La vue s'étend au loin sur les vastes pleines arrosées par le Rhône. Ce fleuve coule majestueusement au milieu de longues vallées que maintenant il inonde en grande partie. Cette crue ne remonte qu'à peu de jours, et déjà plusieurs chaumières se sont écroulées. Nous longeons les riches coteaux qui produisent l'ermitage et tant d'autres vins fameux. Vers six heures du soir on arrive pour dîner à Valence. Bientôt le conducteur s'écrie : « Allons, messieurs, en voiture ! » et nous voilà repartis pour Avignon, où nous arrivons le lendemain matin.

3. — Le convoi du chemin de fer part à six heures pour Marseille. Nous voyons en passant devant Arles les ruines imposantes de son amphithéâtre romain. On traverse des plaines assez monotones, puis l'on s'engouffre sous le tunnel de la Nerthe. Après six minutes de profonde et bruyante obscurité, nous retrouvons enfin la lumière du jour. Le paysage devient fort intéressant par son aspect mé-

ridional. Le vaste étang de Berre, les nombreux oliviers, un ciel plus bleu, tout annonce le voisinage de la Méditerranée. Nous arrivons à Marseille vers onze heures du matin, et je m'installe dans un hôtel de la fameuse Canebière. La promenade sur les quais est aussi animée qu'intéressante. On trouve dans les allées de Meilhan une foire assez pittoresque, qui se tient chaque année pendant le mois de septembre. Il faut se rendre ensuite sur l'avenue du Prado. On y respire le soir une brise qui semble délicieuse après une journée étouffante.

4. — Je monte sur *l'Osiris*, bateau à vapeur en partance pour Alexandrie. A dix heures du matin nous quittons le port de Marseille. Voici d'abord le bassin de la Joliette tout couvert de navires. Puis bientôt l'on aperçoit le château d'If, aux pieds duquel se trouve le nouveau lazaret. A la hauteur du port de Toulon, nous gagnons le large, et bientôt nous avons perdu de vue le rivage français. Occupons-nous alors de notre installation à bord du vapeur où nous devons vivre huit jours. La lecture et la conversation sont les principales ressources pour passer le temps. Les repas et les cigares atténuent aussi la monotonie de cette existence régulière. Enfin, comme dernière ressource, reste le sommeil, qui abrége au moins de moitié la durée du voyage.

5. — Dès mon réveil j'aperçois dans le lointain la Corse et la Sardaigne. Nous atteignons bientôt

ces deux îles et nous traversons l'étroit canal de l'Ours qui les sépare. De chaque côté s'élèvent d'énormes montagnes rocheuses. Leurs flancs escarpés et stériles sont parsemés de rares villages. Nous mettons à peu près deux heures à traverser ce détroit assez dangereux la nuit ou par un temps brumeux. Le passage de l'Ours a été ainsi nommé parce qu'un rocher au sommet de la montagne voisine figure assez bien la silhouette d'un ours. Nous sommes bientôt de nouveau en pleine mer.

6. — Le matin il souffle un vent violent qui soulève de grosses vagues. Les éclairs sillonnent le ciel couvert d'épais nuages; le tonnerre gronde avec fracas. On craint une formidable tempête, mais il tombe seulement une pluie abondante. Bientôt nous distinguons dans le lointain les côtes de la Sicile et la ville de Marsala, célèbre par ses vignobles. De vastes magasins détachent leur masse blanchâtre sur un ciel sombre. On s'éloigne de plus en plus de la Sicile pour gagner Malte. Avant le jour nous entrons dans le port, sans pilote, mais avec précaution. Le vapeur mouille auprès des constructions où se fait la quarantaine.

7. — Malgré une pluie torrentielle, on descend à terre pour se promener. Nous visitons la curieuse église des Chevaliers et le caveau qui renferme les sépultures de plusieurs grands maîtres de l'ordre

de Malte. Une magnifique terrasse domine la ville et son triple port. Les rues sont d'une régularité et d'une propreté extrêmes. Après en avoir parcouru quelques-unes, nous retournons à bord de notre vapeur. Il se transforme en arche de Noé, grâce à de nombreux moutons, chiens, volailles, etc., qui encombrent le pont. A cinq heures du soir on lève l'ancre, et nous assistons bientôt à un magnifique coucher de soleil.

8. — Pleine mer et beau temps.

9 et 10. — On aperçoit dans le lointain les côtes de la Barbarie. Le vent contraire retarde un peu notre marche, et quelques vagues viennent inonder le pont du vapeur. Mais le beau temps se rétablit promptement, les marsouins luttent de vitesse avec nous, et de petits poissons argentés bondissent hors de l'eau. Le soir, peu de phosphorescence sur une mer parfaitement calme.

11. — Vers dix heures du matin, nous remarquons à l'horizon une ligne blanchâtre formée par les côtes de l'Afrique. Le phare d'Alexandrie grandit à mesure que nous en approchons. D'abord on voit le sommet, puis le centre, et enfin la base même de sa tour fort élevée. C'est une démonstration palpable de la rotondité de la terre. A midi, nous entrons dans la baie d'Alexandrie, fort dangereuse par ses nombreux écueils. Un pilote arabe est monté à bord. Bientôt nous longeons de nombreux bâtiments de

commerce et quelques corvettes de différentes nations. On distingue *le Faber*, sous pavillon français.
A gauche s'étendent les vastes édifices de l'arsenal.
Non loin sont mouillés de nombreux vapeurs et
plusieurs frégates égyptiennes assez mal entretenues. Quelques gardiens déguenillés se tiennent
accroupis auprès de leurs fusils et la quenouille à
la main.

Enfin notre vapeur jette l'ancre. Une barque nous
conduit à la douane. On visite mes bagages avec
d'autant plus de soin que j'ai négligé de donner
un backsis au douanier. La moindre pièce de monnaie l'aurait rendu d'une complaisance absolue et
m'aurait évité la peine d'ouvrir mes malles. Avis à
ceux que la douane pourrait gêner.

Je monte sur un des nombreux ânes qui attendent
les voyageurs. Un jeune garçon anime à coups de
cravache ce coursier fort en usage dans toute l'É-
gypte. Nous traversons au galop de longues rues
droites et bordées de maisons aux façades terreuses
et monotones. Puis on arrive sur la place principale
d'Alexandrie. Elle est vaste et entourée des consulats
européens et de nombreux hôtels.

Le quartier franc renferme toute espèce de boutiques bien fournies. Les bazars n'offrent rien de
bien curieux. L'ancienne citadelle domine les faubourgs, formés de petites habitations arabes. La
haute colonne de Pompée et l'obélisque de Cléopatre

sont les seules curiosités d'Alexandrie. On voit encore dans les environs plusieurs curieuses catacombes et les ruines des bains dits de Cléopatre. Ils sont situés sur le bord même de l'immense lac Maréotis. On y a découvert plusieurs belles mosaïques qui ornent maintenant le vaste palais du pacha. Depuis six mois je n'avais point vu Alexandrie. Cette ville prend tout à fait un aspect européen, et de tous côtés s'élèvent de nouvelles constructions. Dans une petite salle de théâtre ont lieu quelques représentations d'opéras italiens. Ils sont assez mal interprétés, comme on peut se l'imaginer. On trouve dans plusieurs cafés les journaux européens.

12. — C'est dimanche. Je vais dans une église catholique à peine terminée. On y remarque plusieurs charmantes toilettes parisiennes. Puis je me promène dans la campagne et les jardins qui bordent le canal de Mahmoudyéh. Un gracieux café attire surtout les promeneurs de ce côté. On rencontre des équipages européens fort élégants. Le soir je rentre à l'hôtel et me glisse avec soin sous le voile de gaze qui enveloppe mon lit. S'il y pénètre un seul moustique, les piqûres qu'il me fera seront révélées demain par des boutons rougeâtres. En outre, rien de plus désagréable que d'entendre cet insecte fredonner à vos oreilles jusqu'au moment où il vous pique. Dès que sa musique cesse il faut écraser le moustique sur place. Il ne cherche

pas à fuir, tant il se gorge de sang au moyen de sa
petite trompe effilée. Pendant la journée il fait place
à des essaims de mouches bruyantes. Les cancrelas
et les scorpions complètent la série des insectes in-
commodes de la basse Égypte. Quant aux croco-
diles, ici et au Caire on ne les rencontre que suspendus au-dessus des portes de riches maisons, et
encore sont-ils empaillés.

13. — A neuf heures du matin je m'embarque
sur le vapeur qui se rend au Caire. Nous suivons le
canal de Mahmoudyéh, couvert de barques à la voile.
Il faut sans cesse les éviter dans les coudes formés
par le canal. On doit aussi ralentir la marche pour
que le flot n'entre pas dans ces embarcations. Leurs
bords s'élèvent à peine au-dessus de l'eau.

La vue s'étend au loin sur un pays plat et inondé
par le débordement du Nil. Çà et là on aperçoit de
longues lignes de travailleurs des deux sexes. Ils
sont occupés aux travaux de terrassement pour le
chemin de fer d'Alexandrie au Caire. Plusieurs jolies villas italiennes possèdent de gracieux bois de
dattiers. Puis se succèdent les villages arabes, uniformes dans leur aspect misérable. Toutes les habitations, bâties en terre, se composent seulement
d'un rez-de-chaussée. Quelques vastes exploitations
agricoles se font cependant remarquer. On y voit
la gracieuse résidence du propriétaire. Elle est du
reste généralement fort mal entretenue. A la porte

des cafés se tiennent les almées, fort peu attrayantes en général. Elles portent une longue chemise en coton bleu foncé d'une malpropreté incontestable. Quelques médailles en métal et des pièces de monnaie enfilées forment le principal ornement de ces brunes courtisanes.

Les bords du canal n'offrent rien de bien remarquable; mais cependant l'Européen nouvellement arrivé en Égypte s'intéresse à diverses scènes de la vie arabe. Ici des groupes d'hommes fument tranquillement à l'ombre des arbres. Là des femmes portent sur la tête leurs grandes cruches remplies d'eau. Quelques troupeaux de buffles traversent le canal à la nage. De rares voyageurs en suivent le bord à cheval. Enfin de nombreux bateaux transportent des masses de marchandises et une foule de passagers des deux sexes.

Vers six heures du soir nous atteignons la petite ville d'Aftéh, bâtie à l'endroit où le canal s'ouvre sur le Nil. On traverse l'écluse et nous entrons dans le fleuve, qui roule avec violence ses flots impétueux. Le soleil ne tarde pas à disparaître derrière un horizon de feu. Une fraîcheur humide succède à l'ardente chaleur de la journée.

14. — Le vapeur a marché toute la nuit, mais vers six heures du matin il s'arrête, attendu l'épaisseur du brouillard. L'impossibilité de voir et de se diriger occasionne un retard de quatre heures. On

se promène sur les bords du Nil, où les cailles foisonnent. Notre bateau se remet en marche, et nous apercevons bientôt les pyramides. Leurs masses imposantes se détachent nettement sur le sable étincelant du désert. Cette rive du Nil présente la plus triste stérilité, l'autre se prolonge en vertes prairies parsemées de dattiers magnifiques. Quelle opposition de teintes dans un si petit espace!

Vers quatre heures du soir nous atteignons le barrage du Nil, cet immense viaduc destiné à régulariser les inondations du fleuve. Que n'est-il achevé! On n'aurait pas à craindre cette année l'insuffisance de la prochaine récolte. Si le Nil ne continue pas encore à croître pendant quelque temps, il n'étendra pas son inondation bienfaisante assez loin dans la plaine. En Égypte la terre reste stérile si elle n'est pas fécondée par le limon du Nil.

Le barrage, construit par des ingénieurs français, présente un fort bel aspect. Il traverse les deux bras du Nil à la pointe du Delta. Le courant du fleuve acquiert en cet endroit une incroyable rapidité. Il jette contre les piles du viaduc les barques qui ne sont pas habilement dirigées. Pour obvier aux nombreux accidents occasionnés par ce terrible écueil, on achève en ce moment la construction d'une écluse.

Une heure nous suffit maintenant pour atteindre le Caire. L'œil est réjoui par la fertilité des bords du

Nil. On a bâti çà et là de jolies maisons de campagne et plusieurs palais pour le pacha. Nous longeons
des bateaux à vapeur de plaisance, les canges des
voyageurs européens et la petite flotte des embarcations au service de la malle anglaise de l'Inde.
Enfin nous débarquons à Boulac, le port du Caire.
Une jolie route mène à cette ville. C'est une charmante promenade d'une demi-heure. Les bazars,
les mosquées et la citadelle excitent la curiosité de
l'étranger.

Le Caire, peuplé de deux cent mille habitants,
est une des villes les plus considérables de l'Orient.
Aucune ne présente des aspects plus pittoresques
et plus caractéristiques. Aux environs du Caire s'é-
lèvent les quatre pyramides de Gizèh, que j'ai visitées l'année dernière. La forêt d'agate située à
quelques kilomètres de la ville m'a aussi fort in-
téressé par ses curieux troncs d'arbres pétrifiés.
Enfin j'ai parcouru la haute Égypte, qui renferme
les grandioses vestiges de l'ancienne civilisation
égyptienne.

15. — Je m'occupe de mes préparatifs de départ
pour Suez. Comme j'ai déjà parcouru le désert à
mon retour d'une excursion sur la mer Rouge, je
n'hésite pas, pour le franchir de nouveau, à louer
un chameau. On attache ma valise et des provisions
de bouche sur les flancs de ce quadrupède. Puis, le
chamelier me conduit à travers la ville jusqu'à la

porte de la Victoire. Alors, il fait plier les jambes du chameau, qui se met ventre à terre en poussant des grognements plaintifs. Je monte sur le dos de cet étrange coursier. Tout à coup il se relève en me donnant une violente secousse. Heureusement je n'en suis pas à mon coup d'essai, et je me tiens solidement sur une selle grossière.

Nous partons vers six heures du soir, pour éviter la chaleur de la journée. La marche du chameau imprime au corps du voyageur un mouvement de va-et-vient très-brusque et fort pénible. Il produit souvent les mêmes effets que le mal de mer sur les personnes peu habituées à ce vigoureux balancement. La traversée de plusieurs déserts m'a suffisamment exercé à supporter cette fatigante manière d'aller. Aussi nous marchons toute la nuit. Mon chamelier parle un peu italien; je sais quelques mots d'arabe. Avec de la bonne volonté, on finit par se comprendre suffisamment pour lier une sorte de conversation.

Il paraît que la route du Caire à Suez est assez sûre, grâce à la vigilance d'une nombreuse police. On veut protéger le transit de l'Inde qui se fait par le désert, et qui rapporte un revenu considérable au vice-roi d'Égypte. En outre, ce souverain habite souvent un vaste palais construit au milieu de cette immense solitude.

Pour les voyageurs venus de Londres et se rendant aux Indes ou réciproquement, on a établi un service régulier de voitures entre Suez et le Caire. Elles franchissent en dix-huit heures les cent trente kilomètres environ qui séparent ces deux villes. On paye pour chaque place deux cent cinquante francs, tous frais de nourriture compris pendant la traversée du désert. Le chamelier m'a demandé seulement vingt-cinq francs pour me conduire à Suez. Nous resterons en route plus longtemps que les voitures; mais le voyage sera plus économique et plus pittoresque.

Dans quelques années, le chemin de fer d'Alexandrie à Suez sera terminé. Quand la Méditerranée ne sera-t-elle plus séparée de la mer Rouge par l'isthme de Suez? Faut-il qu'au dix-neuvième siècle les navires soient obligés de passer au cap de Bonne-Espérance pour se rendre aux Indes? L'Europe désire le percement de l'isthme de Suez. Et singulière anomalie! A cette œuvre d'intérêt général pour la civilisation s'oppose une seule nation, celle qui, glorieuse de ses institutions, promet son appui à toutes les causes libérales; en un mot, l'Angleterre. Qu'elle vienne ensuite parler de la suppression des entraves commerciales et demander le libre échange. En supposant que ses intérêts puissent être lésés par le canal de Suez, et cela n'est pas démontré, ne devrait-elle pas les sacrifier dans cette occasion à l'intérêt si manifeste de l'humanité? Car les Indes et la Chine deviendraient plus accessibles, et, par suite d'un contact plus fréquent, se trouveraient entraînées vers notre civilisation.

En attendant, on a bâti dans le désert quinze établissements appelés stations. Tous renferment des chevaux de relais. Quatre de ces petits édifices offrent en outre aux voyageurs tout le confortable d'un hôtel. Les repas de table d'hôte y sont très-convenables. On peut se figurer ce que coûtent les provisions apportées à travers le désert. Sur la route, on rencontre quelques rares caravanes, et l'on a toujours sous les yeux un vaste horizon de sable d'une monotonie incroyable. Pas la moindre végétation. Les levers et les couchers de soleil viennent seuls vous distraire et vous surprendre par leur magnificence. Mais que les nuits sont fraîches ! Qu'elles semblent longues lorsqu'on ne peut fermer l'œil sous peine d'être précipité du haut d'un chameau !.

16. — Dès le matin, j'aperçois l'arbre du désert. Cet acacia solitaire se trouve à moitié route du Caire à Suez. Je rejoins un jeune Anglais qui se rend comme moi dans l'Inde. Les rayons du soleil, réfléchis par le sable comme par un miroir, nous brûlent et nous aveuglent. Nous mettons pied à terre et frappons à la porte de la huitième station. Il faut d'abord donner vingt-cinq francs si nous voulons entrer. Puis nous payerons notre consommation suivant un tarif fort élevé. Nous préférons manger nos

modestes provisions à l'ombre de cet abri peu hos-
pitalier, et puis nous dormons sur nos tapis pendant la chaleur étouffante de cette journée. A cinq
heures du soir, nous nous remettons en route et
passons encore la nuit à dos de chameau.

17. — Vers dix heures du matin, nous atteignons
la quinzième et dernière station. Nos chameaux
trouvent enfin une fontaine dont l'eau saumâtre leur
paraît excellente. Ennuyés de les attendre, nous partons à pied. Le sable est si brûlant et si mobile qu'il
nous faut une heure pour atteindre Suez. Nous y
arrivons épuisés de fatigue. On mange et on se
couche. Demain, nous visiterons la ville, qui nous
a semblé peu étendue.

18. — Suez s'élève non loin de la mer Rouge. On
aperçoit de tous côtés le désert, mais pas un arbre,
pas la moindre trace de végétation. Le Caire fournit
les provisions pour le misérable bazar de la ville.
Il n'y a pas même un puits qui contienne de l'eau
potable. On la fait venir d'Eltor ou de la fontaine de
Moïse. Elle est saumâtre, mais d'un prix élevé. Suez
renferme un monument historique : la vaste maison,
peu remarquable du reste, où Napoléon Ier descendit
lors de son passage à Suez. La chaleur devient si
forte qu'elle me force à me réfugier à la maison.

Le soir, nous allons nous promener sur un embarcadère où l'on jouit d'une agréable fraîcheur.
C'est le rendez-vous des Européens au service de la

Compagnie des Indes. Chacun se tient de son côté, et, se croyant supérieur à son voisin, craint de s'abaisser en entrant en conversation avec lui. C'est incroyable. L'élévation des appointements peut seule faire supporter l'ennui d'une résidence à Suez. Vers neuf heures du soir, il n'y a plus personne dans les rues. Nous rentrons aussi à l'hôtel. Dormir est la principale distraction dans cette ville du désert.

19, 20, 21. — Attente ennuyeuse du vapeur parti de l'Inde et qui doit nous conduire à Bombay. Il faut de la patience en voyage.

22. — Enfin, le vapeur est arrivé vers deux heures du matin. Le mauvais temps a causé un retard de deux jours. Nous allons à bord retenir nos places pour Bombay. On paye en seconde classe trois cent soixante-quinze francs par place et deux cent cinquante francs pour la nourriture. Encore n'y a-t-il pas toujours moyen de partir sur ces vapeurs anglais, destinés surtout à porter la correspondance de l'Inde.

Quel avantage pour les voyageurs si le canal de Suez était terminé! Il s'établirait probablement quelque concurrence à la ligne des vapeurs de la Compagnie orientale. Les départs pour les Indes seraient alors plus fréquents et les prix diminueraient. Car maintenant ils sont excessifs, comme on peut le voir par cet exposé du tarif. On paye pour

un lit sous le pont, dans une cabine commune à deux
ou trois voyageurs, deux mille trois cent soixante-
quinze francs de Londres à Bombay, et six mille
deux cents francs pour une cabine placée sur le pont
et réservée à deux personnes. Les domestiques européens relégués à l'avant du navire donnent mille
cent vingt-cinq francs, et les indigènes six cent vingt-
cinq francs. Il faut payer de Londres à Calcutta deux
mille cinq cent cinquante-cinq francs par lit, six
mille sept cent cinquante francs par cabine, mille
deux cent cinquante francs pour un domestique européen, sept cent cinquante francs pour un indigène. La nourriture pendant le trajet est à la charge
de la Compagnie; mais chacun doit payer ses dépenses à l'hôtel pendant le séjour qu'on fait au Caire, à
Suez, etc. Les voyageurs de Londres vont à Alexandrie par Marseille s'ils ont hâte d'arriver, par Lis-
bonne s'ils veulent éviter beaucoup de fatigue, les
transports de bagage et quelques nouvelles dépenses.

CHAPITRE II.

23 *septembre.* — Les grands navires ne peuvent
mouiller devant Suez, faute de profondeur dans le
chenal. Ils sont forcés de se tenir à une assez grande
distance du rivage. Aussi montons-nous sur un petit
vapeur qui part de l'embarcadère de la ville pour
nous transporter à bord de la frégate anglaise
l'Adjadha. Nous allons donc partir pour Bombay.
Le violon et la flûte donnent le signal pour lever
l'ancre. Aussitôt une quarantaine d'hommes se portent au cabestan et se mettent à exécuter la manœuvre en cadence. Les noirs se font remarquer
par leur agilité et leurs gambades joyeuses. A
quatre heures du soir, le vapeur se met en marche.
On aperçoit d'abord le rivage de chaque côté. Autour de nous se dressent des montagnes escarpées.

Leurs immenses masses rocheuses dominent de vastes plaines sablonneuses. Mais peu à peu les bords de la mer s'écartent davantage, et bientôt on les distingue à peine. Occupons-nous d'organiser notre existence sur le vapeur. Nous mangerons à la table des ingénieurs mécaniciens. Les lits de leurs cabines sont déjà occupés par des missionnaires italiens. Il nous reste donc le pont pour coucher; nous y serons plus au large et plus au frais. Il ne faut pas s'en plaindre. On étend sa couverture et l'on s'endort à neuf heures du soir, dès que finit la musique portugaise.

24. — Voici comment se passent toutes nos journées. Vers cinq heures du matin, on lave le pont. C'est le signal du lever. A huit heures, on sert le déjeuner qui se compose de trois ou quatre plats de viande, quelquefois assaisonnés d'un poivre brûlant appelé cari. On lit, on joue aux échecs sur le pont, à l'ombre de la tente. Les marins anglais se font cordiers, charpentiers, tonneliers, etc. : c'est un prétexte pour mettre de la poix par tout et faire un bruit assourdissant. Les cipayes s'occupent de leur toilette avec le plus grand soin. Ils polissent leurs armes et leurs fourniments, ou bien se frisent les cheveux. Cette dernière occupation leur prend plus de temps qu'à la femme la plus coquette. Les cuisiniers sont fort occupés. Où peut-on manger plus qu'à bord d'un vapeur anglais? A deux heures l'on se met à

table, et le dîner présente le même aspect que le déjeuner, à l'exception du thé en moins et du pouding en plus. Le trictrac, la lecture et la conversation font passer le temps, même au milieu du vacarme des divers métiers qui nous entourent.

Puis cinq heures arrivent, les marins se reposent, quelques-uns se livrent à l'exercice du bâton. Bientôt on nous appelle au thé, indispensable couronnement d'une journée anglaise. Le soleil se couche généralement d'une manière assez prosaïque. Point de ces belles lignes de feu que j'avais espérées sur la mer Rouge. Les nuits sont d'une clarté splendide, mais aussi d'une fraîcheur pénétrante. La musique portugaise ne tarde pas à nous endormir par la continuelle répétition des mêmes airs trop connus.

25. — Quelle chaleur il fait dans cette épouvantable fournaise nommée mer Rouge ! L'air, chauffé par la réverbération des montagnes ardentes qui nous environnent, devient brûlant et cause parmi nous quelques indispositions, peu graves heureusement. Nous éprouvons une lassitude et un affaiblissement incroyables. On passe la journée étendu sur le pont. Il est impossible de s'appliquer à quelque étude sérieuse. Patience et résignation. Pendant la nuit, nos vêtements sont trempés en dedans par la sueur, en dehors par l'humidité. Nous prenons un véritable bain de vapeur. On se retourne bien des

fois avant de pouvoir dormir avec cette insupportable moiteur de l'atmosphère. Il faut avouer que la
passion des voyages doit être chez moi bien forte,
puisqu'elle me fait préférer cette pénible existence
à celle si douce et si confortable que je pourrais
mener tranquillement à Paris. Oui, mais aussi
quelle variété dans les sensations! et puis je me
rapproche de l'Inde si longtemps rêvée.

26. — C'est aujourd'hui dimanche. Dès le matin
le tambour résonne; notre capitaine passe la revue
des hommes de la frégate. Ils se rangent sur deux
lignes; d'un côté les Anglais, de l'autre les Africains et les Indiens. Matelots et mousses portent le
pantalon blanc et sont en grande tenue. Les soldats indiens, au nombre de douze, sont revêtus
de l'uniforme rouge des Anglais. Les Africains généralement employés à bord comme chauffeurs,
présentent un aspect de gaieté remarquable au
milieu des sérieux enfants d'Albion. Enfin, les domestiques attirent l'attention par leur singulier
costume de Parsis ou adorateurs du feu. La revue
terminée, chacun se disperse.

Mais on bat le tambour de nouveau : la fille d'un
passager est morte et l'on va lui rendre les hon-
neurs funèbres. Le capitaine remplit les fonctions
de ministre protestant. Tous les passagers et les
officiers en grand uniforme assistent à cette triste
cérémonie. Quatre marins soutiennent la bière re-

couverte du pavillon anglais. On donne un signal, et la mer engloutit sa proie. L'on se retire ému par ce douloureux spectacle. Peu après commence l'office du dimanche; le capitaine, assisté par le commissaire du bord, lit les prières protestantes. Il s'appuie sur le cabestan d'arrière, transformé en une espèce de chaire à prêcher. Tout le monde suit le service divin. On est assis sur des chaises rangées en cercle derrière les canons. Cet ensemble est original et d'une simplicité qui ne manque pas de grandeur. Aujourd'hui, l'Anglais, qui ne perd jamais ses habitudes domestiques, passe la journée à lire et à dormir; toute distraction est interdite. On ne jouerait même pas au trictrac. Le bâtiment semble aussi triste que Londres le dimanche, ce qui n'est pas peu dire.

27. — Il paraît que si les Anglais ne fêtent pas le dimanche, ils n'oublient pas de se rattraper le lundi. A peine le violon se fait-il entendre dans la soirée, qu'aussitôt ils se mettent à polker, puis à figurer quelques pas de contredanse. Ensuite ils entonnent des chants patriotiques ou bien montent sur le dos les uns des autres. Enfin, ils épuisent la série des jeux populaires : le cheval fondu, la savate, etc. Il est vraiment singulier de trouver une pareille gaieté chez un peuple d'ordinaire si tranquille. On dirait que leur joie, trop longtemps contenue, fait subitement irruption. Toute fête a une

fin ; aussi, avant dix heures, tout le monde est en-
dormi.

28. — A la surface de la mer on remarque de
longues raies jaunes ou rougeâtres, qui sont formées, m'assure-t-on, par les débris des plantes
qui couvrent les écueils voisins. Cette teinte rougeâtre presque continue et particulière à ces parages,
a fait donner à la mer le nom de *mer Rouge*. Du
moins, c'est une tradition en faveur à bord de notre
vapeur. On avance avec précaution, attendu le
grand nombre des bancs de corail peu éloignés de
nous. Mais l'attention des voyageurs se porte bientôt vers une nouvelle curiosité. Nous voyons voler
à la surface de l'eau des myriades de petits poissons, aiguilles d'argent resplendissantes au soleil.
Vers le soir, les nuages s'amassent et couvrent le
ciel ; aussi pouvons-nous admirer la phosphorescence de la mer. Notre frégate s'avance au milieu
des tourbillons de feu et laisse derrière elle une
longue traînée brillante.

29. — On nous montre dans le lointain la ville
de Mokka, si célèbre par son café. Les côtes de la
mer Rouge se rapprochent de plus en plus et ne
sont bientôt plus séparées que par le détroit de
Bab-el-Mandel. Il a quatre kilomètres environ de
largeur, et au milieu se trouve l'île de Périm, qui
peut commander le passage de la mer Rouge dans
l'océan Indien. L'Asie et l'Afrique semblent sur ce

point se tendre une main amie. L'Angleterre fon-
dera-t-elle encore un nouveau Gibraltar pour commander ce détroit que le canal de Suez rendrait
si important ? Nous entrons bientôt dans le golfe
d'Aden et l'on prépare déjà l'ancre, car cette nuit
nous mouillerons dans le port.

30. — Vers deux heures du matin, par une nuit
belle et chaude, nous descendons à terre. On ne
voit sur le rivage qu'un fort bel hôtel et de vastes
entrepôts pour le charbon de terre. Nous suivons le
long de la mer la route qui conduit à la ville. A
mi-chemin s'élève un poste anglais destiné à la
protection des voyageurs. Des bouffées d'air chaud
semblent sortir du sol brûlant et signaler l'approche d'un cratère de volcan. Nous traversons une
tranchée dans des montagnes rocheuses, et nous
apercevons Aden au fond d'une petite vallée. On
peut difficilement se figurer rien de plus triste que
la situation de cette ville. Elle est bâtie sur un sol
stérile où végètent deux ou trois arbres chétifs, qui
en font ressortir encore davantage la désolante
sécheresse. Une haute rangée de montagnes à pic
entoure Aden, qui semble fondée sur le cratère d'un
immense volcan. Il fait une chaleur étouffante dans
cet enfer terrestre.

Nous cherchons promptement un abri dans la cabane du missionnaire catholique. Rien de plus original que cette construction où il n'entre pas une

pierre. Elle se compose uniquement de bois et de paille ; on y trouve un modeste mobilier européen : une table, des chaises et des lits. L'église actuelle, petite et simple, sera bientôt remplacée par une autre plus considérable ; la fondation en a déjà été faite par le P. Luigi, capucin génois. Il nous reçoit avec la plus franche cordialité et nous présente un missionnaire français, le P. Léon des Avranches, qui partira avec nous pour Bombay.

Nous allons visiter Aden, dont la population toujours croissante s'élève maintenant à plus de dix mille habitants. Les maisons, fort basses en général, nous paraissent assez misérables. On remarque plusieurs constructions européennes qui servent d'entrepôts pour les marchandises anglaises. Il y a aussi des bazars arabes peu considérables. La population est noire et presque nue. Les hommes ne portent qu'un mouchoir autour des reins ; les femmes ont, en plus, une bande d'étoffe qui couvre leurs seins, fort beaux chez les jeunes filles. En outre, quelques-unes s'enveloppent d'une longue pièce d'étoffe, assez fine du reste pour laisser voir leurs formes élégantes. C'est un pays où le sculpteur peut dans la rue apprécier la beauté de ses modèles.

Vers midi, on se met à table chez le missionnaire, qui fait servir un repas fort convenable. On parle beaucoup de la prise d'Aden par les Anglais, qui l'ont fortifiée depuis d'une manière inexpugnable. Les Arabes considèrent cette ville comme sainte, mais souillée par l'occupation des Européens. Aussi portent-ils une haine implacable aux infidèles et espèrent-ils toujours reprendre la ville. Les Anglais, de leur côté, s'entourent de précautions et ont formé des campements militaires considérables. Il y a presque continuellement une garnison de trois mille hommes.

Notre vapeur doit partir vers quatre heures de l'après-midi; nous montons sur des mulets en remerciant le P. Luigi de sa gracieuse hospitalité. Il refuse même pour ses pauvres une pièce d'or que nous lui offrons comme indemnité de ses frais. Il est chapelain des troupes irlandaises. Elles n'ont, dit-il, besoin de rien; au contraire, elles lui envoient des provisions de toute espèce.

Une demi-heure suffit pour franchir la distance qui s'étend d'Aden au port. Il était inutile de tant se hâter, car le vapeur ne partira qu'à dix heures du soir. On embarque cent cinquante misérables Indiens qui sont entassés sur le pont et à l'avant du vapeur. On les avait amenés pour travailler aux constructions d'Aden ; maintenant qu'ils sont tombés malades, on les reconduit dans leur pays.

Enfin, l'ancre est levée et nous gagnons le large. On compte d'Aden à Suez 2400 kilomètres environ, et d'Aden à Bombay 2940 kilomètres. Il y a donc entre Bombay et Suez environ 5340 kilomètres. C'est un trajet qui d'ordinaire se fait en seize jours.

1er *Octobre*. — Vers deux heures du matin, le vapeur s'arrête tout à coup. Un accident est arrivé dans la machine. Sa réparation nous fait perdre quelques heures. Ne nous plaignons pas de ce retard. C'est une conséquence peu dangereuse heureusement, mais presque inévitable des nombreuses libations faites à terre.

Aussitôt que le jour paraît, nous avons sous les yeux le triste spectacle des Indiens embarqués pendant la nuit. Les hommes, d'une maigreur et d'une faiblesse singulières, ne portent d'autre vêtement qu'un caleçon et un énorme turban. Les femmes ont un misérable lambeau de toile autour des reins et une étroite bande d'étoffe qui leur couvre le sein. Leur noire figure est généralement peu sympathique. Les enfants jusqu'à six ans sont complétement nus. Ces êtres humains forment un ensemble misérable. Couverts de guenilles, ils se mettent cependant des anneaux en métal aux bras, aux doigts et aux pieds. Toutes les femmes ont le nez percé pour recevoir un large anneau en argent. C'est un ornement assez disgracieux.

Le matin on fait aux Indiens une distribution de légumes secs. On leur donne aussi de l'eau douce pour boire et faire leurs ablutions. Il est impossible de vivre plus sobrement que ces malheureux. Mais aussi leurs corps semblent de véritables squelettes. Le médecin visite deux fois par jour les malades couverts de plaies fétides. Détournons les yeux de toutes ces misères que nous ne pouvons soulager. Cherchons à nous distraire en causant avec le P. des Avranches. Il nous donne d'intéressants détails sur la mission d'Abyssinie, qu'il vient de quitter.

2, 3, 4, etc. — Pendant neuf jours notre traversée est aussi heureuse que monotone. On remarque le passage de quelques bancs de poissons volants. Plusieurs Indiens viennent de mourir à bord. Les survivants mettent les cadavres dans des sacs avec un boulet de canon, puis ils les jettent à la mer sans aucune cérémonie. Les Indiens regardent ce spectacle avec curiosité, mais sans aucune apparence de tristesse. A cinq heures du matin ils fuient pêle-mêle devant l'inondation générale que les marins répandent sur le pont avec leur brutalité habituelle. Puis, lorsque l'eau s'est écoulée, on les voit reprendre avec résignation leurs places habituelles. Quelle misère!

9. — Enfin on aperçoit la terre. Après dix-sept jours de traversée depuis Suez, nous allons débarquer à Bombay. On jette l'ancre en rade à neuf heures du soir. Des feux de Bengale signalent notre arrivée devant le port. Des barques quittent le rivage et viennent se ranger le long de notre vapeur.

Une demi-heure après nous descendons à terre. Le douanier juge sur nos figures qu'il est inutile de faire ouvrir nos malles. C'est fort aimable de sa part. On ne demande pas les passe-ports dans cette colonie anglaise. Quel voyageur s'en plaindrait? Les bagages, chargés sur des chariots, sont traînés par des bœufs. Puis, à travers des rues désertes et faiblement éclairées, on nous dirige vers un hôtel anglais peu éloigné. Quelques rafraîchissements nous sont servis dans un vaste salon ventilé par des pounkas. Ce sont d'immenses écrans mis en mouvement par des domestiques indiens. Puis chacun s'étend sur un lit qui nous semble confortable après cette pénible traversée.

10. — A la pointe du jour nous allons visiter l'église catholique. Elle est simple, mais n'offre rien de remarquable. Quelques Portugais assistent à la messe. La maison de Mgr Hartmann est attenante à l'église. Il nous reçoit avec civilité et en grand costume d'évêque. Son secrétaire, le P. Ignace, se montre fort aimable et nous fournit toute espèce de renseignements sur l'Inde. Nous allons nous promener dans la ville, dont toutes les boutiques restent fermées. C'est aujourd'hui dimanche. Aussi trouvons-nous à Bombay le même aspect de tristesse qu'à Londres en pareil jour. Personne dans les rues, si ce n'est quelques protestants qui se rendent au temple ou à la campagne. Nous rentrons déjeuner

à l'hôtel. Le repas est confortable et servi avec un grand luxe d'argenterie. Il ne faut donc pas s'étonner qu'on nous présente une note d'un chiffre fort élevé pour le court séjour que nous avons fait dans cet hôtel.

Vers midi nous montons dans la voiture que l'évêque met à notre disposition. Nous avons bientôt traversé la ville comprise dans l'enceinte des fortifications. C'est la résidence des commerçants et des employés de la compagnie des Indes. Les fossés et la double muraille de Bombay une fois franchis, nous suivons la belle route qui traverse une vaste esplanade couverte de gazon. En face de nous s'élève la ville indienne, qui renferme plus de 500 000 habitants. A gauche on voit d'immenses bassins creusés dans le roc et où l'on descend par de beaux escaliers en pierre. Ces petits étangs sont destinés à recevoir l'eau pluviale qui tombe si abondamment pendant la mousson du sud-ouest. De nombreuses baraques couvertes en chaume servent de campement aux troupes indiennes. Enfin la mer forme l'horizon.

Une demi-heure suffit pour se rendre à l'église catholique où réside le P. Michel. C'est un missionnaire carmélite qui nous installe avec affabilité dans sa vaste maison. Me voici en sainte compagnie. Je suis seul laïque au milieu de quatre missionnaires italiens et du P. Léon, mon compatriote. Cette société

est assez gaie, et l'on rit plus souvent qu'on ne
parle de choses sérieuses.

Après dîner, malgré une ardente chaleur, je vais
avec le P. Léon faire un tour de promenade dans
la ville indienne. Nous parcourons les principales
rues larges et fréquentées par une nombreuse population. D'abord l'œil, surpris par tant de nou-
veautés, ne sait où s'arrêter. Les costumes bizarres,
les pagodes, les habitations des indigènes, tout attire l'attention d'un Européen. C'est la réalisation
d'une de ces brillantes mises en scène que nous
admirons quelquefois à l'Opéra de Paris et qui
semblent si fantastiques.

Dès que la première surprise est passée, nous
descendons à l'examen des détails. Nous observons
les différentes curiosités qui nous entourent. Les maisons construites en bois sculpté sont revêtues de différentes couleurs. Elles détachent leurs toits sombres
et irréguliers sur un ciel étincelant. Les pagodes occupent ordinairement une vaste enceinte plantée d'arbres verts. Une haute pyramide qui se termine par
une demi-lune forme la porte d'entrée; puis au milieu de l'immense cour intérieure s'élève un piédes-
tal qui supporte quelque singulière idole. A peu de
distance on voit une mosquée dominée par ses élégants minarets. La plupart des édifices sont sur-
chargés d'ornements étranges. La sculpture affecte
d'ordinaire des formes tourmentées et fantastiques.

Les costumes des habitants offrent une grande variété. Les parsis ou adorateurs du feu portent un long bonnet de toile cirée, une espèce de robe de chambre blanche, un large pantalon de couleur, et enfin des souliers à la pointe fine et recourbée. Les Hindous ont pour coiffure un turban de forme curieuse : c'est une espèce de bonnet phrygien entouré d'un rouleau de mousseline. Les turbans des musulmans se font remarquer par leur forme particulière. Le costume des Indiens est en général réduit à sa plus simple expression. Il se compose du turban et d'un linge enroulé autour des reins.

Les femmes portent un large pantalon, une bande d'étoffe qui cache la gorge, et enfin un long voile qui le plus souvent est considéré comme objet de luxe. Les formes se distinguent parfaitement sous ces vêtements transparents qui cachent le corps seulement à moitié. Les amateurs de belles formes n'y perdent rien. Mais pourquoi la figure et la couleur de la peau sont-elles si peu attrayantes ? C'est que la plupart des femmes qu'on rencontre dans les rues travaillent beaucoup et s'exposent sans cesse aux rayons d'un soleil brûlant. Elles portent presque toutes de grands anneaux en argent aux pieds, aux mains et aux bras. En outre elles ont une narine percée pour recevoir des bijoux en or d'un poids souvent incroyable.

Nous rentrons à la maison l'esprit rempli de tous

les curieux aspects de Bombay. Cette ville cause une vive surprise à tous les étrangers nouvellement arrivés dans l'Inde. Il nous semble que toute la journée nous avons été en proie à un long rêve. Le sommeil seul vient y mettre un terme.

CHAPITRE III.

Le fort de Bombay. — La ville noire. — L'hôpital des animaux.
— Les pagodes. — Les castes hindoues. — Les fakirs. — Les
bazars.— Hôpital de Jamshidji.— Appointements des employés.
— Tolérance religieuse des Anglais. — Troupes cipayes. —
L'insurrection de 1857.

11 *Octobre.* —Nous allons au fort. On appelle ainsi
la petite ville anglaise comprise dans l'enceinte des
fortifications. M. Roussac est le seul négociant français résidant à Bombay. Nous rendons visite à notre
compatriote, qui nous fait un gracieux accueil. Puis
nous parcourons la ville, régulièrement bâtie. Les
rues sont assez larges et bien entretenues. Les maisons paraissent transparentes, grâce à leurs nombreuses fenêtres percées les unes en face des autres,
pour que l'air circule plus librement. Voilà un pays
où l'on se préoccupe peu du danger des courants
d'air.

Les magasins n'offrent rien de remarquable exté-
rieurement. Quelques-uns renferment des meubles,

porcelaines, peintures et ivoires assez curieux. Les boutiques contenant les marchandises chinoises attirent surtout notre attention. Il y a deux cafés qui sont renommés par leurs excellentes glaces. Le climat de Bombay rend ce détail intéressant. A une assez grande distance du fort se trouve le théâtre, où l'on donne rarement des représentations.

Partout dans l'Inde on s'est préoccupé de rendre l'existence des Européens aussi douce que possible. Comment sans cela pourraient-ils vivre dans un pays si funeste à leur santé? Dans le temple protestant aussi bien qu'au tribunal on est éventé par d'immenses pounkas. Une assez vaste place s'étend au milieu de la ville. Quelques bouquets de tamariniers y répandent un peu d'ombre. Au centre on voit la statue de lord Cornwallis abritée par une coupole peu élégante.

Bombay est entourée de fortifications utiles peut-être contre les Indiens, mais qui seraient bien insuffisantes en cas d'attaque par des troupes européennes. Le château et le fort George sont peu redoutables. Il faudrait, pour protéger le port, des batteries établies à son entrée. On compte mille canons environ sur les remparts de la ville, dont la défense nécessiterait une garnison d'au moins huit mille hommes.

Une jetée assez longue s'avance dans la mer et abrite quelques embarcations de pêche et de promenade. Les bateaux à vapeur et les grands trois-mâts ne séjournent pas longtemps sur la baie qui s'étend devant la ville. Elle est vaste, mais peu sûre lorsqu'il souffle un vent violent; aussi les gros na-vires jettent l'ancre dans une immense rade com-parable à celle de Brest. Ils y sont bien plus en sûreté pendant la mousson du sud-ouest.

La chaleur devient tellement forte vers le milieu du jour, que les affaires sont interrompues pendant quelques heures. Tout le monde se repose sur des lits ou sur des divans. Nous suivons l'exemple gé-néral. Vers quatre heures du soir la chaleur dimi-nue, la circulation dans les rues recommence de nouveau.

Nous allons nous promener dans les quartiers de Bombay habités par les indigènes. Ils forment ce qu'on appelle la ville Noire. Nous visitons l'hôpital des animaux, fondé par les Indiens. C'est un im-mense bâtiment carré qui renferme une vaste cour. On trouve ici une foule d'animaux de toute espèce qui reçoivent les soins de nombreux vétérinaires ou achèvent paisiblement leur oisive existence. On re-marque des chevaux, des chiens, des singes, des perroquets, et surtout les zébus ou bœufs indiens, qui ont une loupe de graisse sur les épaules. Une fois entrés à l'hôpital, les animaux cessent d'appartenir à leurs maîtres et vivent grassement à leur aise.

Cette vaste fondation est due aux croyances religieuses des Hindous, qui admettent la métempsycose. Ils veulent montrer de l'humanité envers les âmes de leurs compatriotes qui ont revêtu le corps d'un animal. Heureux l'homme qui après sa mort renaîtra sous la forme d'un veau. Il sera vénéré dans les temples, et les jeunes filles viendront lui baiser le museau. C'est que Siva lui-même fut transformé en veau par la chaste Anoussoyai lorsqu'il voulut triompher de sa virginité. Mais, effrayée de la punition qu'elle venait d'infliger, la vierge prit soin d'élever ce veau qui cachait un dieu, et finit par rendre à Siva sa première forme.

On marque l'arme de ce dieu au moyen d'un fer rouge sur la cuisse droite des animaux qui lui sont consacrés. Aussi se promènent-ils au milieu des bazars en pleine liberté. Ils peuvent manger impunément les graines qui sont exposées à la porte des boutiques. Enfin lorsque les taureaux sacrés viennent à mourir, on les enterre avec pompe.

Il y a dans la ville Noire plusieurs fort belles pagodes où sans cesse l'on entend résonner une bruyante musique. Nous visitons l'un de ces temples hindous. Dans une vaste piscine qui en dépend, les hommes et les femmes font ensemble les ablutions prescrites par leur religion. Sous un petit bâtiment divisé en plusieurs compartiments se trouvent différentes idoles. Ici une vache en pierre noire grossièrement sculptée porte sur la tête une offrande de blé toujours intacte. Là des mannequins de couleurs variées figurent des dieux du plus bizarre aspect. Celui-ci est un guerrier redoutable qui a une douzaine de bras. Celui-là est orné d'une trompe d'éléphant au milieu de la figure. Cet autre porte trois têtes. Mais arrêtons-nous dans cette description; car les dieux indiens sont innombrables.

Nous remarquons dans les rues presque tous les Hindous marqués au front de lignes et de points blancs, rouges ou jaunes Chaque matin, avec de la vase du Gange, du bois de sandal ou des cendres de bouse de vache, ils font ces signes distinctifs des différentes sectes.

Il y en a six principales. Celle des jainahs renferme les Indiens qui admettent l'Être suprême comme un et indivisible, spirituel, sans partie, sans étendue. Ils prétendent que telle était la croyance générale des Hindous. Ils accusent les brahmes d'avoir répandu les fables qui dénaturent maintenant la religion indienne. Les cinq autres sectes admettent un seul dieu qui, dans les transformations du monde, se manifeste en trois personnes : Brahma, qui crée; Vishnou, qui conserve, et Siva, qui détruit. Ces sectes croient aussi aux incarnations ou métamorphoses de la divinité; mais elles diffèrent dans le choix de la personnification divine qui forme l'objet de leur culte spécial. Ainsi les saïvas adorent Siva sous la forme du lingam ou phallus. Les vaishnavas révèrent Vishnou. Les shaktas sont les adorateurs de Bhagavati ou Dourga, la femme de Siva. C'est la personnification féminine de l'énergie divine. Les bauddhas, qui rendent leur culte à Boudha, se trouvent surtout à Ceylan. Enfin les sikhes sont les sectateurs de Naneck, né en 1469. Ils admettent les incarnations hindoues, mais adressent leurs prières surtout à la divinité suprême.

Les saïvas, les vaishnavas et les shaktas se divisent en quatre castes qui ne peuvent jamais se confondre par suite de mariages. Les mariages doivent, en effet, se contracter seulement entre les individus appartenant à la même caste. Cette division des Hindous en castes distinctes remonte, suivant la tradition, au créateur du monde, à Brahma. De sa tête naquirent les brahmes, ou prêtres; de ses épaules, les kchatrias, ou guerriers; de son ventre, les vessiahs, ou marchands et agriculteurs, et enfin de ses pieds, les sudras, ou la classe des artisans et de ceux qui exercent quelque métier. Il y a beaucoup de subdivisions de ces quatre castes principales.

Au-dessous d'elles se trouvent les parias, qui ne forment pas une caste. Ils composent cependant presque le quart de la population hindoue. Ils vivent comme des esclaves, occupés des plus pénibles travaux. Malgré leur incontestable utilité, ils sont

en butte aux insultes et aux mauvais traitements.
On ne les entend néanmoins jamais proférer une
plainte sur le malheureux sort auquel les condamne
leur naissance dans cette classe de réprouvés.

Pour qu'un Hindou soit rangé parmi les parias,
il faut qu'il perde sa caste. Le malheureux qui a
encouru cette peine semble être frappé d'excommu-
nication. Il ne lui est plus permis de vivre avec ses
parents. Son contact devient impur, ses anciens
amis évitent même son approche. Cet infortuné n'a
plus de rapport qu'avec les parias, qu'il a méprisés
si longtemps et qui sont devenus ses égaux. Un
Hindou tombe dans cette classe abjecte lorsqu'il
viole l'une des principales règles que sa religion lui
impose, ou bien encore lorsqu'il s'adonne à une
occupation défendue à sa caste.

Rangés dans l'une des nombreuses subdivisions
de leurs castes, les Hindous doivent exécuter une
série de travaux distincts, suivant la catégorie à
laquelle ils appartiennent. Cette organisation mul-
tiplie dans l'Inde le nombre des domestiques nécessaires au service d'une famille. Chacun d'eux
ne remplit qu'un emploi particulier et restreint.
L'un servira à table, l'autre fera la cuisine, un autre
ira chercher l'eau, d'autres porteront le palanquin,
ou s'occuperont du cheval, etc. N'allez pas, en cas
d'absence de l'un de vos domestiques, demander à
un autre quelque service en dehors de sa spécialité.

Il vous répondrait qu'il ne veut pas perdre sa caste, et que l'absent va bientôt revenir.

Ces domestiques hindous sont, du reste, fort peu payés : ils reçoivent chacun de vingt à vingt-cinq francs par mois. Mais il faut compter une douzaine de domestiques par famille de fortune moyenne ; ce qui ne laisse pas de faire monter à une somme mensuelle assez forte la dépense occasionnée par le service seulement.

Les Hindous se nourrissent à leurs frais. Ils ne sont pas tentés de toucher aux mets servis sur votre table ou de boire du vin dans vos verres ; ils perdraient leur caste. Il n'y a que les parias capables de pareilles licences. Malheureusement on compte plus de ces derniers que de sudras au service des Européens. Aucun sudras, en effet, ne voudrait être cuisinier, puisqu'il aurait à préparer la viande de bœuf. Les Anglais sont donc forcés d'employer les parias, et, par suite du contact de ces êtres impurs, ils se déconsidèrent aux yeux des Hindous. Les domestiques musulmans, n'ayant pas ce prétexte de caste, semblent préférables sous le rapport du service et de la nourriture.

La caste brahmine, qui est la plus élevée, se consacre surtout au culte divin. Elle s'est réservé la lecture des Védas et le droit de tenir des écoles. Les brahmes se prévalent de leur origine supérieure pour maintenir leurs nombreux priviléges. Ils se

contentent d'observer quelques pratiques religieuses, mais ne s'imposent généralement pas les tortures que supportent quelques Hindous appartenant
aux castes inférieures. Ces derniers, par fanatisme
religieux ou pour exciter l'admiration de leurs coreligionnaires, se soumettent à une foule de privations
et de tourments.

Quelques-uns de ces fanatiques arrivent même à
une exaltation qui diffère peu de la folie. Les idiots
et les fous sont du reste entourés de considération,
car les Hindous, comme les musulmans, les croient
en possession de l'esprit divin. Mais le peuple vé-
nère surtout les joghuis et les fakirs, qui passent
pour des saints, entièrement consacrés au culte de
la divinité et dédaigneux de tout intérêt et de tout
soin matériel.

L'aspect de ces dévots personnages est vraiment
étrange. Ils se couvrent le corps de bouse de vache
ou de diverses couleurs. Un étroit caleçon et un
bonnet singulier, voilà tout leur costume. A la
main ils tiennent une longue vessie avec laquelle ils
frappent tous ceux qu'ils trouvent sur leur passage.
Autour du corps ils portent une chaîne de fer dont
l'extrémité est tenue par un nain ou un enfant. Ils
imitent alors les allures et les rugissements des
tigres et des autres bêtes féroces.

Ces fakirs ont en général une figure hideuse et
repoussante. Ils se livrent à toutes leurs extrava-

gances sur la voie publique. De temps à autre ils entonnent un chant religieux auquel les passants répondent en chœur. Du reste il n'arrive aucun désordre dans la rue, sans qu'il soit promptement réprimé par de nombreux policemen indigènes armés de leurs bâtons réglementaires.

Les agents de police sont parfaitement organisés et saluent les Européens sur leur passage. On me prend pour un officier anglais, grâce à mon costume entièrement blanc et rehaussé par une ceinture en soie rouge que j'ai rapportée de Damas. Pour me garantir du soleil j'ai aussi adopté le chapeau à la mode dans l'Inde. C'est une espèce de large casque fort léger et percé à son sommet d'une ouverture pour le passage de l'air. On le recouvre d'une étoffe blanche, épaisse et matelassée.

12. — Des indigènes viennent le matin nous offrir toute espèce de marchandises. Les produits européens sont d'un prix fort élevé, ceux de l'Inde se vendent au contraire à très-bon marché. On trouverait difficilement un visage plus avide et plus fin que celui d'un marchand indien. Donner la moitié ou même le tiers de ce qu'il demande est déjà trop payer.

Nous allons visiter les bazars étroits et sombres, mais très-considérables, de la ville noire. Les boutiques sont petites, mais assez bien fournies. Au marché, nous voyons accumulées toutes les productions de l'Inde. C'est une belle et riche collection. Nous y remarquons une foule de fruits excellents inconnus en Europe.

Bhendi-bazar-road, la rue principale de la ville noire, nous conduit devant les bâtiments de Grant-collége, qui présente l'aspect d'un château crénelé. Cette vaste école de médecine a été fondée en l'honneur de Robert Grant. Les frais d'établissement ont été payés moitié par le gouvernement et moitié avec le produit d'une souscription faite en 1837. Les bâtiments, commencés en 1843 seulement, sont déjà noircis par les pluies torrentielles qui durent pendant les mois de juin, juillet et août.

Le collége d'Elphinstone, pour l'instruction supérieure, fut aussi établi par souscription. Dans de nombreuses écoles fondées par les indigènes, les prêtres catholiques ou les ministres protestants, on donne l'instruction primaire aux enfants de toutes les castes et de toutes les sectes religieuses. Les individus sachant lire et écrire sont très-communs dans l'Inde. On peut faire la même remarque chez les autres peuples orientaux, dont presque tous les enfants vont à l'école pendant plusieurs années avant de prendre part aux travaux manuels de leurs parents. Aussi dans les villages il y a toujours des maîtres d'école. Ils réunissent souvent autour d'eux des enfants musulmans et de jeunes hindous qui, accroupis les uns près des autres, apprennent à lire, à écrire ou à compter.

Les Anglais ne trouvent pas ces établissements suffisants pour l'éducation de leurs enfants. Aussi les envoient-ils en Angleterre. Dès que les jeunes gens sont reçus à l'examen de Haylebury, ils entrent dans ce collége. On y paye une pension annuelle de cinq mille francs pendant· les deux années d'études. A leur sortie les élèves doivent subir un dernier examen pour être admis dans le service civil de l'Inde. On donne un brevet d'officier dans la cavalerie indienne à ceux qui ne sont pas jugés capables d'emplois civils. Les autres viennent à Calcutta étudier pendant dix-huit mois les diverses langues en usage dans l'Inde. Les frais de voyage sont à la charge de la Compagnie, qui paye en outre sept cent cinquante francs par mois à chacun de ces jeunes gens dès leur arrivée sur le sol indien.

Après avoir passé plusieurs examens au collége du fort William, ils sont placés comme assistants auprès d'un magistrat ou d'un collecteur. Il faut alors bien des années de service avant d'arriver à l'un de ces hauts emplois, puis à celui de juge qui les domine tous deux. Combien d'études sont nécessaires pour connaître les dispositions des lois anglaises, mahométanes et hindoues que le juge doit appliquer suivant la qualité des parties comparaissant devant son tribunal! Cent cinq mille francs de traitement annuel ne semblent vraiment pas excessifs pour ceux qui remplissent une fonction aussi difficile à obtenir que pénible à exercer sous ce climat brûlant.

Non loin du collége Grant s'élève l'hôpital de Jamshidji-Jijibhaï, qui peut contenir trois cents malades. Il a été bâti aux frais du riche parsis dont il porte le nom, et qui a dépensé plus de cinq cent mille francs à sa construction. Il y a plusieurs autres exemples de générosité pareille de la part des riches Indiens. Ils ont fait construire à leurs frais de beaux ponts, de nombreuses pagodes et de vastes citernes. Ils consacrent des sommes considérables à ces travaux d'utilité publique, afin de s'attirer la considération de leurs compatriotes ou de mériter la faveur de leurs divinités.

Quelques indigènes acquièrent du reste dans le commerce et la banque d'immenses fortunes qu'on ne soupçonnerait pas en voyant leurs comptoirs et leurs habitations si modestes. Cependant ces Indiens sont créanciers de la plupart des Anglais qui roulent dans de pompeux équipages.

Les employés civils et militaires de la Compagnie des Indes ont des appointements fort élevés, comme on peut en juger par les quelques chiffres que voici :

Le gouverneur de Bombay........320,000 f
Chacun des deux membres du conseil. 160,000

Le chef de justice...................150,000 f
Chacun des trois juges..............105,000
L'évêque de Bombay................ 64,000
Un colonel........................ 39,000
Un lieutenant-colonel.............. 25,000
Un capitaine ou un chirurgien........ 6,800
Enfin un lieutenant................. 4,600

Cette forte paye peut à peine suffire aux Anglais pour maintenir leur luxe extraordinaire. Beaucoup ont aussi à supporter les frais considérables occasionnés par l'éducation de leurs enfants qu'ils envoient à Londres.

Les officiers notamment trouvent dans leurs cercles ou *mess* l'occasion de faire des dépenses souvent supérieures à leur solde. Chaque régiment se pique de surpasser les autres en prodigalité. On boit les meilleurs vins, et les services en argenterie sont d'un luxe incroyable. Cette table commune des officiers, excellente institution dans son origine, a été transformée pour beaucoup d'entre eux en une cause de ruine.

13. — Je passe la journée à lire les illustrations françaises et anglaises, *le Charivari, la Revue des Deux-Mondes*, et plusieurs publications arrivées d'Europe. M. Roussac se charge de les faire parvenir à ses différents abonnés dans toutes les parties de l'Inde. Le service de la poste est parfaitement établi

en ce pays, où les lettres doivent souvent parcourir des distances considérables. Je lis rapidement le journal intitulé *Bombay Times*, qui est du reste fort peu intéressant. Il reproduit les nouvelles d'Europe et représente les intérêts anglais dans l'Inde.

La liberté de la presse existe en ce pays depuis 1838; aussi presque toutes les grandes villes ont-elles leurs journaux particuliers. Quant à la presse hindoue, elle fait paraître plusieurs publications quotidiennes et périodiques. Mais elles ont peu d'influence et ne trouvent d'abonnés que dans une partie de la population, celle qui se compose des individus nés d'Européens et de femmes hindoues.

Ils forment entre les Anglais et les indigènes une classe intermédiaire qu'on appelle *half-caste* (demi-caste.) Elle est encore peu nombreuse mais commence cependant à compter. Dans un avenir peu éloigné elle fournira sans doute une foule d'employés civils et militaires qui seront fort utiles au gouvernement anglais.

Le soir on vient à causer des missions dans l'Inde. Depuis plus de deux cents ans l'ordre des carmélites est établi en ce pays. Il y a construit plusieurs églises et fondé un séminaire pour former des prêtres indigènes. Les catholiques ont à lutter contre les prêtres portugais devenus schismatiques et surtout contre les ministres protestants. Parmi eux on compte plus de trois cents Européens et près de cinq cents indigènes qui dirigent des écoles et des hôpitaux.

La Compagnie des Indes montre la plus grande tolérance en matière religieuse. Elle permet et souvent même soutient les différents cultes pratiqués dans l'Inde. Elle contribue à la construction des églises catholiques, des temples protestants, des pagodes hindoues et des mosquées musulmanes. Elle choisit des prêtres catholiques pour chapelains militaires, près des différents corps de l'armée où se trouvent des Irlandais. Enfin elle permet aux missionnaires catholiques et protestants d'étendre leurs conversions autant que possible. Mais malheureusement les Indiens se convertissent peu, et encore c'est seulement à prix d'argent.

Les Hindous sont fort attachés à leurs croyances religieuses. Le gouvernement qui les persécuterait à ce sujet, les pousserait certainement à une révolte assez dangereuse pour la Compagnie des Indes; car l'armée à son service compte 250 000 hommes, dont 60 000 seulement sont Anglais. Tous ces soldats indiens, nommés cipayes, suivent leurs différents cultes en toute liberté. On trouve dans l'armée les musulmans à côté des Hindous de toutes les castes, depuis la plus élevée jusqu'à la plus basse. Ainsi les brahmes peuvent sans déroger être placés auprès même d'un paria. C'est un privilége de la profession militaire. Elle passe pour ennoblir tous ceux qui l'embrassent.

Les cipayes portent un uniforme peu différent de celui des troupes anglaises. Ils sont armés et exercés de la même manière. N'est-il pas à craindre pour la domination anglaise que ces troupes indigènes ne viennent un jour à se compter et à se soulever contre elle? Leur solde s'élève à 17 francs par mois lorsqu'ils sont en garnison, et à 21 francs pendant les expéditions. Les cipayes peuvent réserver environ la moitié de leur paye pour entretenir leurs familles. Dans les champs, ils ne pourraient gagner que 5 francs. Cet avantage pécuniaire que trouvent les cipayes à servir la Compagnie explique l'empressement des indigènes à s'engager volontairement. En outre une retraite honorable leur est assurée lorsqu'ils se retirent du service par suite d'infirmités, de vieillesse ou de blessures.

Ils ne peuvent jamais arriver à des grades plus élevés que celui de soubadar ou lieutenant. Les cipayes sont commandés par des officiers anglais qu'ils respectent; mais en général ils n'ont pas beaucoup de sympathie pour la domination étrangère. Ils partagent à cet égard le sentiment du reste de la population hindoue. Elle se plaint de la lourdeur des impôts employés à entretenir le luxe des Européens, ses dominateurs. Quelques marchands de Londres gouvernent, suivant leur intérêt commercial, cent cinquante millions d'Indiens. Qu'ils se révoltent, et faute d'énergie et d'ensemble, ils succomberont sous l'habileté et la persévérance des Anglais.

Je ne puis recopier ces phrases de mon Journal écrit en 1853 sans faire la remarque suivante. En mai 1857, l'insurrection qui éclata dans l'Inde fut surtout occasionnée parce qu'on voulut faire déchirer aux cipayes des cartouches qui avaient été frottées de graisse de bœuf. Ils préférèrent s'exposer à tous les dangers d'une révolte contre les Anglais plutôt que d'obéir à un commandement contraire à leurs croyances religieuses. En effet, si les cipayes s'étaient soumis à cet ordre, ils auraient cessé d'appartenir à leurs castes respectives et seraient devenus parias. Or, il y avait dans les troupes indigènes un nombre considérable de brahmes qui aimaient beaucoup mieux mourir que de tomber dans cette dégradation. On comprend donc facilement l'origine de cette révolte : elle se développa, en outre, d'autant plus promptement qu'il régnait, parmi les cipayes, un vif mécontentement par suite de l'annexion récente du royaume d'Aoude. Cette annexion avait été faite par lord Dalhousie, sous un prétexte futile, pendant le mois de février 1856. Que n'a-t-on écouté les sages avis du colonel Sleeman?

Combien de sang a fait couler cette insurrection! Elle aurait peut-être triomphé des Anglais, s'ils n'eussent été soutenus par les troupes sikhes, qui leur restèrent fidèles. Maintenant l'Inde, presque entièrement pacifiée, est gouvernée par un vice-roi au nom de la reine d'Angleterre. Les indigènes supportaient avec peine le gouvernement de la Compagnie des Indes. Espérons que la nouvelle administration opérera quelques réformes importantes, et que, par ses sages mesures, elle saura mériter la reconnaissance des populations indiennes.

CHAPITRE IV.

L'île d'Éléphantine. — Son temple. — Le trimourty indien. —
Les bayadères. — Le houka. — Fête du Mouhorum. — Le palanquin. — Mahim. — Les tabouts. — Une procession musulmane.

`14 *octobre*. — On nous parle depuis quelques jours
des curieuses grottes d'Éléphantine. Je pars avec les
missionnaires pour y faire une excursion. Nous
montons dans une vaste barque qui met bientôt à
la voile; mais le vent est faible; notre équipage
prend les rames. Favorisés par la marée, nous avançons assez vite. Nous longeons plusieurs magnifiques bâtiments de commerce. Dans le lointain, on
aperçoit une forêt de mâts; ce sont des navires d'un
plus petit tonnage qui occupent le fond de la baie. Son
immense développement la rend peu sûre pendant
la mousson contraire. La vue d'ensemble est assez
intéressante, surtout par l'étendue des lignes.

Une étouffante chaleur nous fait réfugier à l'ombre de notre grande cabine. Je trouve, dans le *Jour-*

nal de la Société royale asiatique, un excellent article sur la théorie du grand temple d'Éléphantine. M. Stevenson montre, dans quelques pages écrites sur ce sujet, une profonde connaissance de la religion hindoue.

Une heure et demie nous suffit pour atteindre l'île d'Éléphantine, située à 11 kilomètres environ du fort de Bombay. La plage s'avance presque horizontale jusqu'à une assez grande distance dans la mer. Elle est encore couverte de quelques flaques d'eau. Des indigènes viennent nous prendre sur leurs épaules et nous porter au rivage.

Voici une terre tropicale telle que mon imagination l'avait toujours rêvée. Une puissante végétation couvre les collines de cette petite île gracieuse. Impossible de voir la terre, tant les plantes de toutes sortes se pressent et forment des masses de feuillage impénétrable. De nombreux cocotiers lèvent leurs têtes altières au-dessus de cette multitude d'arbrisseaux, et leurs longues palmes se balancent mollement au souffle de la brise.

Nous gravissons une pente rapide entre deux épaisses murailles de verdure. On trouve les ruines d'un escalier : il en reste seulement quelques-uns des degrés les plus élevés : il faut monter pendant un quart d'heure pour arriver devant le temple hindou. La marche nous a trop échauffés pour entrer immédiatement : nous nous mettons à l'abri du soleil dans une petite mais confortable maison couverte en chaume.

Nous admirons la vue magnifique qui se déroule à nos yeux. Bombay, sa rade, les îles voisines, nous apparaissent à travers une luxuriante végétation. Çà et là, sur les arbres et sur les gazons, nous apercevons des sardoines et des topazes qui brillent au soleil : on veut les ramasser, mais ces diamants s'animent, et ces brillants insectes nous échappent, emportés sur leurs ailes légères.

Pénétrons maintenant dans le temple, profondément creusé dans un tuf noirâtre. Du sommet de la montagne, une masse de plantes grimpantes tombe en guirlandes touffues. Elles forment un épais couronnement de verdure au-dessus de la triple entrée de cette vaste excavation, qui a environ 42 mètres sur chaque côté. La voûte qui forme le plafond varie de 5 mètres à 5 mètres 75 centimètres de hauteur. On trouve aussi quelque différence, peu apparente du reste, dans la position et les dimensions des seize pilastres et des vingt-six colonnes qui soutiennent le plafond du temple.

Ces colonnes, disposées sur plusieurs rangées parallèles, excitent notre curiosité par leurs formes insolites et variées. Les piédestaux rectangulaires portent des piles de coussins qui semblent s'affaisser sous le poids de la voûte. L'entrée du temple se trouve au nord. Lorsqu'on y pénètre jus-

qu'à une certaine profondeur, on trouve une espèce
de petite chapelle percée de quatre portes, qui renferme une grosse pierre conique ressemblant beaucoup à une borne : c'est le symbole de Siva, représenté comme pouvoir reproducteur de la nature.
Les Hindous l'appellent lingam et lui rendent le
culte le plus assidu. Aussi ont-ils donné à ce temple
le nom de Siva-Lingam, en l'honneur de leur
principale divinité. Autour de cet autel privilégié,
on voit d'énormes statues représentant des gardiens qui appartiennent à la plus haute caste hindoue. Ils s'appuient sur des nains qui figurent la
basse classe, et qu'on appelle démons : ce sont probablement les caricatures des rudes aborigènes de
cette contrée.

Les croyances religieuses des Hindous sont repro-
duites de tous côtés par d'immenses bas-reliefs. Le
plus considérable se trouve au milieu de la paroi
qui forme le fond du temple. Il compte plus de
5 mètres de hauteur et représente le Trimourty, la
trinité indienne. Ce mythe religieux est figuré par
les trois bustes réunis de Brahma, Vishnou et Siva.
Brahma, le créateur, est représenté comme un
brahme ascétique; dans une main il tient la gourde
caractéristique destinée à lui servir de vase pour
boire. A sa gauche se trouve Vishnou le conserva-
teur, reconnaissable au lotus épanoui qu'il porte
dans la main droite. De l'autre côté de Brahma, on

voit Siva le destructeur; une tête de mort orne
son casque, et autour de son bras s'enlace le terrible serpent à lunettes, la cobra-capella.

Des deux côtés de cette sculpture centrale se trouvent plusieurs autres bas-reliefs très-intéressants
qui couvrent toutes les parois du temple. D'abord à
droite on voit Siva unissant les deux sexes en sa personne; il prend alors le nom d'Ardhanarishwar ou
dieu hermaphrodite. Plus loin, on a représenté
le mariage de Siva avec Parvati. Puis on remarque
une femme tenant sur la hanche gauche un enfant
qu'on suppose être Ganesha, fils aîné de la déesse.
Siva, dans l'un de ces bas-reliefs, porte une curieuse coiffure surmontée d'un croissant. Parmi les
ornements on remarque trois têtes de femmes.
Elles représentent le Gange et les deux rivières qui
viennent se jeter dans le fleuve sacré. Voici Ravana,
roi de Ceylan; ce démon aux dix têtes s'efforce
d'enlever Kailas, la colline céleste de Siva, pour
la transporter dans son royaume. Plus loin Siva
apparaît sous sa terrible forme de Vira Bhadra; il
a dix bras et porte un long collier de têtes humaines. D'une main il saisit Daksha, de l'autre le
décapite, et enfin, dans une troisième main tient la
coupe où tombe le sang de la victime. Puis Siva est
représentée avec huit bras; il a pris la forme terrible de Bhairava. Enfin on voit une jolie sculpture
qui représente Ganesha avec sa tête d'éléphant. Les

principaux personnages de ces bas-reliefs sont entourés de leurs attributs. On a figuré aussi beaucoup de dieux inférieurs, des favoris et des adorateurs qui se tiennent auprès des principales divinités.

Ces sculptures sont profondément entaillées dans un roc qui ressemble beaucoup à du porphyre. Tout ce qui constitue la beauté aux yeux des Indiens a été reproduit dans ces bas-reliefs avec une exagération surprenante. Les figures sont par suite aussi ridicules que grotesques; ainsi les femmes ont les yeux énormes, les lèvres trop épaisses, la gorge redoutable et les hanches développées à l'excès. Les démons aux figures grimaçantes sont chargés de chaînes. Enfin il y a une animation extraordinaire dans la représentation de ces différentes traditions religieuses. Le profil des figures présente un peu le caractère égyptien.

Ce temple hindou offre dans son ensemble beaucoup d'analogie avec plusieurs excavations semblables que j'ai visitées, il y a deux ans, sur les bords du Nil. Cependant l'aspect général est moins lourd, mais aussi moins imposant que celui des sépultures égyptiennes. La demi-obscurité qui règne dans ce mystérieux sanctuaire est tout à fait convenable aux cérémonies religieuses. Les Hindous viennent encore dans ce temple chaque année à l'époque de la fête de Siva. C'est alors surtout que le Lingam attire une foule d'adorateurs.

Au fond de l'excavation se trouvent deux sanctuaires dédiés, l'un à Ganesha, l'autre au Lingam. Pour parvenir à ce dernier, il faut gravir un escalier surmonté de deux lions, et l'on arrive devant la borne caractéristique.

Vingt-six colonnes soutenaient autrefois ce temple souterrain; huit ont été brisées. La tradition généralement admise attribue ces ruines au canon de l'intolérance portugaise. Mais on peut expliquer d'une façon toute naturelle la destruction de ces huit colonnes. Il suffit d'observer la nature du terrain où a été pratiquée cette excavation. L'eau s'écoule par de nombreuses fissures à travers le rocher et en détache peu à peu des fragments. Aussi est-il difficile d'admettre que ce temple ait été creusé du temps de Sésostris ou d'Alexandre. En outre, le genre d'architecture adopté dans ce monument prouve qu'il a été exécuté du huitième au douzième siècle de l'ère chrétienne.

Notre vive discussion à ce sujet n'empêche pas de suivre avec intérêt les préparatifs du déjeuner. La table est dressée auprès d'une colonne. On fait un excellent repas assaisonné par l'appétit et la gaieté. Les volailles rôties disparaissent sous nos dents impies à la barbe des dieux hindous. Quel mépris de leurs préceptes religieux! Ils défendent de manger de la chair d'aucun être animé. O profanation! nous dégustons la viande d'animaux où se réfugient après la mort les âmes des humains.

A la fin du repas, on entend dans le lointain les accords délicieux du hautbois, nous faisons approcher le musicien ; il se place au fond de la grotte et joue différents airs dont les notes harmonieuses viennent nous enchanter. Puis on entonne des chœurs qui, sous ces voûtes, produisent le plus bel effet. Les six missionnaires avec lesquels je me trouve chantent dans cette excavation païenne les louanges du Seigneur. Il me semble assister aux réunions des premiers chrétiens dans les catacombes.

L'île d'Éléphantine renferme plusieurs autres pagodes souterraines peu intéressantes. Elle doit son nom à la découverte d'une tête d'éléphant qui surmontait la statue du dieu Ganesha.

Après notre curieuse excursion nous nous reposerions volontiers à l'ombre de quelque épais feuillage, mais il sera mieux de profiter de la marée qui nous est favorable. On s'embarque de nouveau à pied sec, grâce aux épaules des indigènes. Le vent devient contraire et nous force à louvoyer. Aussi mettons-nous trois heures et demie pour atteindre Bombay.

La journée a été un peu fatigante, mais fort intéressante. Je gagne mon lit en pensant qu'il n'est pas toujours trop pénible d'être missionnaire. Pour un homme qui a le goût des voyages, et qui tient peu au confortable, cette vie aventureuse a beau-

coup de charme; on peut l'aimer pour elle-même.
J'ai rencontré plusieurs missionnaires ayant comme
moi la passion des voyages; mais la plupart, il faut
le reconnaître, sont entraînés seulement par le zèle
religieux lorsqu'ils affrontent la fatigue et les dangers de longs voyages.

15. — C'est la fête de sainte Thérèse, la patronne
des Carmélitains; aussi célèbre-t-on une grand'-
messe dans la petite église qui lui est consacrée.
Beaucoup de Portugais en toilette recherchée assistent au service divin, qui est accompagné d'une
assez bonne musique. A mes côtés se trouve le riche
négociant qui a fait construire l'église. A la fin de la
messe il reçoit dans sa belle maison une foule de
ses compatriotes.

Tous ces Portugais ont la peau tellement noire
qu'on les distinguerait difficilement des Indiens,
s'ils ne portaient le costume européen. Les Portugais, qui furent les premiers maîtres de Bombay,
sont maintenant presque tous réduits aux plus modestes emplois dans cette ville. La plupart vivent
avec des femmes qu'ils n'épousent jamais, ce qui ne
les empêche pas d'orner leurs maisons de petites
chapelles en carton doré. Il règne aussi une profonde immoralité dans les États napolitains et dans
l'Andalousie, et justement ces contrées méridionales
se font remarquer par leur goût pour les emblèmes
religieux; on voit de tous côtés dans les rues des

statues de madone appliquées sur les façades des maisons. Comment concilier une morale si peu édifiante avec une pareille profusion de pieuses images?

16. — Nous allons le soir écouter la musique militaire. On peut l'entendre trois fois par semaine sur l'esplanade de Bombay. Les Anglais me semblent interpréter sans verve ni énergie des morceaux de musique assez mal choisis. Quelques femmes élégantes et fières de leurs beaux attelages, les officiers anglais montés sur des chevaux de prix, une foule de Parsis assis sur les bancs de la promenade; telle est la composition d'un public beaucoup plus occupé de la conduite du voisin que de la musique militaire. On se croirait dans une petite ville de province.

17. — Le dimanche on célèbre la messe avec accompagnement d'orgues; il y a beaucoup de Portugais, mais seulement trois Anglais catholiques. Le soir, nous allons faire un tour de promenade au bord de la mer. Nous longeons les nombreuses tentes et les cabanes en paille qui s'élèvent de toutes parts, et sont destinées à l'habitation des officiers anglais pendant les mois de novembre, décembre et janvier. C'est une saison où, dit-on, il ne pleut jamais; on se livre alors au plaisir de la villégiature. Quelques-unes de ces tentes sont aussi élégantes que confortables; les Anglais ne reculent pas devant la dé-

pense; avoir des dettes n'empêche pas, du reste, d'être dans l'Inde un homme comme il faut, bien au contraire.

18. — On nous parle tant des bayadères que nous sommes curieux de les voir; aussi vers neuf heures du soir nous parcourons les quartiers éloignés du centre de la ville. Les plus célèbres bayadères occupent de belles maisons entourées de vastes jardins aux ombrages touffus. Notre voiture s'arrête devant une élégante vérangue, large péristyle qui précède la plupart des habitations indiennes. Plusieurs domestiques nous conduisent au premier étage, dans un vaste salon parfaitement éclairé. De moelleux divans appliqués contre la muraille font le tour de cette pièce. Nous trouvons une douzaine de bayadères écoutant leurs musiciens ou causant avec de jeunes Anglais.

Quelques-unes fument le houka, dont elles aspirent avec bruit les émanations parfumées. La forme de cet appareil est assez singulière; il se compose d'une cloche en métal ou en verre d'où sortent deux tubes. L'un sert au passage de la fumée qui traverse l'eau ou l'essence odorante contenue dans la cloche; ce tuyau flexible est terminé par un bouquin plus ou moins précieux. L'autre tube supporte le récipient qui contient le godauk. C'est un mélange de feuilles de roses, de sucre candi, d'opium et de pommes sauvages desséchées ; du reste, cette composition varie beaucoup, suivant le goût des fumeurs ; quelques-uns y font entrer du tabac en petite quantité, d'autres point du tout. Ce houka assez compliqué et embarrassant sert surtout à la maison, mais il y en a un autre plus économique : il se compose d'une noix de cocotier percée de deux trous qui reçoivent des tubes en bambous. La simplicité de ce houka le rend plus commode et plus portatif, aussi est-il fumé généralement par les coulis et les domestiques.

Le costume des bayadères est aussi riche que gracieux. Elles portent sur la tête une couronne de sequins d'or, au nez une perle, aux oreilles de magnifiques anneaux. Le cou est orné par de longues chaînes en or qui se jouent sur une belle gorge soutenue par une bande de satin. Leur large pantalon en soie rouge, verte ou bleue, descend jusqu'à la cheville. Les bayadères ont les bras et les poignets couverts de bracelets et les pieds ornés de nombreux anneaux en argent. Cet ensemble si riche s'harmonise parfaitement avec la teinte bistrée de leur peau.

Ces femmes ont en général les cheveux touffus et tressés avec beaucoup d'art, une assez jolie et douce figure, la bouche petite, les cils épais et longs, enfin les paupières ombrées avec du sourmah (préparation d'antimoine) ; ce qui donne à leurs yeux fendus en amande une expression de langueur rêveuse d'un charmant effet. Quelques-unes des bayadères, les plus coquettes, mâchent des feuilles de bétel pour ajouter à l'incarnat de leur bouche, prolongent leurs sourcils en une longue ligne peinte en noir, se blanchissent la figure avec du fard, enfin, au milieu des nuages de fumée de leur houka, vous apparaissent comme des divinités indiennes. Mais j'avoue qu'il faut n'être pas Européen pour se laisser séduire par toute cette enluminure orientale. Dans l'Inde comme en France, nous préférons toujours une figure simple et fraîche à un visage fardé et peinturé, serait-il même couvert d'une épaisse couche de poudre de riz.

Presque toutes ces bayadères sont musulmanes. Aussi refusent-elles de danser à cause de leur fête du Mouhorum, qu'on célèbre actuellement. Prenons donc un rafraîchissement et causons un instant en anglais et en arabe. La conversation est bientôt épuisée. Alors nous allons voir d'autres bayadères dans des maisons un peu moins riches, mais disposées de la même façon.

Puis, nous parcourons de longues et larges rues, notamment celle de Bhendi-bazar où l'on voit beaucoup de croisées illuminées. De nombreuses bayadères de bas étage s'exposent à leurs fenêtres sous la lumière d'une lampe qui les éclaire très-favorablement. Combien de matelots sont attirés, puis déçus! Voici une étude de mœurs presque achevée;

il nous reste à voir la danse des bayadères. Attendons la fin de la fête musulmane.

19. — Je me promène dans les curieux quartiers de la ville noire, et j'y rencontre de temps à autre plusieurs individus fort singuliers. Les uns, presque nus, sont couverts de bouse de vache ou de peinture blanche. Les autres ont le corps peinturluré en bandes tour à tour blanches ou noires. Ce sont des joguis et des fakirs. Ces derniers, la tête couverte d'une peau de tigre, se dandinent au son du tambour et se donnent des airs terribles.

Au bas du dos plusieurs fakirs portent un immense roseau qui s'élève à une grande hauteur et se termine par une flammèche blanche. Un indigène qui les suit pas à pas soutient cette queue gigantesque et a l'honneur de la secouer sans cesse. Tantôt le fakir pousse des rugissements de bête féroce et frappe les passants avec une vessie en forme de massue ; tantôt il entonne des chants religieux auxquels la foule répond en chœur. Le plus souvent il se livre à des extravagances ridicules et obscènes. Le soir, on promène ces saints personnages à la clarté des torches. Singulier pays que l'Inde ! on y croirait toujours rêver.

Les Hindous n'attirent pas seuls notre attention. Depuis quelques jours, nous assistons à la fameuse fête du Mouhorum. Elle est célébrée par les musulmans shiahs, qui rejettent le Sunnat ou les traditions de Mahomet, et ne reconnaissent pas Aboubeckre, Omar et Osman comme kalifes. Les Sunnites, au contraire, qui forment l'autre secte musulmane, admettent le Sunnat comme un supplément du Coran et révèrent également Ali et les trois autres kalifes. Ils s'abstiennent de la fête du Mouhorum et condamnent vivement ses rites.

La fête a commencé le soir, dès que la nouvelle lune du premier mois musulman est devenue visible. A ce moment, on a enfoncé une bêche en terre et creusé une fosse. C'est là que deux jours plus tard on allume un feu de joie. Les hommes dansent à l'entour pendant la nuit en agitant des épées et criant : *Yà Ali*. Quelques riches mahométans élèvent des mausolées en l'honneur d'Hassan et d'Hussain, ces deux enfants d'Ali et de Fatima, la fille de Mahomet. Hussain, le plus jeune, fut massacré en Arabie à Kerbelah, où se trouve son tombeau. La fête du Mouhorum dure dix jours. Le septième, on promène dans les rues une représentation de Burak, le cheval qui porta Mahomet au ciel. Le dernier jour, on porte en procession de petits monuments en carton qui représentent le tombeau d'Hussain. En attendant, les tambourins et les flûtes forment une musique bruyante qui dure pendant la plus grande partie de la nuit. Dormez, chrétiens, si vous le pouvez.

20. — Le temps reste toujours fort beau, mais la

chaleur semble encore augmenter. Aussi je me décide à faire une promenade en palanquin. Lors de mon arrivée à Bombay, j'ai ressenti une impression désagréable en voyant les Anglais portés sur les épaules des indigènes. Mais on s'habitue bientôt à cet usage, et je veux aujourd'hui m'y conformer par curiosité.

Sur les places et dans les principales rues de la ville, on trouve de nombreux palanquins. Ils ont la forme de vastes coffres s'ouvrant sur les deux côtés par des portes à coulisses. Au moindre signe, les porteurs s'empressent d'accourir. On dépose à terre devant moi un palanquin. Je m'y glisse par l'une des portes latérales, puis je m'étends sur le matelas qui se trouve à l'intérieur. Un coussin est destiné à soutenir la tête. Deux Indiens se placent alors, l'un devant, l'autre derrière le palanquin. Ils se baissent et placent sur leurs épaules la pièce de bois qui forme l'essieu de cette voiture à roues humaines. Elle est doucement soulevée par les indigènes, qui se mettent en marche d'un pas régulier et précipité. On est mollement balancé dans le palanquin et parfaitement à l'abri du soleil.

Cette manière d'aller doit naturellement plaire à une population efféminée. Quant à moi, je préfère prendre un cabriolet lorsque je suis seul. Se trouve-t-on en compagnie de plusieurs personnes, il faut monter dans une voiture qui semble copiée sur le palanquin. Même forme, mêmes portes pour y entrer. Seulement il y a deux banquettes dans l'intérieur, au lieu d'un simple lit. Cette voiture est attelée d'un seul cheval qui marche encore assez vite.

Dans l'Inde comme en Orient, les riches particuliers ne sortent pas en voiture sans se faire précéder par un coureur. Il doit frayer le passage au milieu de la foule et dans des rues en général fort étroites. Cet usage est peut-être un peu blessant pour l'amour-propre des piétons; mais du moins il les met à l'abri des accidents.

Le soir, je suis menacé d'un essaim de moustiques encore plus nombreux que d'ordinaire. Heureusement, sous mon enveloppe de mousseline, je brave leurs morsures et je m'endors tranquillement.

21. — M. Touche, aimable Français de Maurice, nous conduit chez le consul persan, où se trouvent réunis les mahométans shiahs. Nous traversons un joli jardin éclairé de nombreuses lumières. Des lampes de différentes couleurs sont, en outre, rangées sur deux larges étagères. Dans une vaste salle au rez-de-chaussée, nous trouvons une foule de musulmans. Ils écoutent attentivement un derviche qui parle avec véhémence au milieu des étendards du prophète.

Le consul est un jeune homme qui a longtemps résidé à Paris. Il en a rapporté la langue et la politesse. Aussi nous reçoit-il avec affabilité. Mais comme il ne peut se soustraire au sermon du derviche, nous le laissons remplir son ennuyeux devoir politique.

Nous montons au premier étage dans un salon immense, on nous sert le thé et les liqueurs d'usage. Puis on nous offre de l'eau de rose et nous quittons cette charmante résidence.

Dimanche prochain aura lieu la procession qui termine la fête du Mouhorum. Les shiahs craignent une attaque des sunnites : car les deux sectes musulmanes profitent souvent de cette fête pour engager une lutte furieuse où se manifeste leur profonde antipathie. C'est ainsi que cette année, à Jérusalem, j'ai vu les chrétiens grecs menacer les catholiques d'une attaque à main armée pendant les cérémonies de la semaine sainte. Quand donc le fanatisme religieux aura-t-il fait place à la tolérance?

22. — Singulière rencontre. Dans une rue de Bombay, je me trouve face à face avec un de mes amis que j'avais quitté à Djeddah, non loin de la Mecque. Nous avions l'hiver dernier voyagé ensemble en Égypte et traversé le désert de Louqsor à la mer Rouge. Il est arrivé de Ceylan ce matin même. Depuis six mois de séparation, nous avons parcouru plusieurs milliers de kilomètres chacun de notre côté. Aussi avons-nous bien des aventures à nous raconter, et la journée s'écoule rapidement.

23. — Dès la pointe du jour, nous louons une voiture forme palanquin pour faire une excursion dans les environs. Nous suivons un chemin bordé de jolies maisons de campagne. Au milieu d'une végétation tropicale s'élèvent çà et là des villages bâtis en bois et couverts en paille ou en branches de palmiers. Les cabanes indiennes sont toutes précédées de petites vérangues. A l'ombre des toits qui s'avancent fort en avant, les indigènes suspendent des hamacs. C'est là qu'ils passent la nuit pendant la plus grande partie de l'année. En outre, ils se tiennent dans ces hamacs au milieu de la journée lorsque la chaleur est brûlante. On les voit alors se balancer mollement au moyen d'une corde attachée à l'une des poutres de la toiture.

Une heure après notre départ, on arrive devant Mahim. Nous visitons une ancienne forteresse maintenant abandonnée. Elle défendait cette colonie portugaise depuis longtemps réduite maintenant à l'état de gros village assez insignifiant. Après notre déjeuner champêtre fait à l'ombre de grands arbres, on se remet en route. La belle chaussée construite aux frais de la femme du riche Parsis Jamshidji unit l'île de Bombay à Bandora. Nous la traversons et visitons plusieurs charmantes maisons de campagne.

Enfin, la voiture s'arrête devant une belle pagode où l'on voit uni le style gothique à l'architecture hindoue. Sur un vaste péristyle s'ouvrent cinq sanctuaires destinés aux principales divinités indiennes. Les idoles en faïence peinte reposent sur des piédestaux précédés d'une galerie artistement travaillée. Tout ce monument a bien le caractère d'une pagode élevée par des Européens. Elle a été bâtie en 1830 par des fonctionnaires anglais ainsi que le constate une inscription gravée sur une plaque de marbre. Voici une pagode qui prouve la tolérance des Anglais pour les croyances religieuses des Indiens. C'est d'une excellente politique, inspirée du reste par l'insuffisance de la force armée. Dans la présidence de Bombay, il y a seulement cinq mille hommes environ de troupes royales et quarante mille cipayes pour contenir une population qui dépasse quinze millions d'indigènes.

Un Indien nous vante beaucoup la pagode peu éloignée de Bombay où se réunissent les plus célèbres joguis. Il faut reconnaître qu'ils sont nombreux en cet endroit. Ils rivalisent de laideur et de malpropreté et sont généralement couverts de bouse de vache. Mais on nous avait beaucoup parlé des pénitences cruelles que les joguis s'imposent par fanatisme religieux. « Vous verrez, nous disait-on, des Hindous qui tiennent un bras continuellement levé sans jamais pouvoir l'abaisser. Combien ils ont dû souffrir pendant les premiers mois lorsqu'ils avaient le bras fixé contre un bâton pour obtenir la paralysie des articulations! D'autres dévots, ajoutait-on, tiennent toujours le poing fermé. Les ongles ont percé la peau, puis la paume de la main, et s'allongent maintenant en dehors comme des griffes crochues. »

J'aurais été curieux de vérifier par mes yeux l'exactitude de ces assertions. Mais je dois avouer n'avoir rien vu de semblable. Peut-être ce genre de supplice avait-il cessé d'être en vogue à Bombay? Ou bien je n'ai pas eu la chance de rencontrer ces illustres joguis? En attendant, il me faut rester dans le doute philosophique sur la réalité de ces incroyables tortures volontaires. Combien doit être robuste la foi des Hindous qui s'imposent de pareilles souffrances en l'honneur de leurs dieux! Enfin, nous rentrons en ville, satisfaits de notre excursion dans l'île de Bombay si gracieusement accidentée.

24. — C'est le dernier jour de la fête du Mouhorum. Les mahométans forment une longue procession qui commence vers deux heures de l'après-midi et se termine seulement à la nuit. Hier, ils ont promené à la lueur des torches le cheval blanc couvert des flèches sanglantes. Aujourd'hui ils vont jeter à la mer les tabouts, ces fragiles imitations en papiers de couleur ou en verres dorés qui figurent les cénotaphes de Hassan et de Hussain.

Cette cérémonie est vraiment très-intéressante.

On a fermé toutes les boutiques; les curieux remplissent les maisons et montent jusque sur les toits.
Une foule immense circule dans les larges rues que
parcourt la procession. Cependant il n'arrive aucun
accident, grâce à la police anglaise fort active et très-
respectée. L'année dernière, un combat terrible eut
lieu entre les deux sectes musulmanes. Aujour-
d'hui, on a pris des précautions pour empêcher le
renouvellement d'une mêlée sanglante; aussi tout
se passe dans un ordre parfait.

Les mosquées et un grand nombre de riches musulmans envoient leurs tabouts, qui forment pendant trois ou quatre heures un défilé continuel.
Chacun de ces tombeaux en miniature est précédé
d'une charrette contenant une musique criarde. Puis
vient une foule d'individus qui chantent et dansent
autour des étendards sacrés. Des policemen anglais à cheval et des gardes indigènes accompagnent cette procession et lui ouvrent un passage à
travers la foule. Hindous et mahométans, attirés
les uns par la curiosité, les autres par le zèle religieux, forment une multitude considérable qui se
rend à la mer.

La plage offre un spectacle bizarre. Elle est couverte d'une nombreuse population qui assiste à
l'arrivée des tombeaux sur les bords de la mer.
Sont-ils en verres dorés ou en matières précieuses,
on se contente de renverser leurs coupoles, et de

les recouvrir d'un long voile. Ces tabouts serviront de nouveau à la fête de l'année prochaine. Mais s'ils sont, au contraire, en papiers peints de qualité commune, on les porte au milieu des flots, puis on les jette dans l'eau et on les foule aux-pieds. Plus de cinq cents de ces tombeaux temporaires se succèdent ainsi sur la plage.

Quelques-unes de ces fragiles constructions ne laissent rien à désirer sous le rapport du goût et de la richesse de l'ornementation. Ces tabouts sont parfois accompagnés d'un éléphant fort léger. Il est en mousseline peinte et marche sur les jambes de deux hommes. Puis viennent des fakirs déguisés en tigres enchaînés. Leurs formidables queues atteignent le second étage des maisons. Plusieurs ont le visage couvert de couleur noire et se livrent aux excentricités les plus ridicules.

On ne peut comparer cette cérémonie qu'au carnaval européen. La foule est aussi compacte qu'à Paris pendant une grande fête. Mais combien elle me semble plus originale par la diversité et l'éclat des costumes ! Quel feu, quelle animation montrent ces fanatiques dans leurs danses autour des tabouts ! Certes, David lui-même ne les a pas surpassés dans sa pieuse hilarité lors de l'arrivée de l'arche sainte. Mais la nuit arrive, tout rentre dans l'ordre habituel, et bientôt il ne reste aucun vestige de cette fête aussi splendide que ridicule.

M. Roussac réunit à sa table les quatre Français et l'Italien qui se trouvent à Bombay. Il nous offre un fort beau dîner d'adieu où l'on porte de nombreux toasts à notre chère patrie. Combien l'exil doit être pénible! Après une année d'absence avec quel plaisir on retourne en France! Partir en voyage est fort amusant; mais rentrer chez soi ne manque pas de charme. Je ne sais vraiment lequel de ces deux moments est le plus agréable. Et cependant je devrais avoir quelque expérience en pareille matière

CHAPITRE V.

24 octobre. —Je pars pour Agra avec les cinq missionnaires, mes compagnons de voyage depuis Suez. Six charrettes nous attendent. Sur les routes que nous devons parcourir, il n'y a pas d'autre véhicule possible. Ces voitures sont, en outre, les plus solides et les moins coûteuses qu'on puisse trouver. Je monte avec le P. Léon dans une de ces résidences mouvantes où nous devons passer cinq ou six semaines. Adieu, Bombay : je te quitte sans doute pour ne plus jamais te revoir. Les bœufs sont frais ; ils vont assez vite, et nous ne sentons pas trop les secousses de la charrette, grâce à une espèce de lit improvisé avec nos malles. C'est la première fois que je couche dans cette maison roulante ; toutefois, à force de contusions amorties, je finis par dormir et ne me lève qu'à la pointe du jour.

25. — Nous sommes dans l'île de Salsette. Quel magnifique paysage! Quelle riche végétation encadrée de montagnes bleuâtres! Çà et là des jolis oiseaux de différentes couleurs nous offrent l'occasion d'une chasse agréable. Vers six heures du matin, nous arrivons dans la petite ville de Thanah. On y remarque une ancienne forteresse convertie en bagne de forçats qui travaillent à l'église protestante.

La supérieure des religieuses de Bombay arrive peu de temps après nous. C'est une Française à la tête d'une pension contenant une quarantaine d'élèves catholiques. Elle descend comme nous dans le bengalo, petit caravansérail construit par la Compagnie des Indes.

Sur toutes les routes, à vingt-cinq kilomètres environ de distance l'un de l'autre, s'élèvent des bâtiments semblables. Les voyageurs européens y trouvent de vastes chambres fort propres, garnies de tables et de chaises, et une petite pièce destinée aux ablutions. Les Anglais, le matin avant le départ et aussitôt leur arrivée au bengalo, ne manquent jamais de se dépouiller de leurs vêtements et de se laver tout le corps à grande eau. C'est une mesure hygiénique fort utile dans ce pays d'une température si élevée.

Pour une chambre, on paye une roupie (deux francs cinquante centimes) par jour. On trouve toujours dans le bengalo des provisions telles que riz, poules, etc., dont le prix est fixé par un tarif modéré. Les voitures et les bœufs restent dans l'enceinte formée par une haie.

Les domestiques se montrent d'autant plus empressés envers le voyageur qu'il peut consigner ses observations sur un registre spécial. En outre, ces indigènes espèrent recevoir une gratification au moment du départ des voyageurs. Il y a aussi dans les petits villages un pion ou officier de police indigène, qui ferait, en cas de besoin, respecter les Européens. Mais on doit bien rarement recourir à cette autorité champêtre, quand on voyage au milieu de populations si tranquilles.

Nous faisons un dîner assez convenable, auquel prend part la supérieure, notre compatriote. Elle unit un caractère gai et affable à une éducation soignée. Dès que la chaleur commence à diminuer, vers quatre heures du soir, nous montons dans nos charrettes et traversons promptement la pittoresque campagne qui s'étend jusqu'à la mer.

Une pirogue étroite et légère nous conduit sur la terre ferme en moins d'un quart d'heure. Pendant deux heures, nous chassons en attendant nos lourds véhicules, qu'on transporte lentement au moyen d'un vaste radeau. Nous voici de nouveau dans notre lit cahoté, où nous ne tardons pas à dormir presque comme dans une chambre.

26. — Mais la voix du guide nous réveille. Il faut mettre pied à terre. Cet indigène prétend que le poste voisin l'a prévenu de se tenir sur ses gardes pendant la traversée de la forêt. Il y a, dit-il, beaucoup de voleurs et d'animaux féroces. Nous voici donc tous les six à pied, les fusils et les pistolets chargés à balles forcées. Çà et là nous apercevons les longues traces laissées par des serpents sur le sable de la route. Un magnifique clair de lune brille sur la forêt, dont les arbres touffus nous charment par leur aspect étrange. De temps à autre, on arme les fusils et l'on croit apercevoir un tigre derrière des jungles. Mais en approchant, nous reconnaissons notre erreur causée par l'ombre d'épais feuillages. Quelques oiseaux de nuit troublent seuls par leurs cris monotones le silence de la forêt. Après deux heures de marche, nous atteignons la plaine. Alors on remonte en charrette et l'on dort profondément jusqu'à ce qu'on arrive devant un bengalo.

La matinée est le meilleur moment pour la chasse. Aussi chacun de son côté parcourt les vallons d'un pays fort giboyeux. Des tourterelles, des vautours et de nombreuses compagnies de hérons fournissent largement au déjeuner. Vers neuf heures du matin, le soleil déjà chaud nous fait rentrer au bengalo, où nous déjeunons avec un appétit de chasseurs.

Puis on va visiter une ancienne pagode peu éloignée. A la porte, on trouve deux drapeaux et la statue du taureau sacré. A l'intérieur, une borne couverte de vermillon figure une divinité indienne bien connue. L'arbre assouata, le figuier des pagodes, couvre ce petit temple de son frais ombrage, qui jadis abrita la naissance de Vishnou. On comprend que les Hindous viennent adorer cet arbre sacré. Il est entouré d'un petit mur destiné à le protéger contre toute profanation. Malgré la chaleur, je dessine cette pittoresque pagode à l'ombre d'un gracieux figuier.

La soif me fait hâter les coups de crayon. Heureusement, j'aperçois une vieille femme qui puise de l'eau dans un vase de terre. Je lui demande de me laisser boire. Elle me refuse; mais indigné de sa mauvaise volonté, je n'hésite pas à prendre son vase pour me désaltérer. Elle se met à pleurer avec tant de force qu'elle m'inspire de la pitié. Je lui donne quelque monnaie sans pouvoir la consoler. Ne comprenant pas ce qui peut lui causer tant de peine, je m'adresse à un indigène qui vient à passer. Il me dit que ce vase ne pourra plus servir à la pauvre femme, attendu qu'il a touché les lèvres d'un Européen. Je m'empresse d'offrir encore de l'argent à cette malheureuse Hindoue pour l'indemniser largement de la perte de son vase. Elle s'éloigne alors en me remerciant, et toute consolée d'un

accident qui pour elle a eu un heureux dénoûment.
La chaleur devient insupportable vers midi ; aussi
je rentre au bengalo me reposer pendant quatre
heures.

Dès que mes compagnons de voyage sont réveillés,
je leur raconte mon aventure. Ils s'en étonnent autant que moi. Mais notre cuisinier portugais la
trouve toute naturelle. Il est vrai qu'il habite l'Inde
depuis de longues années. Il nous affirme que, si le
vase eût été en cuivre, cette femme se serait con-
tentée de le laver pour le purifier. Il y a donc des
vases susceptibles de souillures et d'autres qui
restent toujours immaculés. Il faut avouer que les
Hindous admettent de singuliers raffinements dans
leurs croyances religieuses.

Ils considèrent les Européens comme des êtres
immondes, parce qu'ils mangent de la viande et
boivent du vin. La religion inspire aux Indiens le
dégoût qu'ils éprouvent pour les objets touchés par
les Européens. En outre ils assimilent notre couleur
blanche à celle des lépreux de leur contrée. Allez
donc ensuite engager un Indien à partager votre
repas. Mais, à propos, dînons promptement, car il
faut se remettre en marche.

Une de nos paires de bœufs est tellement fatiguée
qu'elle retarde la marche du convoi. Nous laissons
dans un village ces animaux et la charrette qu'ils
traînaient. On chasse jusqu'à la nuit, puis on dort

parfaitement, car déjà nous sommes habitués à nos lits peu confortables.

27. — Le pays est fort accidenté. Sans cesse des pentes rapides conduisent aux sommets des monticules escarpés. La route s'élève droite et sans la moindre sinuosité. On aurait dû cependant chercher à diminuer les difficultés de la montée et les dangers de la descente. Nos lourdes voitures gravissent lentement ces collines boisées pour descendre ensuite avec une rapidité effrayante. Fort souvent les bœufs s'abattent au milieu de la pente ou bien l'essieu se brise.

Nous rencontrons nombre de charrettes renversées sur la route. Elle est bordée par d'épais taillis où la chasse devient fort agréable, à cause de l'abondance du gibier. On a bien le temps de fouiller ces bois pendant les montées. Aussi bravons-nous, bien imprudemment du reste, les nombreux serpents qui se trouvent dans les jungles. Heureusement, nous n'en aperçûmes jamais que des traces plus ou moins récentes.

Vers huit heures du matin, on s'arrête au pied d'un arbre magnifique, non loin d'un petit village. Auprès de nous se trouve une citerne où les jeunes filles viennent puiser de l'eau. Nous autres chrétiens, nous n'avons pas le droit de nous y rafraîchir; notre contact impur ferait abandonner la citerne par les Hindous, ce qui serait pour eux un grand malheur et les porterait sans doute à se venger sur nous d'un pareil méfait. On dîne et on se repose dans cet endroit pittoresque.

Depuis le matin jusque vers quatre heures du soir, la chaleur est si forte qu'il faut s'arrêter et passer ce temps à l'abri des rayons du soleil. Nos bœufs prennent alors un repos bien nécessaire, car ils marchent tout le reste du temps. Les indigènes aussi sont forcés d'adopter cette manière de voyager, la seule possible en ce pays brûlant.

On se met en route ; mais bientôt une charrette se brise et notre convoi est réduit à quatre voitures. On en a déjà laissé deux en chemin, et nous sommes partis de Bombay seulement depuis trois jours. Si cela continue de la même façon, bien avant d'atteindre Agra, notre convoi se trouvera sans doute réduit à sa plus simple expression. Nous devrons peut-être aller à pied.

En attendant, roulons le plus vite possible le long d'une descente rapide. Mais pourquoi tant de cris derrière nous ? C'est un de nos conducteurs qui a été jeté à terre par les secousses violentes de la charrette. Une roue vient de lui passer sur les jambes. On s'empresse autour de lui et on le fait transporter au bengalo de Shahpour, peu éloigné de nous fort heureusement.

28. — Le soleil va bientôt se lever. Une vaste plaine s'étend devant nous. Les oiseaux commen-

cent à voler de toutes parts. Vite, mettons-nous en chasse. Mon fusil repose sur un épais lit de paille. Je le tire brusquement à moi. Une détonation se fait entendre, mon sang coule à flots, je suis frappé au bras droit. Le chien de mon fusil s'est accroché à une malle, et en retombant a fait partir le coup qui vient de me blesser.

Mes compagnons me prodiguent leurs soins empressés, et bientôt on me met sur une petite charrette. Je retourne à Bombay accompagné du P. Léon. Je dis adieu aux autres missionnaires, qui continuent leur route vers Agra. Ma blessure ne me fait presque pas souffrir lorsque je reste immobile, mais les cahots de la charrette me causent de vives douleurs. Nous allons assez vite, car à chaque village on trouve des relais de bœufs qui marchent fort bien.

Nous atteignons ainsi le village, où un Parsis me loue son tilbury. On avance alors rapidement, grâce aux relais de chevaux qui sont très-rapprochés les uns des autres. Un indigène court devant nous pour faire écarter les voitures pouvant gêner notre marche. Ces coureurs changent comme les chevaux à chaque relais. Le cocher seul nous accompagne jusqu'à la fin du voyage.

Vers dix heures du soir, on arrive à Bombay. Nous avons parcouru en quatorze heures quatre-vingt-dix kilomètres. Il nous a fallu quatre jours pour franchir la même distance avec nos charrettes. Le tilbury nous avait conduits rapidement, mais aussi il m'avait coûté cent francs, c'est-à-dire dix francs par heure.

Ma blessure constamment mouillée me faisait peu souffrir. J'avais lu que Jacquemont avait trouvé des soins empressés à l'hôpital de Bombay. Je m'y fis transporter et l'on me conduisit dans une chambre particulière. Le pharmacien sonda la plaie et déclara qu'elle n'était pas grave. Je me couchai sur un lit assez propre, et un domestique indien passa la nuit auprès de moi pour répandre sans cesse de l'eau sur ma blessure, ce qui ne m'empêcha pas de dormir.

29. — Le matin, grande réunion des quatre médecins de l'hôpital. Ils décident à l'unanimité qu'il n'y a point de plomb dans la plaie. M. Roussac jeune me vient rendre visite le matin et veut me faire transporter chez son père. Je finis par y consentir. Deux heures après, un palanquin me déposait chez notre obligeant compatriote. Je partage la chambre du fils, qui me prodigue les attentions les plus amicales. Me voici presque en famille. Un des médecins les plus renommés de Bombay me donne ses soins. Je reçois la visite de toutes les connaissances que j'avais faites dans la ville.

30. — Ce jour et les suivants, je restai étendu sur le lit, mais sans souffrance. On me dit que ma bles-

sure exigeait beaucoup de patience, mais qu'elle était peu dangereuse. Quelque temps après ma guérison, j'appris que je pouvais m'estimer heureux d'avoir échappé au tétanos fort ordinaire dans l'Inde, surtout pendant cette saison.

4 novembre. — Ma blessure datait de sept jours, lorsqu'une poche d'eau qui s'était formée sur mon bras s'ouvre tout à coup. Elle donne passage à un liquide mêlé de quelques grains de plomb. Le médecin finit par arriver, et il reconnaît bientôt son erreur et celle de ses collègues de l'hôpital. D'un coup de bistouri, il me fait une large ouverture au bras. Il en sort aussitôt la bourre du fusil, des portions de vêtement, une eau saturée de poudre et beaucoup de petit plomb. J'éprouvai une vive douleur sous les pressions réitérées du médecin, mais heureusement j'échappai à la fièvre qui résulte d'ordinaire d'une aussi pénible opération.

5, 6, 7. — Je passe mon temps à lire les journaux. M. Roussac en reçoit plusieurs : le *Home News*, l'*Atlas of India*, le *Bels'life*, le *Punch*, le *Charivari*, les *Illustrations* française et anglaise, différentes autres publications périodiques. Le *Bels'life* contient sur huit énormes pages la mention de tous les jeux, courses, luttes, etc., les différents paris engagés à ce sujet, leurs résultats et leurs phases diverses, enfin les noms des parties intéressées. Il est impossible de se figurer le nombre de ces divers jeux.

Ce journal des grands enfants est curieux comme
étude de mœurs. De quelle légèreté n'accuserait-
on pas les Français, s'ils imprimaient une pareille
publication?

11. — Hier au soir a commencé la fête de Divou-
ligai (des lampes) pour honorer le feu. Nous allons
vers le soir nous promener en voiture dans les principales rues de Bombay et de la ville noire. Toutes
les maisons brillent des feux d'une illumination
générale. Les fenêtres sont ouvertes, afin de laisser
voir les nombreuses lampes et les rangées de tableaux qui ornent les appartements. Ces habitations
indiennes peintes en vermillon, en vert, en rose ou
en jaune, présentent les plus curieux effets de lumière sur leurs bizarres sculptures.

Les boutiques des marchands brillamment illuminées offrent plusieurs originales collections de
tableaux. Ainsi, l'on voit Napoléon placé entre un
brahme et un fakir, le pape au milieu de deux bayadères, le Christ entre Siva et Wellington. Une
longue rue attire surtout notre attention par la profusion des lumières. C'est celle habitée par les ban-
quiers et les riches commerçants. La foule se presse
dans les rues. L'on va faire des visites à ses amis et
leur porter des sucreries. Cette illumination qui
dure jusqu'à minuit aura lieu encore deux nuits de
suite. Vers onze heures du soir, nous rentrons dans
le quartier européen, qui nous semble bien sombre

au sortir des brillantes rues habitées par les indigènes.

13, 14, 15, etc. — Rien à noter.

18. — Nous allons au théâtre de Bombay, situé à une assez grande distance du fort. Son extérieur est simple. La salle, petite et nullement décorée, conviendrait à une modeste ville de province. Et cependant les prix sont assez élevés : quatre roupies (dix francs) pour les premières places, une roupie pour les dernières. Il n'y a pas de troupe régulière d'acteurs. Plusieurs amateurs, des musiciens de passage, ou bien des prestidigitateurs donnent seuls des représentations à de longs intervalles les unes des autres.

Ce soir, nous voyons un saltimbanque se livrer à des exercices peu intéressants. Puis un grotesque chanteur portugais écorche une cavatine italienne. Enfin, le spectacle est terminé par des tableaux vivants où ne paraît pas une seule femme. Le théâtre n'est pas tout à fait plein, et cependant le bénéfice de cette soirée monte à quatre mille francs. On comprend qu'il y aura plusieurs autres représentations semblables.

Le public se compose d'employés de la Compagnie orientale, de négociants en habits noirs, d'officiers en demi-tenue, et enfin de nombreux Parsis uniformément vêtus de leur longue tunique blanche. Nous remarquons quelques dames anglaises d'un

fort joli type. Mais combien de coquettes préten-
tieuses sont affublées d'une toilette ridicule!

On nous signale un Anglais assis en face de sa
femme venue au théâtre en compagnie de son
amant. Ce mari, séparé légalement, assiste patiemment à la vue de ce nouveau ménage peu légitime,
mais qui goûte encore les douceurs de la lune de
miel. Il n'a pas le droit de trouver mauvais que sa
femme affiche ainsi son déshonneur domestique.
Mais comme compensation, il peut cesser de lui servir une pension à partir de ce moment, puisqu'elle
a pris publiquement un amant. C'est un usage qui
semble assez bizarre à un Français, mais qui ne
manque pas de logique.

5 *décembre.* — Le P. Léon et moi nous sommes
décidés à partir pour Agra. On doit bientôt se mettre
en route, et déjà une partie de nos provisions est
achetée. La nouvelle que le Khandesh s'est révolté
arrive par le télégraphe. Les Indiens, au nombre de
vingt mille, se sont soulevés par suite d'une nouvelle taxe qu'on veut leur imposer et que leur misère les empêche d'acquitter. Des troupes et des canons furent immédiatement envoyés pour réprimer
la révolte. Ces misérables indigènes sans armes et à
peine vêtus seront bientôt réduits. En attendant, la
route d'Agra se trouve coupée à cinq jours de marche de Bombay. Il faudra donc probablement prendre le vapeur pour Calcutta.

Le soir, je vais accompagné de quelques amis visiter une maison de bayadères. Nous demandons la notche, célèbre danse indienne. Le costume de la bayadère se compose d'une longue pièce de mousseline enroulée autour du corps et attachée un peu au-dessus de la taille. Nous voyons exécuter une assez monotone série de pas lents et de poses plus ou moins gracieuses. De temps à autre la danseuse chante quelques jolis airs et marque la mesure par le mouvement cadencé des bras. Un tambourin et un violon forment la musique. Quelle différence entre la molle et indolente bayadère, et les ardentes et voluptueuses almées que nous avons trouvées en Égypte!

Assez peu satisfaits de cette bayadère, nous allions voir si nous en trouverions de plus intéressantes, lorsqu'il tombe une pluie abondante. Nous rentrons vite à la maison en plaisantant au sujet de ce contre-temps fâcheux. On nous assurait encore ce matin qu'il ne pleuvait jamais à Bombay pendant les trois mois d'hiver.

6. — Entre deux averses torrentielles, nous allons visiter l'hôtel de ville, qui borde d'un côté la place principale de Bombay. La façade est élégante et ornée d'une jolie colonnade. Cet édifice, commencé en 1820, a coûté environ un million cinq cent mille francs. Le rez-de-chaussée est occupé par divers offices publics. Au premier étage se trouve une vaste salle destinée aux bals et aux nombreuses

assemblées. On parcourt aussi un musée peu important, et la bibliothèque qui renferme plus de cent mille volumes.

Nous entrons ensuite au tribunal. Il n'offre rien de remarquable, pas même les fameuses perruques des avocats anglais, supprimées dans l'Inde à cause de l'excessive chaleur. Trois énormes pounkas sans cesse en mouvement entretiennent un courant d'air fort agréable. Un seul juge préside les assises. Le jury est formé d'Anglais, d'Hindous et de Parsis. Cinq interprètes différents sont attachés au tribunal. Plusieurs indigènes assistent aux séances, qui sont publiques.

7, 8, 9. — Il fait un temps si mauvais ces jours-ci qu'il faut rester à la maison. Les habitants de Bombay prétendent n'avoir jamais vu pleuvoir en décembre les années précédentes. C'est un temps tout exceptionnel. Combien de fois j'ai entendu cette phrase dans les pays renommés pour la beauté du climat!

10. — Enfin, voici une journée magnifique. Un cabriolet nous conduit devant la gare du chemin de fer qui doit unir Bombay à Thanah, puis à Calcutta. Ce bâtiment est d'une apparence fort modeste, malgré son importance future. Les Anglais en général veulent employer le moindre capital possible dans leurs constructions. Ils se préoccupent d'obtenir des produits élevés et ne cherchent nullement à trans-

former leurs établissements industriels en monuments artistiques. On ne voit pas en Angleterre les gares de chemins de fer aussi bien décorées qu'en France; mais on y trouve des lignes plus longues et plus nombreuses.

Le beau temps nous engage à faire une longue promenade. Nous allons visiter les dokmas parsis qui se trouvent à quelques kilomètres de Bombay. A moitié chemin, nous rencontrons un petit édifice aux fenêtres grillées, dont la porte en fer est bien cadenassée. Dans ce temple, on entretient le feu sacré avec du bois odoriférant. Les parfums ont, en effet, une grande importance dans le culte prescrit par Zoroastre.

Nous passons à la pointe Malabar devant la jolie résidence du gouverneur, qui s'élève à plus de vingt mètres au-dessus de la mer. A peu de distance, on trouve la pagode de Valukeshwar, précédée de son petit étang à l'ombre de jolis arbres. Enfin, nous parvenons au sommet de la montagne Malabar. On jouit d'une vue fort étendue sur Back-bay, vaste golfe bordé de gracieuses habitations.

Voici l'enclos où les Parsis exposent les corps de leurs morts à la destruction par les éléments. Dé nombreux vautours planent au-dessus des cadavres et leur enlèvent de hideux lambeaux qu'ils dévorent avidement.

On compte à Bombay plus de cent mille Parsis.

Ils se livrent surtout au commerce et secourent leurs pauvres au moyen de souscriptions volontaires. Ils forment une excellente population remarquable par son activité commerciale. Aussi peut-on citer plusieurs parsis qui ont acquis des fortunes considérables. Ils sont les vrais nababs de Bombay.

11. — Nous obtenons facilement la permission de visiter l'arsenal, et nous le parcourons avec la plus grande liberté. Il y a deux beaux bassins pour la réparation des navires et trois vastes cales provisoires qui abritent un brick et deux vapeurs presque achevés. On emploie dans ce chantier beaucoup de bois de teck. Il est si dur que les vers ne peuvent le ronger. Il a en outre, dit-on, la propriété de préserver de la rouille les clous et les liens en fer. On prétend que les navires en bois de teck durent quatre ou cinq fois plus longtemps que s'ils étaient construits en chêne.

Les ateliers, assez bien organisés, sont encore insuffisants pour fondre des canons et fabriquer les machines à vapeur d'une force excédant cent chevaux. La presque totalité des ouvriers se compose de parsis qui gagnent un salaire peu élevé. Aussi fait-on les réparations de navires dans l'arsenal de Bombay pour un prix modéré. Cet atelier de constructions navales, considérable pour une colonie, est encore bien inférieur aux arsenaux des ports militaires de l'Europe.

15. — Auprès de l'hôtel de ville s'élève le bel édifice qu'on appelle la Monnaie. Dans cet établissement on peut frapper cent cinquante mille roupies par jour. Je cherche aujourd'hui dans Bombay un objet d'art. Je voudrais laisser un souvenir à M. Roussac, qui m'a offert une si aimable hospitalité. J'entre dans plusieurs boutiques de marqueterie. On y fait de charmants ouvrages, convenables surtout aux dames, mais il est impossible de se procurer une statuette ou un tableau. Qui, en effet, pourrait songer aux beaux-arts dans une ville si commerçante? Je finis par acheter dans un magasin chinois un fauteuil et des chaises en bois de teck admirablement sculpté. Mon cadeau fit plaisir.

Nous montons en voiture pour aller visiter le phare de Coulaba. En sortant de Bombay par la porte d'Apollon, nous apercevons les immenses magasins de charbons de terre. Puis, auprès des puissantes presses de West, les balles de coton couvrent une vaste étendue de terrain et forment de nombreux monticules. On voit sur la plage des drapeaux placés par les Hindous pour indiquer une source d'eau douce.

Nous avons passé de l'île de Bombay sur celle de Old-Woman au moyen d'une chaussée. C'est encore une chaussée qui nous conduit à l'île de Coulaba, et bientôt l'on se trouve dans les baraques de la garnison anglaise. L'uniforme élégant des Écossais attire surtout notre attention. Plusieurs gracieuses maisons de campagne s'élèvent au milieu de frais ombrages. Nous y distinguons en passant quelques jolis profils de dames anglaises. C'est le séjour des principaux officiers de la garnison de Bombay. Le phare de Coulaba est à feu tournant et de construction récente. Il n'offre du reste rien de curieux. Aussi nous l'avons bientôt vu et une demi-heure après nous étions de retour à la maison. Le dîner d'adieu est servi, car demain nous devons partir pour Calcutta. Vers neuf heures du soir il nous faut, le P. Léon et moi, prendre congé de nos aimables compatriotes, qui se sont conduits à notre égard comme de véritables amis.

CHAPITRE VI.

15 *décembre*. — Une voiture nous conduit à l'embarcadère de Mazagon, assez éloigné de Bombay. Puis un petit bateau à voile nous porte jusqu'au *Malta*. C'est le vapeur qui doit partir demain matin pour l'île de Ceylan et la Chine. Nous montons à bord et l'on nous donne aux premières places une confortable cabine. Le mobilier se compose de deux lits superposés, d'un banc, d'un large lavabo et d'une belle glace. S'il y avait dans cette cabine un courant d'air suffisant, nous n'aurions rien à désirer. On dort cependant fort bien jusqu'à la pointe du jour, moment du réveil général.

16. — A neuf heures du matin l'ancre est levée. Notre vapeur traverse la vaste rade de Bombay, puis nous suivons la côte de Malabar à une distance

qui nous en fait perdre les détails. La mer est calme, une brise légère rafraîchit l'atmosphère encore brûlante. Laissons le vapeur filer ses quatorze kilomètres à l'heure et tournons les yeux sur le pont.

L'équipage est formé par des nègres de Mozambique, des Malais et des Chinois. Ces derniers surtout attirent notre attention par la teinte jaunâtre de leur peau, l'aspect en général repoussant de leur figure plate, et l'inclinaison oblique de leurs petits yeux. Ils portent les cheveux tressés en une longue queue. Grâce à son prolongement de soie noire, elle leur tombe d'ordinaire jusque sur les talons. Pendant le travail, ces Chinois roulent leurs cheveux sur le sommet de la tête en une triple couronne. A bord ils remplissent l'office de charpentiers, et montrent autant d'adresse que d'activité. Les Malais sont matelots et les nègres tout naturellement chauffeurs. Les Anglais forment le corps des officiers. Ces hommes de nations et de costumes différents composent un équipage excellent et d'un aspect singulièrement varié.

A huit heures du soir nous entendons les accords du fifre et du tambour. Ils sonnent une retraite originale et les marins disparaissent promptement. Nous regagnons la cabine qui nous est assignée dans le compartiment des officiers. On finit par dormir, malgré l'odeur insupportable des tonneaux d'opium que notre vapeur porte en Chine. On se croirait sur le plus odoriférant des bateaux de pêche. Ce chargement d'opium est du reste ce qui fait le bénéfice de la Compagnie des bateaux à vapeur. Nous sommes seulement dix voyageurs qui payons pour nos places un prix assez élevé, il est vrai; mais la somme totale qu'elles produisent est bien faible comparativement aux dépenses de notre vapeur pendant une si longue traversée.

17, 18. — Nous apercevons au loin la côte de Malabar que nous longeons toujours. Les trois repas sont les principales distractions de notre bord. On y boit beaucoup de thé qui nous semble délicieux. Où pourrait-on, du reste, en trouver de meilleur que sur notre vapeur destiné aux voyages de la Chine? On sert deux fois par semaine le champagne aux voyageurs de première classe. Malgré le confortable de notre bord, on semble en général bien peu s'y amuser.

19. — Tout le monde s'habille proprement; on observe scrupuleusement le repos du dimanche. Les Malais seuls jouent gaiement à se faire des niches avec des cordes. Le soir nous cessons de longer la côte de Malabar, nous avons atteint l'extrémité méridionale de l'Inde. Un orage éclate, mais les éclairs ne nous empêchent pas de dormir dans notre moelleux berceau agité par une mer houleuse.

20. — Dès le matin on aperçoit la côte brumeuse de l'île de Ceylan. Nous atteignons une petite flot-

tille de pêcheurs. Leurs embarcations nous semblent d'une curieuse structure. D'énormes perches unissent ensemble deux troncs d'arbres effilés et recourbés aux extrémités. L'un est massif et sert de contre-poids à l'autre, qui, creusé en canot, est occupé par quatre pêcheurs. Ils jettent à la mer plusieurs longs fils de laiton terminés par de gros hameçons. Quelques larges poissons tirés de l'eau sous nos yeux passent de la mer dans les embarcations de ces pêcheurs.

Notre vapeur s'arrête, quelques indigènes s'approchent alors à force de rames. Un officier leur demande la direction de Colombo. On avance lentement au milieu de la brume épaisse qui nous entoure. Elle diminue peu à peu, et deux heures après nous entrons dans une vaste rade ouverte. On y jette l'ancre auprès de plusieurs grands navires de commerce. La ville noire ou habitée par les indigènes borde le rivage. Nous apercevons ses maisons basses et couvertes en tuiles. Impossible de descendre à terre, car le vapeur doit bientôt se remettre en marche. On débarque ici seulement cinq lacs de roupies (un million deux cent cinquante mille francs) envoyés régulièrement de Bombay à la banque de Colombo. Il faut donc se contenter d'une vue générale de la ville.

Le vaste palais du gouvernement et l'élégante tour aux signaux se détachent sur un fond d'épaisses forêts. Mais notre vapeur quitte déjà le port, et nous côtoyons l'île de Ceylan, renommée pour sa fertilité tropicale. Vers le soir, d'épais nuages s'amassent et couvrent le ciel; la mer s'enfle, les éclairs sillonnent la nue et la pluie nous force à quitter le pont. A minuit le ciel s'est éclairci. On jette l'ancre à peu de distance du phare de Pointe-de-Galles, et la flamme d'un feu de Bengale nous signale au port. Son entrée est tellement difficile qu'il nous faut attendre le lever du soleil pour opérer le débarquement.

21. — Dès qu'il fait jour le pilote arrive à bord, et nous entrons dans le port nommé Pointe-de-Galles. Au bord de la mer s'élève une petite ville fortifiée qui fut bâtie par les Portugais en 1638. La baie offre l'aspect le plus gracieux et le plus tropical qu'on puisse imaginer. Elle est entourée de vastes forêts de cocotiers qui dominent les nombreuses habitations des indigènes.

Une barque nous conduit à terre. On s'installe dans un hôtel convenable. Puis, malgré la pluie, nous parcourons la ville aux rues régulières et aux maisons uniformes. On se croirait dans un phalanstère. Les habitations n'ont qu'un rez-de-chaussée; elles sont toutes précédées d'une galerie couverte peinte en gris. Qui a vu une rue et une maison a visité la ville. Un quart d'heure nous suffit pour faire le tour de ses remparts.

Nous allons voir la petite église catholique gracieusement bâtie au sommet d'une verte colline peu éloignée du fort. Nous entrons dans plusieurs habitations des indigènes catholiques. Elles se font remarquer seulement par l'absence presque totale de mobilier.

Quant aux Cingalais, ils portent un costume d'une simplicité toute primitive ; ce qui ne les empêche pas d'avoir des boucles d'oreille en or enrichies de perles ou de diamants dits de Ceylan. Ces derniers ont, du reste, aussi peu d'éclat que de valeur. A quelque distance, et par l'apparence extérieure seulement, il est difficile de reconnaître à quel sexe appartiennent les indigènes. Leurs cheveux, relevés à la chinoise, sont maintenus par un haut peigne d'écaille. Le costume se compose uniformément d'une longue pièce de toile enroulée autour de la ceinture et qui tombe jusqu'aux pieds. Une petite veste, quelquefois un peu trop bouffante, peut seule trahir les jeunes femmes.

Nous traversons l'un des plus grands faubourgs extérieurs de la ville, celui qui s'étend sur la route de Colombo. Elle est fort bien entretenue et bordée de forêts touffues de cocotiers. Çà et là on remarque les habitations des naturels construites avec des branches d'arbres tropicaux. Souvent on traverse sur de gracieux ponts en bois les nombreux cours d'eau qui serpentent dans la campagne. De déli-

cieuses maisonnettes au bord d'un petit étang se
détachent dans le lointain sur un fond formé par
d'épais massifs de feuillage. Rien de plus roma-
nesque. Si Rousseau avait connu cette luxuriante
végétation, s'il avait vu ces sites enchanteurs, quelles
délicieuses pages n'aurait pas écrites ce poétique
amant de la nature! Malheureusement il eût souvent été interrompu dans ses rêveries par la rencontre de dangereux reptiles.

Nous nous promenions et causions tranquillement quand tout à coup se dresse auprès de nous
la tête menaçante d'un long serpent noirâtre. « Ne
vous effrayez pas, dit un indigène qui passe, ce
reptile n'est pas malfaisant. Il se livre à la chasse
des rats. Mais voyez à vos pieds ce petit serpent qui
fuit en agitant un dard subtil. C'est le manilla.
Sa morsure cause une mort presque subite. On n'a
pas encore pu découvrir de contre-poison. Il y a
encore le serpent à lunettes, ou cobra-capella, qui
est peu agréable à rencontrer, bien que son venin
agisse moins vite. Comme il est plus grand que le
manilla, on peut l'apercevoir plus facilement et se
mettre hors de son atteinte. » Cette observation,
bien que faite en mauvais anglais, rendit notre pro
menade beaucoup moins insouciante.

A chaque instant notre imagination transformait
en terribles serpents les morceaux de bois parsemés çà et là sur la route. Encore si nous avions eu

le bâton garni de plaques en métal que portent les tappals, courriers de la poste, les serpents, effrayés par le bruit, se seraient écartés de notre route. Nous rentrâmes à l'hôtel en suivant le bord de la mer. Nous étions enchantés de l'admirable fertilité de cette terre tropicale, mais peu désireux de partager avec les serpents le séjour d'une contrée aussi belle que dangereuse.

Ce qu'il y a de plus singulier, c'est que les Hindous vénèrent beaucoup ces redoutables reptiles et surtout la cobra-capella. Le serpent qui s'introduit dans une maison indienne, sera nourri par la famille qui l'habite, et cependant un jour, peut-être, ces indigènes seront victimes de leur hospitalité par trop généreuse. On a même élevé des temples en l'honneur des serpents; inutile d'ajouter qu'ils sont parfaitement entretenus par les brahmes attachés à ces pieuses fondations.

Le soir, nous allâmes goûter l'agréable fraîcheur de la température au bord de la mer. Nous fûmes assaillis de propositions fort peu chastes, ce qui, dans un port de mer, nous étonna moins que la vue de gracieuses mouches phosphorescentes; par myriades elles émaillaient la campagne des feux brillants de l'émeraude.

On rentre dans le fort vers huit heures du soir. Toutes les maisons laissent apercevoir leur intérieur brillamment éclairé. Les familles se tiennent dans la première pièce, à l'entrée de l'habitation ; quelques personnes restent même toute la soirée sous la varangue, derrière des paillassons transparents. Il semble que tout le monde s'ennuie dans cette ville. La vanité des habitants les empêche de se réunir simplement ; la population portugaise voudrait rivaliser de luxe avec les Anglais dans de fastueuses réceptions. Pour ne pas laisser voir son infériorité sous ce rapport, elle préfère se priver des agréments de la société. Nous gagnons promptement notre lit, dont la dureté échappe bientôt à notre appréciation.

22. — Le matin il fait une agréable fraîcheur qui nous engage à la promenade. Nous parcourons la route qui longe la baie de Pointe-de-Galles ; elle est bordée des régulières maisons qui forment le bazar des indigènes ; à la suite s'élèvent les pittoresques habitations anglaises ; on remarque çà et là quelques retraites champêtres pour les Européens. De tous côtés on aperçoit les forêts luxuriantes formées par les cocotiers. Nous arrivons ainsi jusqu'aux cahutes des pêcheurs. Sur la baie flottent plusieurs catamarans, embarcations singulières que nous rencontrâmes pour la première fois non loin de Colombo ; ces bateaux à contre-poids bravent le roulis des marées et souvent même le mauvais temps. La vue s'étend sur les rochers qui bordent une petite rivière et sur les îlots de verdure qui ornent la baie de Pointe-de-Galles.

Rentrés à l'hôtel nous trouvons une foule de marchands qui nous offrent des ouvrages en bois d'ébène ou de cocotier; on nous présente aussi beaucoup de pierres précieuses qui sont fort communes dans l'île de Ceylan et se vendent à un prix peu élevé; on nous montre enfin plusieurs perles fines pêchées dans ces parages. Il faut, nous dit-on, profiter de l'occasion, car la pêche vient de se terminer dernièrement et elle n'aura pas lieu de nouveau avant deux années; mais le voyageur est souvent trompé: il achète trop cher s'il donne plus du quart du prix demandé par le marchand.

Dans l'après-midi nous allons en voiture nous promener sur la route de Colombo. On s'arrête pour visiter une petite pagode hindoue à peine terminée. Elle est couverte de curieuses peintures extérieures; on a représenté d'un côté les principaux faits religieux rapportés par la tradition indienne; sur l'autre muraille on a peint les peines et les récompenses réservées à l'homme après sa mort. On croirait quelquefois retrouver dans ces peintures la fidèle copie des bizarres figures qui ornent nos manuscrits bibliques du moyen âge.

L'architecture extérieure de cette pagode lui donne l'aspect d'une construction égyptienne. Dans l'intérieur, complétement recouvert aussi de peintures, on remarque plusieurs énormes statues de divinités hindoues. La principale idole est colossale et s'élève jusqu'au plafond de la pagode ; elle représente le dieu Vishnou accroupi à la mode orientale. Sur deux tables se trouvent des fleurs et des fruits, offrandes à la divinité. On dépose de l'argent dans le vase de bronze présenté par le prêtre, puis on descend la colline pour rejoindre la voiture.

Nous visitons quelques plantations de canneliers. Ces gracieux arbrisseaux, qui ont généralement de cinq à six mètres d'élévation, couvrent de vastes étendues de terrain. Deux fois par année, au printemps et en automne, on fait la récolte de la cannelle sur les branches âgées de trois à cinq ans ; on détache l'écorce, qui elle-même est séparée en deux portions. L'écorce raboteuse qui forme l'épiderme du cannelier est mise de côté ; on coupe l'autre écorce en longs morceaux qu'on expose au soleil ; ils se roulent d'eux-mêmes en petits tuyaux qui sont vendus sous le nom de cannelles, tiré du mot italien *cannella*.

Les Cingalais employés à la culture des canneliers nous font parcourir leurs vastes champs avec empressement. Ils nous offrent de magnifiques ananas et nous coupent de longs bâtons de canneliers ; enfin ils montrent une amabilité trop grande pour être désintéressée : aussi en les quittant nous leur donnons la gratification qu'ils attendaient. Nous nous promenons encore quelque temps sur les routes bordées par de nombreux canneliers qui répandent dans l'air un doux parfum, puis nous traversons un joli pont de bateaux et retournons à la ville d'autant plus vite qu'il tombe une pluie torrentielle.

23. — Nous gravissons une montagne du sommet de laquelle on aperçoit au loin un vaste horizon de forêts. Les cocotiers sont tellement rapprochés les uns des autres qu'ils ne laissent nulle part voir le sol. L'île de Ceylan forme un immense bouquet de verdure dominé par le pic d'Adam, au vaste cône bleuâtre. La promenade du matin achevée, la pluie et la chaleur du soleil nous font rester à l'hôtel, où je m'amuse à dessiner les singuliers costumes de quelques indigènes.

24. — Le matin nous suivons le bord d'une petite rivière qui semble couler au milieu d'une forêt vierge. Le soir nous allons coucher dans le presbytère catholique. Les Cingalais chrétiens n'ont pas de prêtres depuis quelques années; ils sont venus chercher mon compagnon de voyage, le P. Léon. A minuit il célèbre les cérémonies religieuses devant quatre cents chrétiens entassés dans l'église. Les indigènes se font remarquer par leur ferveur pieuse; quelques-uns, nus jusqu'à la ceinture et les cheveux longs, tombant sur les épaules, récitent leurs prières dévotement et se frappent la poitrine avec violence. L'église est illuminée avec une telle profusion que l'on se croirait en Sicile un jour de grande fête. La messe fut accompagnée de chants et dura plus d'une

heuré. On fit ensuite à haute voix la lecture de l'évangile en tamil et en bengali ; puis chacun se retira et nous allâmes nous reposer au presbytère.

25. — Dès le matin les cloches nous réveillent ; c'est le jour de Noël, le Christmas des anglais. On célèbre ici cette fête de la même manière qu'en France le jour de l'an. A neuf heures, de nombreux indigènes affluent dans l'église pour assister à une grand'messe. Plusieurs se font remarquer par l'élégance et la richesse de leur costume. Des Cingalais nous servent, au P. Léon et à moi un excellent déjeuner, et ils refusent de se mettre à notre table ; ce serait, d'après leur opinion, nous faire perdre notre caste ; nous descendrions du rang d'Européen à celui d'indigène. Cet esprit de distinction de castes est enraciné chez les Indiens d'une façon incroyable ; aussi je pense que dans ce pays on trouverait fort singulières les idées socialistes et égalitaires.

Dans la ville nous voyons une troupe de soldats aller, drapeau en tête, présenter des félicitations à leurs officiers. Ils poussent des cris de joie, mettent le feu à quelques fusées, et voilà toutes les réjouissances de ce fameux Christmas.

26. — Nous employons le dimanche à visiter les temples protestants, où nous voyons fort peu d'indigènes ; les missionnaires anglais montrent cependant beaucoup de zèle : tous les vendredis ils vont prêcher sur les grandes routes ; ils ont aussi fait

élever dans les villages plusieurs temples fort modestes. Les conversions protestantes s'opèrent difficilement et presque toujours à prix d'argent, aussi ont-elles généralement peu de durée.

27. — Je passe la journée à dessiner les costumes des Cingalais. Nous sommes toujours assiégés par les marchands, qui nous proposent leurs pierres plus ou moins fines et leurs ouvrages en écaille et en ivoire; ils nous apportent aussi des dents d'éléphants travaillées de différentes manières. .

Ces pachydermes sont fort communs à Ceylan; dans l'intérieur de l'île on rencontre des troupeaux de deux à trois cents éléphants. Réunis en grand nombre ils sont en général peu dangereux et n'attaquent presque jamais le voyageur; mais il faut redouter l'éléphant furieux, chassé de la troupe et vivant isolé; il met alors souvent le feu aux plantations après les avoir horriblement saccagées.

Dans les vastes forêts qui couvrent une grande partie de l'île de Ceylan, on se livre beaucoup à la chasse des éléphants, dont les défenses se vendent fort cher. Les indigènes prennent ordinairement ces animaux en creusant des fosses profondes qu'ils recouvrent de gazon; l'éléphant se laisse tomber dans ces piéges, qu'il ne peut reconnaître à aucun indice.

Pour s'emparer de ces puissants quadrupèdes il y a encore un autre moyen fort en vogue à Ceylan :

les natifs forment avec des pieux solides une enceinte vers laquelle ils chassent un troupeau d'éléphants sauvages ; attirés par des femelles, ces animaux s'engagent dans l'enceinte, qui se termine par
un étroit couloir. Un Cingalais jette alors autour de
la jambe d'un de ces quadrupèdes un câble solide ;
on garrotte le redoutable prisonnier et on le confie
à la garde de deux éléphants domestiques ; ils se
chargent de dompter à coups de trompe leur nouveau compagnon.

Quelques Anglais vont simplement armés de leurs
fusils à la chasse de l'éléphant. On cite plusieurs
individus qui ont ainsi tué un grand nombre de
ces animaux et ont toujours échappé aux dangers
d'une chasse aussi périlleuse. Mais beaucoup de
chasseurs se placent sur des observatoires construits
dans les branches d'arbres gigantesques ; ils font
ainsi feu sur les éléphants sans avoir à craindre
leurs atteintes. C'est là une chasse que peut se per-
mettre le moins audacieux des touristes.

28. — Enfin le phare signale l'approche du vapeur
l'*Indoustan*, qui arrive de Suez et doit partir demain
pour Calcutta ; c'est le plus grand navire de la Compagnie orientale, il a une machine de la force de
cinq cent quarante chevaux. Il se trouve en retard
de cinq jours parce qu'il a dû attendre à Suez l'arrivée du courrier d'Angleterre ; le vapeur qui le
transportait à Alexandrie avait été retardé par le

mauvais temps dans sa traversée de l'Océan. Depuis huit jours nous sommes à Pointe-de-Galles ; nous partirons avec plaisir, car il ne nous reste plus rien d'intéressant à voir dans ce port ou même dans ses environs.

29. — A midi l'ancre est levée, et bientôt nous avons perdu de vue l'île de Ceylan. On trouve à bord une nombreuse société anglaise et quelques personnes aimables. Nous sommes heureux de rencontrer deux compatriotes ; l'un, M. Lebreton, est parti de Paris pour aller acheter des châles dans la vallée de Cachemire ; l'autre est un négociant de Pondichéry qui se rend en cette ville par la voie de Madras.

Il nous donne quelques détails intéressants sur notre principale colonie de l'Inde. Sa population peut s'élever à 80 000 habitants environ, parmi lesquels on ne compte guère plus de 400 Européens ; le territoire a 28 000 hectares de superficie ; il n'y a point de port à Pondichéry, mais une rade ouverte non moins dangereuse que celle de Madras.

La ville blanche, habitée par les Français, est aussi élégante que régulière, et passe pour l'une des plus jolies de l'Inde ; elle se trouve à 140 kilomètres environ de Madras : aussi les Anglais quittent assez souvent leur riche mais monotone résidence ; ils viennent alors se divertir et quelquefois même se marier dans cette colonie française.

Les fonctionnaires de la Compagnie des Indes,

largement rétribués, recherchent en mariage moins le chiffre des dots que les avantages physiques et les agréments de l'éducation. Comme la population européenne se compose surtout d'Anglais venus dans l'Inde pour y chercher fortune, les femmes y forment la minorité; aussi les mariages deviendraient-ils fort difficiles, si la mère patrie n'envoyait régulièrement une foule de jeunes filles à marier. Nous avons à bord une cargaison de charmantes demoiselles peu fortunées, mais généralement bien élevées.

30. — Le vent nous reste toujours contraire, attendu la mousson du nord-est qui, sur la côte de Coromandel, a commencé le 15 octobre dernier et ne doit finir que vers le milieu de janvier; la mer est assez forte. Quelques marsouins et plusieurs bandes de poissons volants égayent seuls la journée.

31. — La veille du premier janvier est célébrée en buvant force bouteilles de champagne. Aussi plus d'un passager glisse-t-il sous son banc, où il dort tranquillement jusqu'à l'année prochaine.

1ᵉʳ *janvier* 1853. — Le vent est tombé presque entièrement. Nous apercevons la terre couverte çà et là d'habitations qui indiquent l'approche de Madras. A midi, on mouille dans la baie largement ouverte où cette ville est construite. En face de nous, l'enceinte fortifiée, l'esplanade dominée par le phare, les monumentales constructions de la douane, et enfin les maisons de la ville noire qui se prolongent dans une campagne fertile.

On débarquera difficilement, car les vagues se brisent avec fureur sur la plage encore assez éloignée. Les hommes descendent par l'échelle dans les barques des indigènes; les femmes, au moyen d'une chaise attachée à des cordes, sont transbordées sans aucune secousse. Ces énormes massoulahs, ou bateaux de pêche, qui doivent nous porter à Madras, sont formés de planches cousues ensemble avec du naro, tiré des filaments qui entourent les noix des cocotiers. Il n'entre pas une cheville, pas un seul clou dans ce grossier assemblage. C'est l'élasticité de ces barques qui permet de les lancer avec violence sur le sable de la plage.

Nous avons quitté le vapeur; nous voilà tantôt au sommet des vagues, tantôt dans leurs vallées profondes. Notre lourd bateau, entraîné par douze rames vigoureuses, et dirigé par un habile pilote, brave les flots et avance rapidement vers le rivage. C'est alors que le danger augmente, car d'immenses vagues roulent sur le sable et tantôt l'inondent, tantôt le laissent à sec. A plus de 150 mètres de la plage le ressac se fait encore sentir. Il est causé par une double ligne de brisants, dont le premier, le plus terrible, se nomme le mâle.

Notre embarcation est suivie de plusieurs catamarans, radeaux formés de trois longues tiges de

bambous. Ils portent une petite voile et sont dirigés
par un ou deux hommes munis de pagaies. Ces habi-
les nageurs nous accompagnent dans l'espoir de
nous sauver si nous venons à chavirer. Cette attention délicate nous encourage assez peu ; car il y a une
foule de requins qui semblent aussi s'intéresser à
notre navigation. Nous ne comptons que sur l'expérience et l'adresse des indigènes qui dirigent notre
barque. En effet, ils attendent l'instant favorable ;
puis, tout à coup, ils s'élèvent sur la croupe d'une
vague énorme qui nous jette sur le rivage avec une
violente secousse. Peu importe ; nous sommes à terre.

Le thermomètre marque 45 degrés centigrades
à l'ombre : c'est une température modérée à Madras, où elle atteint 55 degrés en juillet. Malgré un
ardent soleil, nous visitons d'abord les beaux édifices de la douane, de la police et de la cour suprême, qui s'élèvent auprès de la place de notre
débarquement. Puis viennent plusieurs vastes établissements commerciaux et les misérables habitations qui forment la ville noire. Elle est percée de
larges rues fort régulières. Çà et là quelques maisons surmontées de terrasses et plusieurs magasins
européens. Presque tous les négociants anglais résident à la campagne et viennent à leurs comptoirs
seulement pendant le temps des affaires. Il y a,
près de la muraille d'enceinte, un enclos appelé les
Sept-Sources. Elles fournissent une eau très-renom-

mée pour sa pureté. Non loin se trouvent la Monnaie et la cathédrale catholique.

Nous traversons une vaste esplanade à l'ombre de longues rangées d'arbres, et bientôt nous atteignons le fort Saint-George, construit au bord de la mer. On franchit son triple rempart en briques et l'on aperçoit les magnifiques habitations des principaux fonctionnaires. De tous côtés on voit les offices du gouvernement. La porte de l'arsenal est ornée de deux singuliers canons enlevés aux Indiens. Au milieu du fort, on a érigé une statue en marbre à lord Cornwallis. On ne rencontre personne dans les rues désertes de cette forteresse : aussi l'on se hâte d'en sortir pour aller visiter le phare peu éloigné. Il a environ 40 mètres de hauteur au-dessus du niveau de la mer et se compose d'une colonne dorique en granite. Le feu tournant qui la surmonte fut allumé pour la première fois au mois de janvier 1841.

De ce point élevé la vue s'étend au loin sur les différents quartiers de l'immense ville de Madras. Avec ses vastes faubourgs, elle compte une population d'environ 600 000 habitants. Le clocher de Saint-André, église écossaise, atteint 50 mètres de hauteur : aussi domine-t-il les mosquées et les pagodes indiennes. Plusieurs étangs, des canaux et des rivières répandent la fertilité sur les gracieux environs de Madras.

Après une longue excursion dans la ville, nous entrons à l'hôtel prendre des glaces : d'une fenêtre, nous voyons plusieurs jongleurs exécuter différents tours avec beaucoup d'adresse. Ils ont, du reste, une grande réputation dans l'Inde : quelques-uns de ces indigènes charment des serpents, et ils viennent jouer auprès de nous avec la terrible cobra-capella. Nous leur donnons vite de l'argent pour nous débarrasser d'un voisinage si peu agréable ; puis nous gagnons le rivage en palanquin, non sans être assaillis de propositions peu morales.

La mer est toujours fort agitée ; il faut néanmoins se rendre à bord du vapeur. On monte en bateau ; les marins veulent nous cacher le danger en abaissant la voile devant nous ; mais ils n'y peuvent parvenir complétement. Nous admirons le magnifique spectacle de la lutte de notre barque contre la fureur des flots. D'abord il nous faut démarrer le bateau qui repose sur le sable : les marins se jettent à l'eau ; les uns poussent l'arrière de la barque, les autres la tirent au moyen d'une forte corde fixée à l'avant. Entre deux lames ils s'efforcent de mettre l'embarcation à flot ; mais aussitôt accourt une vague qui la reporte vers le rivage, et ces hommes luttent avec énergie pour l'empêcher d'être ensablée ; ils sont entraînés, redoublent d'efforts et parviennent enfin à quitter la plage.

On voit alors nos indigènes se mettre à la nage

et lutter contre les flots pour regagner la barque ; puis, une fois remontés à bord, ils font force de rames et nous franchissons la crête écumante de deux ou trois vagues. Enfin nous avons échappé au danger de nous briser contre les récifs et les rochers qui forment la jetée de Madras. L'équipage pousse des cris de triomphe et nous demande un pourboire. Certes, il faudrait être bien injuste pour refuser une gratification à ces hommes qui viennent de montrer autant d'adresse que d'énergie.

Gagner le vapeur est maintenant une affaire de temps ; et, malgré la forte mer, on peut être sans crainte avec un équipage comme le nôtre. D'ailleurs, en face d'un si beau spectacle, il n'y a place que pour une admiration exaltée. On éprouve cependant une assez vive satisfaction lorsqu'on est de retour à bord de *l'Indoustan* et à l'abri du danger. Depuis deux jours toute communication était interrompue entre la terre et les navires en rade.

La difficulté du débarquement explique le petit nombre des bâtiments de commerce mouillés devant Madras. Cette ville si prospère est le siége du gouvernement d'une présidence qui compte plus de 35 millions d'habitants. Elle produit un revenu annuel de 100 millions de francs environ et entretient une armée de 75 000 hommes. Bombay est une ville moins considérable que Madras, mais beaucoup plus pittoresque. A cinq heures du soir on lève l'ancre, et bientôt on gagne la pleine mer. Nous retrouvons alors une agréable fraîcheur, mais aussi le vent contraire.

2. — Il faut avouer que les Anglais entendent le confortable. On trouve à bord une salle de bains fort commode, où l'on peut même prendre des douches à volonté. Après le bain du matin, les voyageurs, en pantalons larges et en robes de chambre, se promènent sur le pont, ou prennent le thé mollement étendus dans des fauteuils. Vers huit heures et demie, ils font toilette pour le déjeuner, qui est servi à neuf heures : on fume ensuite un cigare, ou bien l'on dort, s'il fait chaud. Midi sonne : il faut se mettre à table pour prendre le tiffin, repas léger qui fait attendre le dîner. Il n'a pas lieu, en effet, avant quatre heures du soir. Le thé, les jeux de cartes ou d'échecs et les chants avec accompagnement de piano, occupent la soirée, qui se prolonge souvent jusqu'à minuit.

Presque tous les passagers anglais affectent un air fier et dédaigneux : ce sont, pour la plupart, des employés de la Compagnie des Indes dans le service civil ou militaire. Les autres, à peu d'exceptions près, sont des négociants qui ont éprouvé quelque faillite et vont à Calcutta pour faire fortune. Quant aux femmes, elles sont généralement jeunes et assez jolies, chantent ou touchent du piano, s'occupent beaucoup de toilette, et ne dédaignent pas toujours le champagne. On pourrait peut-être trouver, sur notre vapeur, le sujet de quelques pages amusantes, si l'on écrivait les mystères du bord.

3. — Un jeune jésuite indigène, qui est monté sur le vapeur à Madras, nous amuse beaucoup par ses naïvetés. Il nous dépeint avec candeur la puissance des sorciers de l'Inde et la nécessité des exorcismes catholiques; il nous parle aussi des ruines dé l'établissement de Madura. Il fut fondé au dix-septième siècle par les jésuites, qui se présentèrent comme des brahmes chargés de réformer la religion hindoue. Ils obtinrent beaucoup de succès auprès des indigènes jusqu'au jour où ils furent dénoncés par les Anglais, qui craignaient l'influence des jésuites français. Les Indiens revinrent promptement à leurs anciennes croyances, dès qu'ils reconnurent la fourberie des missionnaires catholiques. Les jésuites durent quitter Madura.

4. — Vers midi, nous apercevons un grand nombre de bâtiments à voile, ce qui nous indique l'approche de l'embouchure du Gange. Bientôt nous longeons plusieurs navires anglais qui nous envoient un pilote, car la navigation va devenir dangereuse. Demain matin on sera devant Calcutta. A peine cela dit, le vapeur s'arrête; un engrenage vient de se casser dans la machine. Nous voici à l'ancre jusqu'à sa réparation.

Un saltimbanque et ses enfants, passagers à bord,

donneront ce soir une représentation. Nous payons 5 francs par personne. Sur l'arrière du pont s'élève un petit théâtre provisoire assez bien éclairé. L'orchestre se compose de trois musiciens. J'ai vu plusieurs fois ces saltimbanques à Bombay, aussi je m'occupe beaucoup moins de voir leurs exercices que de considérer les spectateurs.

Sur les échelles de cordes sont montés les nègres de l'équipage. Leurs gros yeux petillent de joie au milieu de leurs larges faces noires. Les saltimbanques ont revêtu leurs tricots tout pailletés d'argent; ils sont entourés d'un cercle d'Européens élégants. De tous côtés les marins se tiennent postés d'une façon pittoresque sur les cordages de notre vapeur : l'ensemble présente un aspect fort singulier. Le navire balance sur la mer sa masse noire, lumineuse en un seul point, celui de la représentation. L'homme fort de son génie, et insoucieux de n'avoir en vue que le ciel et l'eau, s'occupe uniquement de plaisirs.

Après la représentation, les Européens dansent sur l'arrière du vapeur, et les nègres dans l'entrepont de la machine. Ils forment un grand cercle dont le milieu est occupé par deux ou trois individus. Pour accompagner leur chant bruyant et monotone, ils frappent des mains en mesure et gambadent pendant plusieurs heures avec une énergie incroyable. Cette ronde de nègres, devant les vastes et brillants foyers du vapeur, s'anime de reflets rougeâtres qui lui donnent une apparence vraiment infernale. Vers deux heures du matin, chacun retourne à ses occupations ordinaires, et bientôt notre bâtiment se remet en marche.

CHAPITRE VII.

5 *janvier.* — Au lever du soleil, nous apercevons les bords du Hougly, l'un des embranchements du Gange. Les rives, fort éloignées d'abord, se rapprochent de plus en plus à mesure que nous avançons. La navigation serait assez difficile sans les bouées qui indiquent le chenal à suivre au milieu des nombreux bancs de sable mouvant. Jusqu'aux environs de Calcutta on ne voit que de rares villages et une végétation peu luxuriante. A partir de Garden-Reach, l'aspect du pays change complétement. Voici le jardin botanique et les bâtiments gothiques du vaste collége dit de l'Évêque. Il fut fondé en 1817 pour former des prêcheurs indigènes, mais ne renferme qu'une douzaine d'élèves. C'est

un bien faible contingent pour seconder les efforts des missionnaires protestants.

Notre vapeur longe plusieurs jolies villas qui s'élèvent au milieu d'immenses parcs. Bientôt il s'arrête au terme de son long voyage devant le monumental palais de la Compagnie orientale. Nous quittons *l'Indoustan* pour monter sur une barque ; favorisée par la marée, elle nous porte rapidement vers le centre du port de Calcutta. En face de nous s'étendent de longues rangées de navires. Ils sont pressés les uns contre les autres, et, à travers les insterstices des mâts, on aperçoit le fond blanchâtre des constructions de la ville. Le soleil disparaît de l'horizon et il fait nuit presque aussitôt.

Nous mettons pied à terre, des coulis portefaix prennent chacun l'une de nos malles, et une longue file s'avance vers l'hôtel Latour. Nous parcourons la grande place du palais du gouverneur, puis une longue rue fort sombre qui aboutit à un large carrefour planté d'arbres. On est arrivé ; notre hôte et compatriote nous conduit à nos chambres. Les lits, malgré leur maigreur, nous semblent très-confortables.

6. — Dès le matin, on présente à chacun de nous un domestique bengali qui se paye seulement vingt francs par mois et doit se nourrir et se vêtir à ses frais. Il est tout à fait indispensable ; car il n'y a pas dans l'hôtel de domestique pour le service gé-

néral des voyageurs. Tous les trois, M. Lebreton, le P. Léon et moi, nous sommes descendus dans cette maison française qu'on nous a beaucoup vantée. Nous nous proposons de visiter ensemble Calcutta. Une voiture nous attend à la porte de l'hôtel; car il n'est pas d'usage en cette ville qu'un Européen aille à pied. On se donnerait en spectacle à la population indigène. Les courses à Calcutta sont en général très-longues, à cause de l'étendue de la ville. En outre, il fait une chaleur étouffante, et il faut se garantir avec soin des coups de soleil, qui sont fort dangereux. Notre voiture contient quatre places et ne coûte par jour que deux francs cinquante centimes. On ne peut pas trouver ce tarif trop élevé.

Pour nous former une idée générale de Calcutta, nous montons au sommet d'une colonne construite en l'honneur du général Ochterlony. De ce point élevé, nous apercevons la ville et les environs. Calcutta renferme à peu près onze cent mille habitants et couvre une immense étendue de terrain. Les Européens semblent avoir bâti leurs habitations au milieu des quartiers indigènes, contrairement à l'usage suivi dans l'Inde. Il n'y a point ici, comme à Bombay et à Madras, d'un côté le fort contenant les maisons anglaises, de l'autre côté la ville noire réservée aux natifs. Cependant on peut voir que les établissements européens s'étendent sur la rive gauche du Gange et se prolongent dans la plaine jusqu'au voisinage du fort William. Puis les maisons anglaises bordent les principales rues de Calcutta, et les indiquent par leurs lignes blanches.

Çà et là s'élèvent les clochers des églises catholiques, les tours des temples protestants, les minarets dorés des mosquées et les bizarres sculptures des pagodes hindoues. Toutes ces religions vivent l'une à côté de l'autre dans cette immense ville, l'un des principaux centres commerciaux du monde. Quelle énorme quantité de navires de toutes nations!

Le palais du gouverneur, l'hôtel de ville et plusieurs autres établissements de la Compagnie des Indes se font remarquer par leurs longues colonnades. En 1799, le marquis de Wellesley fit construire le palais actuel du gouvernement. On a dépensé vingt-cinq millions de francs pour bâtir cet immense édifice dans le style grec. L'ensemble seul est imposant par l'étendue et la régularité des lignes. Quant aux nombreuses colonnes ioniques et doriques qui ornent ce palais, elles produisent un effet peu remarquable.

Certains quartiers de Calcutta présentent le même aspect que ceux de Londres. Les toits seuls diffèrent, ils forment ici d'élégantes terrasses. Une colonnade, portant la vérangue, entoure plusieurs maisons anglaises. Les devantures des boutiques sont élégantes et garnies de toutes les marchandises de l'Europe.

Les belles résidences anglaises forment un curieux contraste avec les misérables habitations des indigènes. Quelques-unes sont bâties en briques et en terre glaise; mais la plupart ne consistent qu'en nattes de paille soutenues par des bambous. C'est un bien frêle abri contre les intempéries des saisons. Il ne fait heureusement jamais froid à Calcutta. A nos pieds s'étend une vaste plaine couverte de bestiaux qui paissent tranquillement auprès de plusieurs étangs artificiels. On trouve aussi çà et là dans la ville quelques places plantées d'arbres et ornées d'une citerne où les Indiens viennent faire leurs ablutions ou leurs provisions d'eau. On ne se lasserait point de voir ce magnifique panorama. Mais déjà l'ombre de la colonne grandit et s'étend sur la ville.

Voici le moment de visiter la promenade qui borde le Gange. Nous y trouvons un grand nombre d'équipages, dans lesquels se prélassent surtout des dames anglaises. Mais ce qui nous intéresse le plus, ce sont les riches costumes de quelques babous. Ces Indiens millionnaires, mollement étendus sur les coussins de leurs voitures, s'enveloppent de superbes robes de chambre toutes brodées d'or. Les domestiques, très-nombreux, portent un costume assez singulier, mais bien moins riche que certaines livrées en Europe. Plusieurs petits chevaux assez vigoureux attirent aussi notre attention. Ce sont des tattous nés dans l'Inde, et fort estimés, dit-on, pour parcourir de longues distances en voyage. Vers six heures la nuit tombe, et chacun se retire en faisant des commentaires sur la conduite du voisin.

Après le dîner à table d'hôte, on cherche le moyen de passer agréablement la soirée. Point de bal, point de théâtre à Calcutta. Est-ce croyable? On nous conseille d'aller voir la danse des bayadères, plus curieuse ici qu'à Bombay. En effet, dans un salon fort bien éclairé, une jeune et jolie fille exécute, devant nous, une danse fort animée. Elle peut, sous tous les rapports, rivaliser avec les balancements les plus voluptueux des almées égyptiennes.

Nous nous promenons dans les rues éclairées par de rares lanternes. On y brûle de l'huile que fournit la noix du cocotier. Nous pouvons nous diriger, grâce surtout aux nombreuses lumières placées devant certaines fenêtres. On y voit des femmes indigènes dont les formes nous paraissent grêles et anguleuses. Il ne faut pas une grande vertu pour résister à leurs invitations peu chastes. Nous sommes donc rentrés à l'hôtel de fort bonne heure, ne sachant comment employer le reste de la soirée.

7. — Le matin nous parcourons les principales rues bordées de riches maisons anglaises à l'extérieur monumental. Puis, dans les misérables quartiers habités par les Indiens, nous voyons leurs cabanes tomber en lambeaux. De tous côtés les

ruisseaux fangeux exhalent des miasmes fétides. C'est pour le choléra un séjour de prédilection. Çà et là on rencontre cependant plusieurs magnifiques palais. Un épais stuc blanchâtre recouvre leurs murailles en briques.

Nous entrons dans l'une de ces somptueuses résidences. On nous présente à un riche babou qui nous fait visiter ses salons. Ils sont remplis d'une foule d'objets rapportés d'Europe, et surtout de France. Ce qui brille, c'est le beau pour les Indiens. Aussi cette collection, formée d'après un pareil principe, ne renferme-t-elle que du clinquant. Et cependant elle a coûté une somme considérable, attendu le prix élevé de toutes les productions européennes. Au rez-de-chaussée, on nous montre des animaux empaillés. La cour est ornée d'énormes volières qui contiennent une foule de paons et d'oiseaux curieux. Enfin, on voit dans l'écurie de nombreux chevaux de prix. Malgré leur grande fortune, quelques babous, par négligence, n'entretiennent pas leurs maisons. Le stuc se détache et laisse à découvert le mur de briques. On croirait, d'après leur extérieur dégradé, ces habitations depuis longtemps abandonnées.

Pendant nos longues promenades, nous ne parvenons pas à rencontrer des Indiens revêtus de riches costumes. Nous voyons, au contraire, partout régner la plus grande uniformité dans les vétements. Les indigènes s'enroulent autour du corps une longue pièce de coton plus ou moins blanche. Ils vont tête nue généralement. Quelques-uns cependant se parent d'un turban d'étoffe fort commune. Les Indiens ont la peau noire, sont maigres, faibles et d'une apparence souffreteuse. Les femmes portent le même costume à peu près que les hommes. Elles sont rarement jolies et nous semblent peu attrayantes.

Nous visitons plusieurs beaux magasins où l'on trouve tous les produits de l'Europe, mais à des prix excessifs. Le bazar chinois renferme toute espèce de marchandises et de curiosités de l'Inde et de la Chine. Espérant assister à quelques scènes de mœurs populaires, nous allons le soir dans la rue habitée par les marins. Dans des salles au rez-de-chaussée de leurs auberges ils dansent entre eux aux sons d'une bruyante musique. La grosse gaieté de ces matelots à moitié ivres, nous semble, du reste, bien peu intéressante.

8. — Nous quittons l'hôtel fort matin pour arriver sur les bords du Gange avant le lever du soleil. En dehors de la ville les Hindous vont faire leurs ablutions quotidiennes ; à cet endroit nous trouvons plusieurs petites pagodes. Dans l'une est adorée la déesse Kali, au visage noir et à la langue pendante. On verse du sel et du froment sur un plateau en métal et l'on frappe une espèce de cloche chinoise,

le gong, qui résonne bruyamment. Aussitôt une vache blanche s'avance et avale rapidement cette pieuse offrande. Plus loin s'élève le lingam couronné de fleurs jaunes et sur lequel on verse l'onde du fleuve sacré. De nombreuses cabanes en paille servent aux baigneurs pour se rhabiller en sortant du Gange. Des fakirs vêtus d'un simple caleçon se jettent sur le corps une espèce de cendre blanche qui les rend horribles à voir.

Nous nous approchons de la rive du fleuve, et alors nous voyons une foule d'Hindous se baigner ensemble. Les hommes sont nus ; les femmes conservent pour tout vêtement un léger voile transparent qui ne cache aucune de leurs formes. Ces Indiens plongent douze fois la tête sous l'eau et remplissent dans le Gange un petit vase de cuivre qu'ils portent à la main. Après s'être purifié par cette pieuse ablution, chacun regagne sa maison. Cette coutume est peu décente, mais fort salutaire dans l'Inde; on doit approuver le législateur qui a fait sauvegarder par la religion un si bon principe d'hygiène.

Nous prolongeons notre promenade jusqu'à la place où les Hindous brûlent leurs morts. Dans une enceinte en briques, sur un petit bûcher, nous voyons un cadavre. Il est presque entièrement consumé et ne répand plus aucune odeur. Nous marchons sur un sol formé de cendres humaines. Au bord du Gange se trouve un corps qu'emportera la prochaine marée; le défunt était si pauvre qu'il n'a pas laissé assez d'argent pour payer le bois de son bûcher; il deviendra la pâture des vautours et des philosophes assemblés en grand nombre.

Le philosophe ou argilah est un échassier qui a environ un mètre cinquante centimètres de hauteur; son crâne pelé se détache sur un plumage noir. Au-dessous de son large bec s'étend un vaste jabot rougeâtre, qui forme une besace naturelle pendue au cou du philosophe. Singulière idée d'avoir donné ce nom à un oiseau qui vit entouré de cadavres et se nourrit de leur chair; son utilité l'a du reste fait placer sous la protection de la police; tuer un de ces philosophes serait en effet priver la salubrité publique d'un de ses principaux agents; on aurait à payer une amende de 125 francs. Nous quittons ce lieu sinistre en faisant envoler devant nous une nuée d'énormes vautours qui vont se percher sur les toits des maisons voisines. La visite du bazar chinois occupe le reste de cette journée.

Vers dix heures du soir nous montons dans un bateau qui doit nous conduire à Chandernagor; il fait une nuit obscure, aussi dormons-nous jusqu'au lever du soleil. Nous arrivons alors devant la colonie française, qui se trouve à 32 kilomètres de Calcutta.

9. — Nous sautons à terre et montons sur la jolie

terrasse qui borde le Gange. Avec quel plaisir, si loin de la patrie, nous trouvons un sol français! Nous sommes réjouis par la vue de notre drapeau qui flotte sur la maison du gouverneur. Non loin s'élèvent plusieurs habitations fort jolies, qui semblent des villas italiennes. Nous parcourons dans tous les sens cette colonie peu vaste, mais qui présente un charmant aspect de propreté et d'aisance. Les routes semblent bien entretenues. Il y a deux hôtels, et l'on ne trouve ici aucune cabane de paille aussi déguenillée que le sont celles de Calcutta. Le cimetière renferme plusieurs belles tombes; malheureusement, presque toutes les inscriptions tumulaires indiquent des décès prématurés.

La cloche de l'église nous appelle à la messe célébrée par le P. Léon, notre compagnon de voyage. Nous y voyons une cinquantaine de dames mises avec élégance, mais dont le teint est un peu trop bistré; elles nous semblent fort aimables pendant les visites que nous faisons au gouverneur, au procureur impérial, enfin aux principales autorités de cette petite colonie. Nous sommes partout accueillis parfaitement, car on voit rarement des compatriotes nouvellement arrivés de France.

La chaleur vers le milieu du jour nous fait réfugier dans la barque. Nous nous dirigeons vers Chinsura, qui fut autrefois une colonie hollandaise. Les rives du Gange sont bordées d'anciens palais somptueux, mais mal entretenus. Une belle végétation couvre de son ombre protectrice les nombreux Hindous qui font leurs ablutions dans le fleuve. Non loin fument les bûchers qui brûlent plusieurs cadavres. Nous allons jusqu'à une magnifique pagode qui se compose d'un temple principal, au centre de six autres moins considérables ; l'ensemble présente un aspect imposant. Les corps en décomposition charriés par le Gange répandent une odeur si fétide qu'elle nous fait abréger notre navigation.

Nous sommes invités à passer la soirée chez le gouverneur de Chandernagor ; on nous offre le thé et du champagne. La société se compose du procureur impérial, du trésorier et de l'officier, qui forment les notabilités de la colonie. Cet officier commande trente-deux cipayes, c'est-à-dire la force armée de Chandernagor. Nous trouvons aussi le plus riche cultivateur d'indigo.

Sur notre territoire on compte 16 Français venus d'Europe, 200 blancs environ, nés dans l'Inde, et 43 000 indigènes. L'indigo est le principal et presque unique produit de Chandernagor, on y fait peu de commerce, et du reste il en est ainsi dans nos autres possessions de l'Inde, Pondichéry, Mahé, Yanaon et Karikal ; les revenus de ces petits établissements suffisent cependant à toutes leurs dépenses ; en outre, depuis 1816, l'Angleterre paye à la France un million de francs par an pour compenser la renonciation faite par nos colonies à la fabrication du sel, du salpêtre et de l'opium ; de sorte que la Compagnie anglaise peut exercer sans concurrence son monopole pour la vente de ces produits dans l'Inde.

La soirée chez le gouverneur se termine vers dix heures du soir. Nous rentrons sur la barque dormir à l'abri de notre pavillon. Pour retourner à Calcutta, on se laisse entraîner par le courant du Gange. Nous avons bientôt dépassé les limites de notre territoire qui a deux kilomètres de largeur, et ne s'étend pas au delà de quatre kilomètres le long du fleuve.

10. — Vers sept heures du matin nous apercevons sur la rive gauche du Gange la gracieuse ville de Sérampour, ancienne colonie danoise qui a été vendue aux Anglais. Les missionnaires anabaptistes y ont fondé un collége et un établissement d'imprimerie qui fournit à toute l'Asie les traductions de la Bible et des Évangiles. Sur la rive droite s'élève le vaste palais de Barrackpour, résidence champêtre du gouverneur de l'Inde. Nous visitons un fort beau parc et une curieuse ménagerie où nous voyons de superbes tigres du Bengale. On traverse un fossé et l'on se trouve devant une station militaire formée de plusieurs milliers de huttes régulières : c'est un campement destiné à des régiments d'infanterie native ; nous remarquons surtout une cinquantaine

d'éléphants et une nombreuse troupe de chameaux. Nous remontons sur la barque, et deux heures après nous arrivons à Calcutta, grâce à la marée descendante.

11. — Le fort William, commencé en 1757 par lord Clive, a été construit sur les plans d'un ingénieur français, nommé Boyer; il est situé non loin de la ville et sur les bords du Hougly. Les remparts s'élèvent si peu au-dessus des glacis, qu'on passerait à côté de cette forteresse sans la remarquer. Des cipayes montent la garde aux portes et sur les ouvrages avancés, mais la garnison se compose surtout de troupes anglaises. Nous traversons la triple enceinte en briques de cet énorme pentagone; on aperçoit alors un temple protestant, une vaste poudrière, de longues rangées de canons, enfin de hautes pyramides d'obus et de boulets.

Cette forteresse, qui a coûté 50 millions de francs, est la plus vaste que je connaisse; elle contient des bâtiments à l'épreuve de la bombe, qui peuvent recevoir 10 000 hommes de garnison. Les fortifications, armées de 600 pièces de canon, sont entourées d'un fossé qui peut être rempli par les eaux du Hougly jusqu'à deux mètres cinquante centimètres de hauteur. Ce magnifique fort a été bâti dans un double but : d'abord il commande le Gange, et c'est une redoutable barrière contre une armée européenne qui ferait une invasion par mer; en outre, dans le cas d'un soulèvement des Indiens, à Calcutta, les Européens trouveraient un refuge inexpugnable dans cette forteresse. De nombreux troupeaux de vaches paissent sur les vastes esplanades.

A peu de distance nous trouvons le principal temple protestant, qui est bâti dans le style gothique. Puis nous arrivons bientôt devant le musée de la Compagnie orientale. Il renferme une collection d'animaux, de minéraux, de statues et d'armes indiennes. La principale curiosité est une pierre trouvée à Mirout ; cette dalle, épaisse de plusieurs centimètres, ploie facilement sous la moindre pression faite à l'une de ses extrémités, puis, comme si elle était en caoutchouc, elle revient sur elle-même et ne porte aucune trace de ses nombreuses flexions. Le musée contient aussi une assez belle bibliothèque. Nous dînons chez le consul français, M. de Valbezen, qui nous reçoit avec beaucoup d'affabilité. Voici une agréable soirée qui nous rappelle Paris.

12. — Dans la partie sud de Calcutta se trouve la pagode célèbre de Kali, la déesse noire. La fête qui se célèbre en son honneur a lieu chaque année et dure quinze jours ; elle attire une foule de pieux indigènes et de touristes anglais qui assistent à d'affreuses cérémonies : plusieurs bascules portent des crocs en fer auxquels on suspend par les côtes quelques fanatiques pénitents ; ils jettent à la foule les fleurs de leurs couronnes de martyrs.

Dans le Kalipourana on trouve un bizarre tarif : il fixe le nombre des années d'indulgence proportionnellement à l'importance des sacrifices sanglants ; celui d'un homme, par exemple, vaut mille ans d'indulgence ; aussi ne faut-il pas s'étonner que l'appât d'une telle récompense ait suscité une société de dévots assassins, les thugs. Ils formèrent des bandes redoutables qui, vers 1830, furent presque anéanties par le colonel Sleeman ; il fit pendre plusieurs centaines de thugs qui, dans leurs prisons, se vantaient de leurs nombreux assassinats et mouraient avec fermeté, pleins de confiance dans les promesses de leur idole. Ces adorateurs de Kali, généralement charitables et dévoués envers leurs coreligionnaires, étranglaient avec bonheur les victimes qui tombaient entre leurs mains. C'était pour honorer leur déesse, et non pour s'emparer d'un butin qu'ils considéraient comme un accessoire fort secondaire.

En approchant de la fameuse pagode, nous rencontrons une foule d'indigènes qui portent des colliers de fleurs jaunes. L'extérieur du temple est peu remarquable. Derrière une large porte ouverte se trouve le buste colossal de la déesse noire ; elle porte au nez un grand anneau, et de sa large bouche pend une énorme langue. L'ensemble de cette pagode est sombre et menaçant. Le brahme qui montre son idole nous présente des fleurs pour lui faire une offrande. Il frappe un vaste timbre métallique et reçoit de nous quelques pièces de monnaie; puis nous sortons de ce temple païen au milieu d'une foule d'idolâtres. Les pagodes voisines sont construites en paille et ornées des statues du dieu Ganesha. Dans plusieurs boutiques on vend des colliers de fleurs jaunes, des statuettes peintes et des images coloriées représentant divers dieux hindous; j'achète plusieurs de ces naïfs échantillons de l'art indien.

Nous allons ensuite à Town-Hall, l'hôtel de la ville. Une salle immense occupe le premier étage. Des lustres nombreux et de longues rangées de colonnes produisent le plus bel effet. Cette salle est presque continuellement louée par des musiciens, des magnétiseurs ou des saltimbanques. Il semble extraordinaire, au premier abord, qu'il n'y ait pas de théâtre dans une ville comme Calcutta, mais les Anglais viennent dans l'Inde pour s'occuper exclusivement d'affaires: ils veulent amasser rapidement une brillante fortune pour se retirer dans leur patrie; aussi consacrent-ils fort peu de temps au plaisir. Une société avait fait construire un assez beau théâtre; elle fit de mauvaises affaires, et, par suite, le théâtre fut converti en collège.

13. — Nous profitons du reflux de la marée pour nous rendre au jardin botanique, peu éloigné de Calcutta. Une petite barque effilée nous conduit

promptement au débarcadère. Nous parcourons les
allées assez mal entretenues de ce vaste·parc. On
s'arrête un instant à lire les étiquettes de quelques
plantes curieuses; puis nous allons admirer le vaste
ombrage du figuier multipliant. Il couvre un immense espace de terrain qui a environ 990 mètres
de circonférence. Impossible de se former par l'imagination une idée exacte de cette forêt de feuillage ;
le tronc principal occupe le centre ; il se compose
d'une grande quantité d'arbres, rejetons vigoureux
de ce figuier. Le bois se tord, se contourne, se replie
sur lui-même, enfin présente les plus étranges con-
figurations qu'on puisse imaginer.

Les rameaux de cet arbre immense sont portés
par des tuteurs naturels; c'est une intéressante
étude que celle de leur formation. Une branche
légère comme une liane tombe d'un point quel-
conque de l'arbre; aussitôt qu'elle atteint la terre,
elle se transforme elle-même en tronc et rapporte
la séve à la tige principale. Ce que la nature a créé,
l'art du jardinier ne fait que le protéger, en revê-
tant d'un étui protecteur les plus jeunes branches
qui touchent le sol. Sous l'épais feuillage de ce figuier s'étend une vaste salle de verdure fort ombreuse ; une société anglaise y forme plusieurs gais
quadrilles ; les nombreux indigènes qui regardent
danser, ajoutent encore à l'effet pittoresque de ce
curieux tableau. Un autre figuier multipliant s'élève

sur les bords mêmes du Hougly ; mais presque dé-
raciné maintenant, il sera bientôt emporté par la
marée. Nous remontons dans la barque, qui nous
ramène promptement à Calcutta.

14. — Le vaste monument de la monnaie est bâti
sur les bords du Hougly. Les machines, venues de
Londres, travaillent avec une célérité et une préci-
sion remarquables. On y fond de grandes quantités
de saïci ; c'est une espèce particulière d'argent
qu'on trouve dans les mines de la Chine ; comme
les Chinois ne savent pas en extraire l'or qu'il contient, ils envoient à Calcutta de nombreux lingots.
Une partie retourne en Chine, mais la plus grande
portion reste dans l'Inde pour payer les masses
énormes d'opium que les Anglais fournissent aux
Chinois.

Je consacre le reste de la journée à faire des visites d'adieu. Je pense, en effet, partir demain pour
le nord de l'Inde. Mais non ; j'apprends à l'instant
que le vapeur a retardé son départ de huit jours.
Quand on a visité les curiosités de Calcutta, que faire
en cette ville ? S'ennuyer ou travailler.

15. — Je prends ce dernier parti et je passe la
journée à la bibliothèque du Musée oriental. Quelques livres français traitent de l'Inde. Un grand
nombre d'ouvrages anglais ont été écrits sur le
même sujet. Je remarque surtout les magnifiques
dessins de Fercusson, publiés à Londres. Ils sont

coloriés et représentent avec exactitude les principales pagodes. Dans cette bibliothèque on jouit de
la plus grande liberté. On prend les livres sur les
rayons sans en faire la demande. L'entrée est ouverte au public.

16. — On s'ennuie pour se conformer à l'usage
anglais. C'est dimanche.

17. — La conversation à notre table d'hôte roule
sur une chasse faite par le consul français et plusieurs Anglais membres du club Tent's (cercle de
la tente). C'est une réunion de chasseurs qui pour-
suivent des sangliers et même des tigres quand
l'occasion se présente. Dans les jungles, à une journée de Calcutta, ces messieurs ont tué hier un magnifique tigre. Contre l'ordinaire, il n'est arrivé aucun accident. On compte, en effet, assez souvent des
victimes parmi les chasseurs. Et cependant ils sont
montés sur des éléphants dressés à la chasse. Mais
on ne tue pas toujours le tigre du premier coup.
Une fois blessé il devient furieux et se jette sur le
chasseur le plus proche, qu'il tue quelquefois d'un
seul coup de patte. Souvent aussi le tigre s'élance
sur les nombreux indigènes chargés de faire des
battues dans les jungles. Je regrette d'avoir man-
qué cette chasse intéressante ; mais elle avait lieu
justement le jour fixé pour le départ du vapeur
d'Allahabad.

18. — Je passe la journée à écrire, et vers six

heures du soir nous allons entendre la musique militaire non loin du fort William. Après une étouffante journée, la promenade qui longe le Hougly semble très-agréable par sa fraîcheur. Aussi est-elle fréquentée par une nombreuse et brillante société.

CHAPITRE VIII.

19 *janvier*. — Je fais quelques visites d'adieu, car demain je partirai pour Allahabad. On paye cent vingt-cinq francs aux premières places, la moitié aux secondes ; six ou sept francs par jour à la table du capitaine. C'est une excellente occasion pour moi de connaître les rives du fleuve vénéré par les Hindous. On peut encore se rendre à Allahabad en cinq jours, si l'on prend la poste, qui fait payer deux cent soixante francs. On arrive ainsi plus vite, mais on est plus fatigué et l'on voit moins bien le pays.

20. — Vers onze heures du matin j'arrive à Garden-Reach, où se trouve le vapeur en partance pour Allahabad. La machine est de la force de cent

quarante chevaux. A bord il y a un beau salon et des cabines confortables. Le pont forme une agréable promenade à l'ombre d'une large tente. Le vapeur remorque un grand bateau plat qu'on appelle flat. Une énorme poutre sert de pont et de trait-d'union entre les deux embarcations. Je m'installe sur le flat, dont le pont est bien organisé. A l'avant une vaste cabine contient une salle à manger et plusieurs chambres. A l'arrière sont rangés de nombreux ballots de marchandises. Au-dessus s'élève un toit en bambous et en paillassons, qui donne à notre bateau l'aspect d'une habitation indienne. On peut ainsi se promener sur le pont parfaitement à l'abri du soleil.

Nous profitons de la marée descendante pour quitter Garden-Reach. Calcutta, ses jolies villas, le collége et le jardin botanique sont bientôt loin de nous. On dépasse quelques villages, des briqueteries et plusieurs usines d'indigo. Puis rien à voir. Les deux rives du Hougly sont couvertes d'une verdure qui s'étend jusqu'à l'horizon.

Je cause alors avec le capitaine du flat, qui se montre fort aimable. Il est surtout très-indulgent pour ma mauvaise prononciation de la langue anglaise. On compte une vingtaine de passagers sur le vapeur, et dix seulement à bord du flat. Je prendrai mes repas avec notre capitaine, qui me fait donner une bonne cabine. Les autres passagers ont emporté

des provisions de bouche, et avec des toiles à voile
ils se construisent une vaste tente. Il y a plusieurs
familles anglaises avec lesquelles on fait promptement connaissance, car notre navigation durera au
moins vingt-cinq jours.

La vie est très-uniforme à notre bord; voici son
organisation quotidienne : à sept heures du matin
on sert le café au lait; à neuf heures le déjeuner à
la fourchette; à deux heures et demie le dîner; à
six heures du soir le thé avec pain et beurre. Chez
les Anglais il est impossible de maigrir. Une heure
environ après le coucher du soleil, vers six heures,
on jette l'ancre. Pendant la nuit la navigation est
très-dangereuse sur le Gange, à cause des nombreux bancs de sable qui obstruent son cours.

21. — Dès la pointe du jour nous partons. Les
rives du fleuve s'écartent de plus en plus; les villages, la végétation diminuent. Vers midi l'on atteint Mudle-Point. Nous apercevons les bricks des
pilotes et la pleine mer dans le lointain. On quitte
le Hougly-River pour entrer dans le Sunderbunds.
Il se compose de nombreux îlots enlacés par les huit
branches que forme le Gange à son embouchure.
Nous avançons alors entre deux rives fort rappro-
chées. Partout des jungles basses et d'une pâle
verdure couvrent les terrains d'alluvion. Ce delta
marécageux est tout à fait inhabitable et s'étend
sur deux cent vingt kilomètres de longueur. C'est

là que viennent s'accumuler les cadavres apportés
par le Gange. Il s'en échappe des miasmes putrides
qui, mêlés aux effluves des végétaux, donnent naissance au choléra asiatique.

Ici nous voyons un chacal et quatre vautours se
disputer un cadavre. Ils en détachent tour à tour
quelques lambeaux de chair qu'ils dévorent avec voracité. Plus loin de longs alligators dorment au
soleil, sur le sol détrempé. Un coup de fusil tiré de
notre vapeur vient les réveiller de leur engourdissement. Ils plongent lentement sous l'eau ou ils
s'enfoncent lourdement. On dirait une partie du sol
qui vient de s'écrouler. Quelques échassiers vivent
seuls au milieu de cette nature fangeuse et rabougrie. A chaque instant il faut changer de cours
d'eau et faire mille détours. Tantôt nous touchons
presque aux deux rives, tantôt c'est à peine si l'on
distingue le bord opposé à celui que nous côtoyons.
Cette navigation est, du reste, assez monotone.

22. — Maintenant nous trouvons les rives couvertes de bois peu élevés, mais qui semblent des forêts vierges en miniature. Les arbres morts tombent sur leurs voisins et restent ainsi inclinés si
leur appui est assez solide. Sinon, ils les brisent et
s'enchevêtrent dans une végétation rabougrie. Tantôt le Gange mine ses bords et met à nu les racines
des arbres ; tantôt il est maintenu dans son lit par
une digue naturelle formée par des palmiers nains

très-vigoureux. De temps à autre l'on aperçoit l'entrée ombreuse de petites rivières qui se perdent au milieu d'arbustes emmêlés d'une façon inextricable. Aucune habitation sur ces rives désertes; pas la moindre trace humaine. Cette solitude n'est troublée que par le bruit des roues de notre vapeur. Le soir il fait froid et bientôt il pleut; ce qui met un terme aux chansons assez gaies, mais par trop prolongées, de nos deux compagnes de voyage.

23. — Le matin nous côtoyons l'île des Tigres; épaisse jungle où je n'aperçois pas le moindre animal, même féroce. C'est dimanche, aussi l'on nous appelle pour le service divin célébré par un ministre protestant passager à bord du vapeur. Avec l'empressement d'un curieux je m'y rends, et je trouve une douzaine de personnes rangées autour d'une table. Le ministre lit les versets de la Bible. L'assemblée lui répond en chœur. Puis on écoute un long commentaire où le ministre cherche à prouver que le sens du texte est celui des protestants. Les catholiques ont admis une fausse interprétation. Enfin on se sépare, ennuyé de cette longue et monotone séance.

Nous commençons à rencontrer plusieurs bateaux indigènes. Leur forme est vraiment curieuse. Des planches cousues ensemble forment la coque. L'arrière s'élève à une grande hauteur au-dessus de l'avant, dont la pointe aiguë effleure presque le niveau de l'eau. Ces larges bateaux plats portent une grande maisonnette en nattes et en bambous. Immédiatement au-dessous du toit en chaume s'étend sur toute la longueur du bateau une espèce de premier étage à claire-voie. C'est là que se tiennent les marins qui rament en marchant en avant puis en arrière. Le pilote est au gouvernail fixé à l'extrémité de l'un des flancs de l'embarcation.

Un mât fort mince porte une petite voile d'un tissu si fin qu'on dirait de la dentelle. Il est fait avec les fibres de l'hibiscus, qui croît en abondance sur les terrains humides. Inutile de compter les nombreuses pièces de la voile et leurs trous plus nombreux encore. Ces vastes embarcations, malgré leur forme effilée, avancent assez lentement. Elles descendent le courant du fleuve à la rame et le remontent tirées par les marins qui suivent le rivage, malgré ses hautes jungles. Le principal chargement de ces bateaux indigènes consiste en riz, en bois et en coton.

Bientôt le paysage change d'aspect. Enfin les bords du fleuve sont défrichés, et devant nous s'étendent de vastes rizières. Les habitations indiennes présentent l'aspect de grandes meules de paille. Leurs toits ronds reposent sur des bambous plantés sur des petits murs en terre. Des nattes peu épaisses forment les murailles de ces constructions primitives. Les indigènes sont assez bien proportionnés, mais presque tout à fait noirs. Ils se drapent dans des étoffes d'une blancheur douteuse et cherchent ainsi à se garantir contre la fraîcheur de la saison.

Il fait aujourd'hui un temps brumeux qui rappelle exactement le climat de la Hollande. Le Gange coule presque au niveau de plaines immenses bien cultivées et parsemées d'épais tamariniers. Un instant le soleil parvient à travers l'épais brouillard qui nous entoure. Le tableau change alors complétement d'aspect dans ce vaste diorama naturel. Le paysage s'anime, le haut des palmiers s'imprègne de soleil, les toits de chaume, les murs des maisons prennent une teinte brillante, les habitants se chauffent au soleil. Nous voici dans la haute Égypte pendant l'hiver.

A cinq heures du soir on s'arrête devant Coulna, petit village où se trouve un dépôt de charbon de terre pour notre vapeur. Depuis quatre jours nous n'avions pas quitté notre embarcation; aussi profitons-nous de cette occasion pour descendre à terre. On visite un petit bazar assez insignifiant. Les natifs nous font les plus humbles saluts; de la main ils touchent la terre, puis se courbent respectueusement. Il ne faut pas se fier à leurs démonstrations hypocrites. Dernièrement encore, un voyageur a été tué par ces indigènes, qui en accusèrent les tigres des jungles voisines.

24. — Nous quittons enfin le Sunderbunds pour

entrer dans le vrai Gange. Il est d'une profondeur si variable qu'il nous faut sans cesse passer d'une rive à l'autre ; cependant le tirant d'eau de notre vapeur n'excède pas un mètre trente centimètres. Nous rencontrons plusieurs flottilles de bateaux indigènes avec leurs voiles fines comme de la batiste. Il est vrai que nous approchons de Dacca, célèbre par ses mousselines.

25. — Le fleuve s'encaisse et se rétrécit : de hautes berges nous cachent de chaque côté la vue de la campagne. Je monte sur le toit de notre maison flottante. J'aperçois alors de vastes plaines bien cultivées. Ici un petit village précédé d'immenses dépôts de cruches énormes ; plus loin, quelques indigoteries, où l'habitation du cultivateur européen se fait remarquer par sa somptuosité.

26. — Nous visitons le petit village d'Hazerhutty : il renferme quelques maisons de construction européenne ; mais la plupart sont bâties en terre, en paille et en bambous. Nous sommes accompagnés dans notre promenade par un jeune Indien : il parle assez bien la langue anglaise, qu'on enseigne dans les écoles. Beaucoup de ses compatriotes s'expriment aussi en anglais avec facilité.

De retour à bord, nous nous amusons à considérer les gens du pays qui se baignent dans le Gange en face de nous. Femmes, hommes, enfants, vieillards, ils se mettent à l'eau tous ensemble sans la

moindre préoccupation de la pudeur. La religion a,
du reste, tracé pour se baigner des règles qui sont
scrupuleusement observées. Les femmes viennent
avec un grand vase sous le bras ; elles le déposent au
bord du Gange, puis entrent dans le fleuve ; elles dé-
ploient l'étoffe qui couvre leur gorge et se plongent
deux fois la tête sous l'eau , puis elles tordent leurs
cheveux ruisselants et les jettent sur l'une de leurs
épaules. Enfin elles lavent leurs vêtements, remplissent leurs cruches et gravissent la pente escarpée de leur village. La plupart ont des jeunes enfants qu'elles lavent intrépidement, malgré leurs cris
et leurs grimaces. Hommes et femmes sont vêtus de
la même façon ; ils se roulent deux ou trois fois
autour des reins une grande pièce d'étoffe blanche
et se drapent avec ce qu'il en reste. Nous observons
divers baigneurs des deux sexes remarquables par
leurs belles formes. Un brahme reste une demi-
heure dans le Gange à dire des prières en se ver-
sant de l'eau sur le corps.

Entraînés par l'exemple, nous nous baignons aussi
dans le Gange. L'eau nous semble d'une agréable
température, bien que ce soit aujourd'hui le 26 janvier. A cette époque, il fait encore une excessive
chaleur vers le milieu de la journée. Resté le dernier à nager, je faisais tranquillement la planche et,
parfaitement immobile, me laissais entraîner par le
courant du fleuve. Tout à coup plusieurs vau-

tours fondent sur moi : j'ai à peine le temps d'éviter leurs becs acérés en faisant un brusque mouvement; je me livre à une coupe bruyante, et ces oiseaux, effrayés, fuient rapidement : ils m'avaient pris pour un cadavre flottant. J'ai bien peur que, par suite, les vautours ne croient aussi aux revenants. Cette scène excita un immense rire parmi les indigènes qui couvraient la plage pour nous voir nager. Mais la provision de charbon est achevée, notre vapeur se remet en marche.

27. — Les rives du fleuve s'abaissent, et le Gange coule au milieu de nombreux îlots de sable fin. Une humidité pénétrante nous fait réfugier dans la cabine, où commence une conversation anglaise avec assaisonnement de cigares et d'eau-de-vie. Nous parlons beaucoup de l'Europe au sujet de la monotonie des rives du Gange. Combien nous préférons à ce fleuve le Rhin, si pittoresque, la Seine et la Loire, si gracieuses et si riantes, le Rhône et le Danube, si majestueux, ou encore le Nil, aux rives couvertes de merveilleuses ruines!

Pendant la soirée, le capitaine me dit : « Vos pistolets sont-ils prêts? Je me défie de ces trois hommes qui couchent sur le pont. J'ai 75 000 francs à bord; nous ne sommes guère en force pour résister à une attaque faite à l'improviste : peut-être trois de ces misérables passagers tenteront-ils un vol cette nuit. En tout cas, soyons prêts et tenons-nous sur nos gardes. » Cet avis ne m'empêche pas de dormir profondément. Je doute fort que ces hommes aient l'audace d'un pareil coup de main.

28. — Vers dix heures du matin, nous arrivons devant le gracieux village d'Hazer-Bauliah. Les jardins, ornés d'une fraîche végétation, s'ouvrent sur des charmantes allées de banians. La musique des indigènes résonne de toutes parts dans ce charmant séjour. Ils célèbrent la bonté de leurs dieux et la grâce des bayadères ; mais un soleil ardent nous fait bientôt réfugier à bord du vapeur.

29. — Le Gange coule entre des rives sablonneuses et fort écartées. Il est si peu profond, en cette saison, qu'il nous faut avancer lentement. Nous parcourons de 7 à 8 kilomètres seulement par heure.

Voici l'entrée du Hougly, la branche la plus occidentale du delta du Gange. C'est par là qu'on se rend à Calcutta pendant les mois de juin et de juillet. Les pluies périodiques transforment alors le fleuve en un immense torrent fort difficile à remonter. Cependant le voyage de Calcutta à Allahabad, s'exécute alors en quinze jours : il nous en faudra au moins dix de plus maintenant. Il n'est même pas certain que nous arrivions au but de notre voyage.

Vers la fin d'avril le Gange commence à croître. En juillet, il inonde les campagnes voisines jusqu'à une étendue de plus de 7 kilomètres. Son niveau s'élève alors de 10 mètres environ au-dessus des basses eaux. Ce fleuve dépose, comme le Nil, un limon qui fertilise les terres inondées. Pendant le mois d'août, le Gange décroît, et avant la fin d'octobre il rentre dans ses limites ordinaires.

Nous rencontrons beaucoup de barques indigènes chargées d'opium. Une petite flottille porte à Calcutta des cipayes qu'on doit envoyer à la guerre des Birmans. Quand s'arrêtera donc l'invasion anglaise dans ces pays orientaux?

30. — Nous descendons à terre non loin du village de Rajmahal. Avec ses masses de verdure, on dirait une oasis délicieuse de fraîcheur. Une jolie route nous conduit devant les ruines de l'importante ville qui fut la capitale du Bengale sous le règne d'Akbar. D'épaisses murailles, de larges voûtes indiquent l'étendue d'un vaste palais mogol. Les briques rouges, unies par le ciment et revêtues d'un stuc blanchâtre, donnent à ces vestiges l'aspect de ruines romaines. Elles se détachent sur un fond de brillante verdure et sur le bleu pur d'un beau ciel d'hiver. Quelques tombes d'Anglais morts sur le vapeur pendant de précédents voyages, et ensevelis l'un près de l'autre, ajoutent encore à l'aspect européen de ce site pittoresque.

Nous voyons défiler un grand nombre de voyageurs indigènes, parmi lesquels plusieurs fakirs tout couverts de couleur blanchâtre. Ils sont armés de longues piques rappelant par leur forme nos antiques hallebardes; ils les lancent au loin avec une grande adresse. Malheur au voyageur européen rencontré sans arme par ces bandes fanatiques! Pour les mettre en fuite, il suffit de leur montrer un pistolet.

31. — La journée s'écoule entre une plage de sable fin qui s'étend à perte de vue et une gracieuse suite de vertes collines qui bordent l'autre rive du Gange. On est véritablement heureux d'un pli de terrain dans cette immense plaine du Bengale. Le soir, nous remarquons plusieurs Hindous de notre équipage qui vont sur le bord du fleuve apprêter leur nourriture du lendemain. La religion leur interdit de toucher aux aliments préparés à bord des bateaux. Tous les soirs ces Indiens descendent à terre et allument des feux pour faire leur cuisine.

1er *février*. — Le matin nous apercevons le pittoresque horizon des montagnes ombreuses de Rajmahal. Au milieu du Gange s'élèvent trois gros rochers formés d'énormes masses de grès. Dans les interstices des pierres poussent de gracieuses touffes de végétation qui se détachent agréablement sur le fond grisâtre des rochers. La ville de Bhaghulpour est bâtie sur une rive escarpée; elle renferme un vaste bazar et quelques maisons européennes. Les minarets de la mosquée, les sommets de la pagode et la flèche du temple protestant, s'élèvent à côté les uns des autres, ce qui prouve, dans ces populations, un grand esprit de tolérance, développé du reste par l'occupation anglaise.

2. — Encore un rocher pour notre réveil. Il forme une vaste corbeille de pierre d'où s'élance une blanche pagode au milieu de délicieux bouquets de verdure. Bientôt nous atteignons Monghyr. Nous descendons à terre : une belle route couverte de sable rouge nous conduit à la ville native, située hors du fort. Devant l'une de ses portes, nous trouvons un campement d'Indiens venus de Caboul et des provinces du Nord. Une grande tente ronde occupe le milieu du carré formé par d'autres tentes plus modestes.

Au premier plan, les singulières voitures des indigènes, par leur forme, rappellent les chars représentés sur les bas-reliefs grecs : ce sont de simples chariots tels que dut les voir Alexandre lors de son expédition aux bords de l'Indus. Au-dessus de leurs pesantes roues s'élève un dôme en étoffe destiné à garantir les voyageurs des rayons solaires. L'attelage est formé de bœufs énormes qui se reposent maintenant à l'ombre des voitures. On allume des feux aux quatre coins du campement. Sur l'un des côtés sont groupés de nombreux chameaux sous la garde des gens armés de longues piques. Les femmes se livrent aux occupations domestiques, tandis que les hommes causent en fumant leurs houkas : quelques-uns traitent d'affaires commerciales.

Monghyr renferme des fonderies de fer, des fabriques de taillanderie et des manufactures de fusils et d'armes blanches. Le principal bazar de la ville est bien approvisionné et très-fréquenté. Les maisons qui bordent sa large rue ont une façade blanchie avec soin : les toits forment de charmantes terrasses garnies d'élégantes galeries. Le fort qui contient la population européenne est précédé de larges fossés. Sous la domination mogole on a construit d'épaisses murailles en briques rougeâtres : elles sont encore bien conservées et comprennent dans leur large enceinte carrée deux étangs, quelques maisons indigènes et de gracieuses villas anglaises. L'église protestante et les bâtiments de la poste, du tribunal et de la caserne, sont vastes et confortables.

Je me plaisais tellement à parcourir cette petite ville et ses délicieux environs que je me laissai surprendre par la nuit. Je perdis alors complétement mon chemin : un épais brouillard m'empêchait de rien distinguer à quelques pas de distance. Fatigué de rechercher inutilement la route, je m'adressai à un indigène. Il ne comprenait pas l'anglais ; je ne parlais pas l'hindoustani. Que faire? A force de signes je parvins enfin à me faire comprendre. Je lui donnai de l'argent et le fis passer devant moi. A travers les plus épaisses ténèbres, nous suivions un petit sentier sablonneux et sans cesse coupé de fondrières. Le temps commençait à me paraître bien long et j'allais interpeller mon guide, car la longueur du chemin et l'éloignement de toute habitation me faisaient douter de la bonne foi de cet indigène. Mais heureusement je reconnus enfin les boutiques du bazar qui avoisinent le Gange ; leurs faibles lumières éclairaient dès lors la route, et nous arrivâmes assez promptement au vapeur. Je respirai enfin à l'aise en retrouvant mon flottant domicile.

Chacun me félicita de mon heureux retour ; on était déjà inquiet à mon sujet, et l'on m'engagea vivement à ne plus faire d'excursion aussi tard. Il n'est pas en effet sans danger, pour un Européen, de parcourir ces contrées pendant la nuit. J'avais mes pistolets chargés, mais je pouvais tomber dans quelque embuscade où ils m'auraient été inutiles. Enfin je n'en dormis qu'avec plus de plaisir à bord de notre vapeur.

3. — Il arrive à la machine un accident qui me fera passer cinq ou six jours devant Monghyr. Un vapeur parti d'Allahabad viendra nous remorquer jusqu'à destination. C'est une perte de temps considérable, mais qu'il est impossible d'éviter.

4. — Je me promène le long du Gange et vais voir les nombreuses barques qui portent à Calcutta un corps d'artillerie anglaise. Il y a un bateau-hôpital parfaitement organisé. De nombreux indigènes sont

au service des Anglais, leur préparent les repas et leur évitent toute corvée pénible.

5. — On nous parle beaucoup des Hot-Waters (eaux chaudes) qui se trouvent à 6 kilomètres de distance. Guidés par deux Indiens, nous traversons de gracieuses campagnes. L'on remarque des gigantesques bambous et des champs immenses de pavot noir. On en extrait l'opium qu'on expédie pour la Chine. Il s'en fait un commerce si important, qu'il produit à la Compagnie un revenu annuel de 75 millions de francs. On comprend que pour conserver une contribution aussi considérable on puisse faire la guerre aux Chinois, dût-on les abrutir en leur fournissant ce funeste narcotique. Les villages que nous rencontrons fréquemment sont misérables. Sur le bord de la route, au sommet d'une colline rougeâtre, s'élève une magnifique villa habitée par le juge de Monghyr. En bas se trouvent les habitations des domestiques et plusieurs tombeaux musulmans. Bientôt à l'horizon apparaissent des chaînes de montagnes dont les échelons bleuâtres se perdent dans l'azur du ciel. Nous longeons plusieurs éminences stériles et formées de pierres rouges ou blanches : elles proviennent sans doute de soulèvements volcaniques. Enfin nous arrivons à Hot-Waters.

Une petite pagode en l'honneur de Sita, épouse de Rama, est bâtie au milieu de quatre bassins.

L'un d'eux contient une source d'eau chaude, dont la température atteint de trente-huit à quarante degrés centigrades. De nombreux globules d'air montent à la surface de l'eau et la font bouillonner. Les brahmes indiens tirent un assez grand profit de la crédulité de leurs coreligionnaires. Ils les font plonger dans les bassins d'eau tiède en répétant de longues prières qui doivent être d'un merveilleux effet, puisqu'elles amènent de nombreuses offrandes. Plusieurs fakirs se tiennent à l'ombre de quelques tamariniers.

Nous revenons sur nos pas, et malgré la brise le soleil nous semble bien ardent. Aussi on se repose avec empressement à l'abri d'une hutte indienne. Nous y goûtons un breuvage fort aimé des parias et avec lequel ils s'enivrent souvent lorsqu'il est fermenté. Ce jus du palmier, nommé calou, me paraît déjà bien acide, quoiqu'il ait été recueilli ce matin sur l'un des arbres voisins. Je préfère le vin doux et sucré qu'on tire d'un autre arbre, le chérac. Un singulier indigène, porteur d'une tête de mort, passe devant nous. Il prétend se nourrir de cadavres et implore la pitié de ses compatriotes d'une façon originale. Si vous lui refusez l'aumône, il se fait des entailles profondes dans la chair et menace de porter plainte contre vous devant le magistrat. Les Indiens effrayés lui donnent aussitôt quelque menue monnaie. Nous rentrons à bord, où la fatigue de cette longue excursion ne tarde pas à nous procurer un profond sommeil.

Vers minuit nous sommes réveillés par un épouvantable fracas. Je suis tenté de me croire sur mer, ballotté par la tempête. En effet il souffle un vent terrible, dont les longs mugissements ne permettent pas de dormir. Notre vapeur, battu sans cesse par les flots impétueux, menace d'être entraîné par le courant. Les marins vont consolider les amarres. Ils sont violemment ballottés dans le batelet qu'on vient de mettre à l'eau. Le Gange semble transformé en un bras de mer pendant une bourrasque. L'obscurité est telle qu'à peine peut-on distinguer à quelques pas devant soi, et il tombe une pluie torrentielle. Cet ouragan dure environ deux heures; puis la nature reprend son calme habituel, et je m'endors de nouveau jusqu'au matin.

6. — Pour voir les désastres de l'orage, je me promène sur la rive du fleuve. Deux bateaux auprès de nous sont coulés à fond; les mâts seuls sortent de l'eau. Des indigènes cherchent à remettre à flot ces embarcations chavirées. De nombreuses légions de corbeaux et quelques milans se disputent les lambeaux des cadavres jetés sur les bords du Gange. C'est la troisième fois, depuis mon voyage sur ce fleuve, que je vois des débris humains. On m'avait dit que ce triste spectacle était plus fréquent. Il faut toujours qu'un voyageur se tienne en garde

contre l'exagération des renseignements qu'on lui donne.

7. — Je vais dessiner les fortifications de Monghyr, dont l'aspect sur le fleuve est très-pittoresque. Puis je m'installe au bengalo situé auprès de la ville. Cela m'évitera les longues courses qu'il faut faire pour me rendre chaque jour au vapeur. Moyennant deux francs cinquante centimes par jour, j'ai une vaste chambre meublée fort proprement et un cabinet de toilette à la suite. Pour trois francs soixante-quinze centimes, on me sert deux excellents repas et le thé à discrétion, matin et soir. Qu'on dise ensuite que la vie est chère dans l'Inde. Oui, si l'on veut mener une existence fastueuse. De jolis gazons parsemés de grands arbres entourent ce gracieux bengalo, préférable à bien des hôtels. Non loin se trouve un poste de la police civile, composé de six indigènes armés de piques. Je serai bien gardé; en outre les domestiques ont leurs chambres attenantes à la mienne. Un mot suffirait pour les avoir auprès de moi. Je dors fort tranquille dans ma nouvelle résidence.

8, 9, etc., 14. — Voici sept jours passés à Monghyr en attendant le vapeur qui doit nous remorquer. Ma vie est d'une uniformité complète, car il n'y a ici d'autre divertissement que le cricket, espèce de paume anglaise.

La promenade publique est située dans un jardin

au milieu de la ville. On y entretient, aux frais d'une société particulière, une masse de fleurs qui forment un gracieux parterre. Un joli pavillon sert de cabinet de lecture. Sur la table on voit des livres religieux et des journaux anglais. Une foule de prisonniers indigènes sont employés à l'entretien du jardin et des routes. Ces malheureux travaillent les jambes enchaînées par deux barres de fer.

Sur la place du marché, un grand nombre d'indigènes, la pique à la main, traitent d'affaires commerciales. C'est dans les temples et sur les promenades, le matin et le soir, qu'on peut voir la population anglaise. Il règne beaucoup de luxe dans la toilette et les voitures. On remarque plusieurs jolies amazones aux fraîches couleurs et au teint de lis. Quel contraste avec les femmes du pays! La race européenne porte bien sur son visage le signe de sa supériorité.

15. — Vers midi nous quittons Monghyr. Le vapeur avance avec beaucoup de lenteur. A chaque instant il s'engage dans les bancs de sable. Il faut jeter l'ancre, planter des pieux, tirer sur les câbles. C'est toute une manœuvre pour faire flotter le vapeur chaque fois qu'il est ensablé. Heureusement les Anglais sont industrieux et persévérants. La patience est bien nécessaire dans de pareils voyages.

16. — Le matin j'aperçois pour la première fois

une caravane de voyageurs montés sur des éléphants. Quatre de ces animaux marchent en tête,
puis viennent quelques cavaliers et un palanquin
occupé par un Européen. L'ensemble présente un
assez curieux aspect. Mais bientôt un vent terrible
commence à souffler, les flots promptement soulevés
retardent notre marche. L'air se charge d'un sable
fin qui pénètre jusque dans les cabines et nous
cause aux yeux une vive inflammation. A quelques
pas devant soi on ne peut rien distinguer. Aussi le
vapeur s'arrête et il reste à l'ancre au milieu du
fleuve, qui nous balance mollement. Au bout de
deux heures on se remet en marche. La bourrasque
a cessé et l'épais rideau de sable qui nous entoure
s'éclaircit et tombe peu à peu.

17. — Vers midi nous atteignons Patna, l'une des
villes les plus commerçantes de l'Inde. Elle s'étend
sur une ligne de plusieurs kilomètres de longueur.
Les maisons, en général fort anciennes, donnent à
Patna l'aspect noirâtre d'une ville manufacturière.
La plupart des habitations indiennes sont misérables. On rencontre dans les rues quelques éléphants.

Notre vapeur met deux heures pour atteindre
Dinapour. Le maître de poste est un Français. Nos
compatriotes ne sont pas nombreux dans l'Inde.
Aussi je m'empresse de lui rendre visite, et il me
fait un aimable accueil. Je rencontre chez lui le

P. Philippe, capucin italien, qui me conduit voir son église en construction. Elle est vaste, simple et de bon goût. Il l'a fait construire sur ses plans et a dessiné le jardin qui l'entoure. Il me montre ses deux voitures, ses trois chevaux et son nombreux domestique. C'est un homme fort actif et d'une grande capacité. Il a beaucoup fait en peu de temps. La ville noire habitée par les indigènes n'offre rien de remarquable.

Un bataillon anglais est caserné dans de vastes bâtiments, d'une minutieuse propreté. De nombreux domestiques indigènes évitent toute peine aux soldats anglais, et s'occupent même d'entretenir leurs fusils. Malgré cela, aux mois d'avril et de mai il y a une effrayante mortalité parmi ces troupes, qui chaque année sont presque décimées par les maladies. Sur mille hommes on peut compter soixante-dix décès et cent trente malades à l'hôpital. Cela provient de l'insalubrité du climat et surtout de l'abus des boissons spiritueuses.

Le soldat, qui reçoit quarante-cinq francs par mois, tous ses frais payés, dépense son argent à boire des liqueurs dans la cantine, et dans les bazars de l'arack ou eau-de-vie du pays. Par suite il est souvent atteint de la dyssenterie qui devient fréquente surtout pendant les chaleurs. Dernièrement on a saisi dans le cimetière un juif qui, la nuit, débitait de l'eau-de-vie aux soldats. Cette disposition à l'ivrognerie est le seul vice des troupes anglaises, du reste parfaitement disciplinées et d'une conduite fort régulière.

A quelque distance, trois mille cipayes, troupe indigène, habitent des maisons en terre couvertes en chaume. Plusieurs petits bâtiments en pierre servent de dépôt pour les fusils et les munitions des cipayes. C'est une preuve du peu de confiance qu'ils inspirent aux Anglais. En effet, s'ils venaient à se soulever, il pourrait être difficile de les soumettre, à cause de leur nombre considérable.

Dans un champ de manœuvre assez vaste nous voyons plusieurs dames se promener à pied ou en voiture. Ce sont les femmes des militaires anglais. On tolère quinze mariages par compagnie de cent hommes. Une pension mensuelle est payée à ces Européennes à raison de dix francs par personne et de sept francs cinquante centimes par enfant. C'est un grand encouragement destiné à favoriser l'accroissement de la population anglaise.

Je passe la soirée avec mon compatriote et son aimable famille. On parle beaucoup de l'Inde et de la France. Les Français, aussitôt qu'ils ont fait fortune, ne songent tous qu'à retourner dans leur pays. C'est un caractère qui les distingue des autres nations. Car beaucoup d'Anglais, d'Allemands, de Hollandais etc., se fixent sur le sol où ils font bien leurs affaires et le considèrent comme une nouvelle patrie. Je parle français toute la soirée, ce qui a pour moi le charme de la nouveauté. Depuis un mois je suis réduit à n'employer que la langue anglaise. Et puis combien la conversation pétille de gaieté et d'enjouement entre Français!

On me fait voir quelques peintures sur talc faites avec beaucoup de finesse par des indigènes. Sur cette pierre, transparente comme de la colle de poisson, ils représentent différents costumes et plusieurs cérémonies fort intéressantes. Je voudrais acheter une collection de ces singulières peintures. Mais les marchands indiens en exagèrent tellement le prix, que mes compatriotes indignés ne me le permettent pas. Je regrette beaucoup qu'ils aient mis tant de zèle à défendre ma bourse, car je me trouve maintenant privé de curiosités difficiles à se procurer, même en payant un prix bien supérieur à celui qu'on me demandait.

Vers minuit je quitte mes compatriotes, qui voudraient me garder une quinzaine de jours à Dinapour. J'y ferais sans doute un séjour fort agréable, mais je ne puis perdre du temps en route, car il me faut profiter de cette saison très-favorable aux voyages. Pendant les fortes chaleurs il est impossible de visiter l'Inde. Toutes les personnes riches vont alors chercher un peu de fraîcheur sur les montagnes des Ghates et de l'Himalaya.

CHAPITRE IX.

Ghazipour. — Bénarès. — La mosquée d'Aureng-Zeb. — Mirzapour. — Bissar. — Allahabad. — Le boulock-train. — Une
grande route. — Caunpour. — Les canaux d'irrigation. —
Luknow. — A dos d'éléphant. — Constantia. — Tombeau du
général Martin. — Le résident anglais. — Le colonel Sleeman.

18 *février*. — Le matin, vers huit heures, nous
quittons Dinapour et ses fertiles campagnes. Bientôt
reparaissent les plages sablonneuses. Sur quelques
flots on aperçoit des alligators grisâtres et de nombreux vautours.

19. — Nous longeons la ville de Buxar, qui renferme de vastes écuries. La compagnie des Indes
entretient un millier de chevaux au milieu de ces
gras pâturages. Notre vapeur avance difficilement,
tant les eaux sont basses ; cependant le Gange devient sinueux et fort étroit.

20. — Nous descendons le matin à Ghazipour,
dont les élégantes maisons, européennes bordent
la rive du fleuve. Au milieu d'une vaste prome-

nade s'élève le tombeau de lord Cornwallis. Une jolie rotonde en pierre abrite le sévère monument de marbre blanc, sculpté par Flaxmann à Londres. Deux grandes églises, l'une protestante, l'autre catholique, présentent leurs fraîches et simples façades au milieu de beaux ombrages. Un peu plus loin s'étendent d'immenses écuries, dont les dix bâtiments parallèles contiennent un millier de chevaux pour les troupes de la compagnie. On remarque beaucoup d'ordre et de propreté dans ces constructions parfaitement aérées. De retour à bord, nous y trouvons plusieurs marchands d'eau de rose, principal produit de Ghazipour, Maintenant le Gange est de plus en plus resserré entre des rives fertiles, et les villages se succèdent assez rapidement.

21. — De nombreuses pagodes nous apparaissent de distance en distance. Ce sont les sentinelles avancées de la Jérusalem hindoue. Bientôt nous apercevons le gracieux arc de cercle décrit par les hauteurs de Bénarès. Sur de petites éminences s'élève un amas de pagodes, temples et mosquées, dont les nombreux minarets dominent un vaste ensemble d'arbres et d'habitations. Les indigènes aux costumes éclatants forment des groupes nombreux, qui se détachent çà et là en longues lignes blanches, jaunes et ponceau, sur le fond rougeâtre des édifices. Quel merveilleux décor d'Opéra!

Voici d'abord la mosquée d'Aureng-Zeb; ses deux

élégants minarets s'élancent à une prodigieuse hauteur et dominent toutes les pagodes, qui semblent s'abaisser sous le joug de la religion triomphante des musulmans. On aperçoit de tous côtés les temples hindous, bâtis sur des vastes escaliers et ornés de bizarres sculptures. Les nombreuses dorures qui couvrent les sommets de ces édifices brillent au soleil. Sur plusieurs kilomètres de longueur, pagodes et somptueuses constructions semblent entassées les unes sur les autres.

Les palais habités par les brahmes et par les riches nababs atteignent une hauteur considérable, d'autant plus qu'ils reposent sur d'énormes fondations. Leur grande élévation a pour but de mettre ces résidences à l'abri de la crue périodique du Gange. Il monte à cette époque bien au-dessus du niveau actuel. Maintenant nous voyons presque la base de ces immenses chaussées garnies de nombreux escaliers pour descendre jusqu'au fleuve. Les maisons riveraines ont cinq ou six étages surmontés d'une élégante terrasse à l'italienne.

Le Gange si vénéré des Hindous semble peu respecter leurs magnifiques pagodes. Il fouille sans cesse une rive sablonneuse qui s'enfonce lentement et cause la ruine de vastes constructions. On remarque d'immenses pans de murailles lézardées et rompues en lignes brisées, puis des pagodes inclinées comme la tour de Pise et qui menacent les dévots

indiens d'une chute imminente. Sur une grande partie de la rive, quelques riches particuliers ont construit des quais pour protéger leurs propriétés, mais
ils ne se sont pas conformés à un plan général.

Rien de plus bizarre, du reste, que les contrastes
présentés par Bénarès. Ici un somptueux palais
nouvellement achevé ; là des ruines antiques qui
vont disparaître sous l'eau ; plus loin les innombrables degrés d'un escalier en pierre à côté du
modeste sentier tracé sur le penchant d'une berge
escarpée. Les chameaux, les chevaux, les éléphants
se mêlent sur le bord du Gange à une nombreuse
population. Bénarès renferme en effet plus de six
cent mille habitants.

Attirés par ce curieux ensemble, nous descendons
à terre. Partout les rues étroites sont bordées de
hautes maisons. Au rez-de-chaussée s'ouvrent des
boutiques de la plus misérable apparence ; quelques-unes cependant renferment des monceaux de
marchandises précieuses. A peine pouvons-nous
avancer au milieu de ces rues encombrées par
une foule active et pressée. On est surpris de voir
les éléphants n'écraser personne dans les étroits
passages qu'ils occupent presque entièrement par
leur masse imposante. Mais ils avancent avec la
plus grande précaution. Çà et là des indigènes, l'arc
et les flèches sur le dos, passent à cheval auprès de
nous.

Puis bientôt arrivent de petits taureaux blancs aux cornes dorées. Bien imprudent serait l'Anglais qui ne respecterait pas ces animaux consacrés à Siva. Dans cette fanatique cité, il s'exposerait aux plus mauvais traitements et souvent même à la mort, malgré son titre respectable d'Européen. On rencontre aussi quelques arbres dont les troncs sont ornés de statuettes peintes en vermillon. Les branches s'étendent au-dessus des rues et leur procurent une ombre agréable. La borne symbolique du lingam est surtout un objet d'adoration pour les nombreuses femmes qui viennent verser de l'eau et du beurre fondu sur leur idole de prédilection. Nous traversons plusieurs sombres passages et parcourons bien des rues sinueuses à la suite de notre guide indigène.

On arrive enfin devant la grande mosquée. Moyennant quelques pièces de monnaie, nous montons au sommet d'un minaret. La vue s'étend au loin sur Bénarès et ses environs. Cet immense assemblage de terrasses et d'arbres verts rappelle les villes asiatiques et le Caire surtout. A nos pieds, une foule de musulmans et d'Hindous semblent rivaliser à qui produira le vacarme le plus assourdissant. Le tamtam et le gong aux sons lugubres dominent tous les autres instruments de ce fanatique tintamarre. Une nombreuse assemblée d'idolâtres entoure quelques hideux fakirs aux corps enluminés de différentes couleurs. Certes on peut bien croire que l'on assiste au culte du démon, et je doute que Dieu ait nulle part d'aussi ardents adorateurs.

A cinq kilomètres de distance, quelques maisons se groupent autour du temple et du collége protestants. Aucune fortification ne protége les Européens, et cependant ils ne sont jamais victimes des voleurs et des assassins, fort nombreux dans les inextricables rues de Bénarès. Ces malfaiteurs n'osent pas s'aventurer dans ce petit cantonnement des Anglais, tant est grande la terreur qu'ils inspirent à cette pusillanime population indienne.

Nous visitons rapidement l'observatoire astronomique fondé par le rajah Djey-Sing et la fameuse pagode de Wissviska, construite en pierres rouges. Elle est remarquable par ses colonnes et ses belles sculptures. Tous les Hindous doivent, au moins une fois dans leur vie, visiter ce temple consacré à Maha-Deva ou Siva, qu'on y adore sous le symbole d'une pierre noire. Heureux les Indiens qui meurent dans la ville sacrée; ils n'auront plus à subir de nouvelle transformation et seront absorbés directement dans la divinité. Nous rentrons à bord du vapeur en parcourant plusieurs rues étroites, où l'on voit gambader une foule de singes en liberté qui dilapident les marchands de fruits.

On s'éloigne de Bénarès avec d'autant moins de regret qu'elle se trouve dans une situation assez dangereuse. Cette ville est en effet placée sur le trident de Siva, et par suite fort exposée aux tremblements de terre.

Notre vapeur quitte bientôt la rive droite du Gange et passe devant une vaste citadelle située presque en face de Bénarès. C'est le palais de Rhamnaghar, l'ancienne résidence du Maha-rajah. Plusieurs éléphants richement caparaçonnés et quelques groupes d'indigènes aux costumes éclatants attirent seuls notre attention. Nous longeons des rives assez fertiles, et le soir on s'arrête devant Chunar. Sur une colline escarpée et bien fortifiée s'élève un vaste hôpital. Il est occupé par cinq cents artilleurs anglais. Ils reçoivent deux francs cinquante centimes par jour. Cette somme leur procure une existence fort aisée dans ce pays où la vie est à bon marché. Au pied du fort se trouvent quelques jolies maisons d'officiers et les bazars de la ville indigène, renommée par le prix modique de sa poterie.

22. — Nous descendons à Mirzapour, ville commerçante, mais remarquable seulement par sa situation. Dans ses hautes falaises on a pratiqué de larges ouvertures. C'est par là qu'on fait sans cesse rouler d'énormes balles de coton. Elles arrivent ainsi facilement sur les nombreux bateaux attachés au bord du Gange.

Nous remarquons, auprès d'un grand village voisin, toutes les barques pavoisées en l'honneur d'un mariage hindou. On le célèbre avec pompe à bord d'une embarcation richement décorée. Suivant l'usage, la musique est aussi bruyante que monotone. Les fêtes que donnent les Hindous à l'occasion du mariage de leurs enfants coûtent souvent des sommes considérables. Les futurs époux sont encore dans l'enfance; ils continueront à être élevés dans leurs familles respectives jusqu'à ce qu'ils aient atteint l'âge de puberté.

Les Hindous n'épousent qu'une seule femme. Avant l'abolition des suttis, elle montait sur le bûcher qui brûlait le corps de son mari. C'est ainsi qu'elle terminait une vie tout entière consacrée au bonheur de son époux. Suivant l'expression du mantra ou commandement religieux, le mari sera le dieu de sa femme, qui devra en faire l'idole de son cœur.

23. — La profondeur du Gange diminue à mesure que nous approchons d'Allahabad. Aujourd'hui il nous a fallu dix heures de travail pour franchir un banc de sable. Notre équipage a montré beaucoup d'énergie. Il s'excitait par des cris bruyants et des chants répétés en chœur.

24. — Enfin à midi nous atteignons Bissar, dernière station du vapeur. Une partie des voyageurs trouve des voitures pour Allahabad. Les autres passagers profiteront du bateau indigène qui porte les

bagages. Je suis de ce nombre. Nous passons la journée dans le petit bazar de Bissar, bien peu intéressant.

Nous voyons exécuter sur la corde et au bout d'une perche quelques tours assez insignifiants. Puis un bateleur endosse une espèce de casaque en plumes de héron. Au son du tambourin, il danse, gesticule et agite d'une manière comique un long bec de bois qu'il fait claquer en cadence. Ces acrobates saluent profondément les curieux pour en obtenir quelque monnaie. Malgré toute leur humilité, ces pauvres gens ramassent une bien faible somme d'argent. La fraîcheur de la soirée nous fait réfugier à bord de notre nouveau bateau. Il est à fond plat, fort large et recouvert d'un toit en paille. Au-dessus s'élève un échafaudage en bambous qui supporte le pilote et plusieurs de nos marins.

25. — A la pointe du jour nous quittons Bissar. Le bateau est tiré à la corde par des indigènes. Deux pieds de profondeur suffisent à notre embarcation. Cependant le Gange devient si peu profond, que souvent nous nous engravons sur des bancs de sable. Alors nos marins se mettent à l'eau et de toutes leurs forces poussent le bateau en avant. Cette navigation est d'une lenteur fatigante.

Tout le monde profite d'un beau clair de lune pour descendre à terre préparer son dîner. Chrétiens- mahométans, Hindous ont chacun leurs feux particuliers. Les Hindous tracent autour d'eux une enceinte. Si quelqu'un vient à la franchir, ils l'abandonnent aussitôt comme étant souillée par un contact impur. Je demande du feu à l'un de ces indigènes pour allumer mon cigare; il prend un charbon et me l'apporte en dehors de son cercle, infranchissable pour tout profane. Tous ces feux, allumés aux pieds des montagnes de sable, se reflètent dans l'eau du fleuve et donnent à notre campement l'aspect d'une halte de bohémiens.

26. — A quatre heures du soir nous débarquons enfin devant le fort d'Allahabad, qui a été transformé par les Anglais en prison d'État. Ses vastes et régulières murailles en briques rougeâtres s'élèvent à la jonction même du Gange et de la Jumna. On distingue parfaitement leurs eaux vertes et jaunes qui ne se mélangent pas immédiatement après leur union. Un grand nombre de barques indigènes sont mouillées devant Allahabad. Nous longeons plusieurs maisons européennes et un élégant mais dispendieux hôtel. Bientôt nous atteignons l'établissement du boulock-train.

C'est le point de départ des convois de la Compagnie des Indes. On transporte les voyageurs et les marchandises au moyen de nombreux relais de bœufs. Cette manière de parcourir le pays est la moins chère, mais la plus intéressante. Pour aller à Caunpour, éloigné de deux cent trente-deux kilomètres, on paye sept francs cinquante centimes seulement. Par le dak carriage, voiture traînée par des chevaux de poste, le prix est de quarante francs. On voyage ainsi très-rapidement; mais je préfère ne pas aller si vite et mieux voir. Les bœufs parcourent un peu moins de quatre kilomètres à l'heure, de sorte qu'on peut marcher le long de la route suivant son gré. Si l'on hâte un peu le pas, on laisse bientôt le convoi derrière soi. On peut alors l'attendre à l'ombre de quelques arbres en prenant des croquis du paysage. Le convoi ne s'arrête jamais qu'à destination.

Tous ces renseignements me sont donnés par un tchoquidar, gardien de nuit attaché à l'établissement du Boulock-train. Au milieu d'une vaste cour il nous allume un grand feu et prépare notre dîner. Puis nous montons dans l'une des fortes charrettes qui doivent partir demain pour Caunpour. Grâce à un épais lit de paille, nous y dormons parfaitement et sans crainte de manquer le départ.

27. — Le matin je parcours le bazar d'Allahabad en compagnie de deux Anglais. Ils sont partis en même temps que moi de Calcutta, et nous avons fait connaissance à bord pendant le voyage sur le Gange, qui a duré près de six semaines. Nous achetons des provisions de bouche, attendu que nous devrons vivre dans notre voiture transformée en maison roulante. On pèse les bagages des voyageurs,

qui sont au nombre de quinze. Le convoi se compose de neuf wagons. Nous nous plaçons tous les trois dans le premier. Dans le second on entasse neuf indigènes. Les autres voyageurs se placent comme ils peuvent sur les marchandises. Elles sont sous la responsabilité d'un cipaye assez mal vêtu et armé d'un sabre. Sa principale fonction est d'accélérer la marche du train.

Nous parcourons la rue du bazar, longue de quatre kilomètres au moins. Les boutiques, d'apparence assez misérable, contiennent beaucoup de clinquant qui forme des parures brillantes et peu coûteuses. Sur une immense place les tentes des marchands présentent l'aspect d'une foire dans nos pays. On remarque une vaste mosquée et un large caravansérail plein de chameaux et de voitures de toutes espèces. Nous franchissons la porte de la muraille d'enceinte, côtoyons les tombeaux de riches musulmans et nous voici dans la campagne.

Elle est d'une admirable fécondité; les blés promettent de superbes moissons. Çà et là quelques grands arbres étendent leurs épais ombrages. La route, large et bien entretenue, est ferrée au milieu, sablée sur les côtés. On rencontre beaucoup de chameaux et de nombreuses voitures traînées par des bœufs. Les indigènes qui voyagent à pied sont armés d'un long bâton, d'un sabre et d'un fusil à mèche. Tous portent un petit vase de cuivre muni d'une longue corde, pour puiser de l'eau. On trouve sur la route un grand nombre de puits construits avec soin et qui peuvent avoir une quinzaine de mètres de profondeur. Toutes les voitures s'écartent devant nous, et à notre tour nous prenons le bas côté du chemin dès qu'on entend la trompette de la poste.

A vingt-huit kilomètres environ, un vaste emplacement, en partie couvert d'arbres épais, sert de campement militaire, ainsi que plusieurs bornes l'indiquent. Une large maison en terre est destinée au commissariat. Ces campements se succèdent régulièrement tous les vingt-huit kilomètres environ. On voit sur la route, à chaque mille anglais (dix-huit cents mètres), des pierres rougeâtres portant des inscriptions en caractères hindous et anglais. C'est pour indiquer aux voyageurs à quelle distance ils se trouvent des villes principales. On trouve aussi de nombreuses maisonnettes en terre qui abritent les postes des cipayes. Ces indigènes, armés de sabres et de piques, sont préposés à la police de la route.

Nous parcourons d'immenses plaines parsemées de villages. Les habitations peu élevées sont bâties en terre. On remarque plusieurs jolies mosquées et de vastes caravansérails. Le soleil est très-ardent, mais le toit de la voiture nous protége. Nous prenons nos repas assez confortablement. Puis nous

nous promenons en suivant notre convoi. Enfin la fraîcheur de la nuit et la fatigue d'une première journée de voyage nous font remonter en voiture. Elle n'est pas suspendue, mais l'excellent état de la route atténue la violence des cahots. Aussi dormons-nous bientôt sur nos malles transformées en divans peu moelleux.

28. — Il souffle aujourd'hui un vent violent qui soulève des nuages de poussière. La campagne, toujours belle, finit par nous sembler monotone.

1er *mars*. — La route est bordée de manguiers, de tamariniers et de quelques gigantesques banians. Dans le lointain le Gange forme la limite entre l'Inde et le royaume d'Aoude. Pour un voyageur isolé, la route devient un peu dangereuse à cause de la proximité de la frontière. Les malfaiteurs peuvent, en la franchissant, s'assurer l'impunité ou du moins rendre les poursuites plus difficiles. C'est le moment de raconter les dramatiques histoires des thugs, ces redoutables étrangleurs qui étaient si nombreux autrefois. Mais comme les convois de la Compagnie n'ont jamais été attaqués, nous pouvons dormir tranquillement.

2. — On arrive à Caunpour après minuit. Dès la pointe du jour nous allons prendre une chambre dans le caravansérail. Le mobilier se compose d'un lit de cordes. C'est peu confortable, mais suffisamment propre. Après déjeuner je vais visiter le canal

du Gange, qui commence à Hurdwar et s'étend sur une longueur de quinze cents kilomètres. Voici un immense travail qui fait honneur à l'occupation anglaise. Il y a encore un autre canal d'irrigation qui a sept cent cinquante kilomètres de développement. C'est celui qui part du pied de l'Himalaya et se continue jusqu'à Delhi. Dans le quatorzième siècle, l'empereur Féroze-Schah fit le premier ouvrir ce canal, dont la réparation a occasionné une dépense considérable. Mais il rapporte à la Compagnie des Indes un revenu si élevé, qu'elle ne doit pas regretter cette entreprise. Quel bienfait, en outre, pour ces contrées que l'irrigation a de nouveau fertilisées! Les populations échapperont du moins aux redoutables famines qui les menaçaient sans cesse depuis l'obstruction de ce canal.

Dans une longue promenade à travers Caunpour, je remarque plusieurs jolies mosquées, le théâtre, la salle de bal et le temple protestant. Il y a d'assez nombreuses maisons européennes, un hôpital militaire et de vastes campements pour les troupes indigènes. J'apprends qu'un Français se trouve à Caunpour. L'occasion de voir un compatriote est trop précieuse pour que je la manque. M. Lafont me reçoit avec la plus grande amabilité. Il a été longtemps au service du roi de Lahore, Runjeet-Singh, et me raconte plusieurs épisodes de ce singulier règne. Il me retient à dîner et me traite d'une façon splendide. Nous passons une charmante soirée où la France n'est pas oubliée.

3. — La matinée me suffit à parcourir les bazars de Caunpour, bien fournis mais peu remarquables. Je dis adieu à mes compagnons de voyage qui partent pour Agra. Vers trois heures du soir je monte dans un convoi qui part pour Luknow. Nous traversons bientôt un pont de bateaux qui est établi sur le Gange. Ce fleuve forme ici la limite du territoire de la Compagnie et du royaume d'Aoude. Dès que nous sommes parvenus à franchir les sables de la rive droite du Gange, nous trouvons une fort belle route bordée d'acacias. Leurs fleurs roses et jaunes parfument l'air d'une suave senteur. Presque tous les voyageurs sont armés d'un sabre et portent un bouclier en fer orné de quatre larges ronds en cuivre. On remarque plusieurs éléphants et quelques voitures anglaises qui parcourent notre route.

4. — Vers deux heures de l'après-midi une belle mosquée et deux pavillons de jardin au faîte doré nous annoncent que nous arrivons à Luknow. Bientôt nous traversons un misérable bazar, faubourg de la ville. La rue s'élargit, quelques gracieuses maisons européennes se succèdent, et nous descendons dans la cour de l'office postal. Je m'installe au bengalo, puis je vais rendre visite à M. Sleeman, résident anglais. Il me présente à sa femme, gracieuse

Française, qui me fait un aimable accueil. Puis il donne l'ordre qu'on amène un des éléphants du roi, pour que je puisse visiter la ville commodément.

Bientôt arrive ce quadrupède gigantesque. Il est recouvert de riches schabraques en velours rouge brodé d'or. Sur le dos il porte un large fauteuil, dont les bras sont formés par deux cygnes en vermeil. Au moyen d'une échelle appliquée sur les flancs de cette montagne vivante, j'arrive à son sommet. Le cornac, assis sur la tête de l'éléphant, le dirige au moyen d'une hachette en fer. Il assène des coups plus ou moins forts, suivant l'impulsion qu'il veut donner à ce puissant pachyderme. Un domestique à la livrée royale, blanc et or, se place derrière moi. Il tient un large parasol pour me garantir du soleil. Un autre indigène fait écarter la foule devant ma grandeur.

Gravement et pompeusement, je m'avance au milieu du respect général, des humbles inclinations des Indiens, et des saluts militaires des troupes indigènes et anglaises. Il faut avouer que le roi de Luknow, sur la recommandation du résident, traite les étrangers magnifiquement. Les voyageurs, et les Français surtout, sont du reste fort rares dans cette contrée éloignée.

Nous traversons un large bazar très-fréquenté et parallèle au Goumly, l'un des affluents du Gange. Bientôt apparaissent de nombreux dômes dorés et

de vastes constructions d'architecture arabe. Les
façades, d'une éclatante blancheur, sont surchargées
d'arabesques et découpées avec une grande légèreté. Aucune ville en Orient ne présente un ensemble aussi riche, aussi élégant que Luknow, dont la
fondation ne remonte qu'au siècle dernier. Pour
faire la description de cette capitale, il suffit de
copier l'une des plus brillantes pages dans les contes des *Mille et une Nuits*. Je trouve enfin une ville
asiatique telle que je l'avais rêvée. Après plusieurs
années de voyage en Orient, je désespérais de voir
jamais mon brillant type réalisé.

Ici tout concourt à former un superbe tableau.
D'abord le ciel est étincelant de lumière. Les barques aux formes étranges remontent la rivière toutes voiles dehors. Dans la rue, la population offre
une collection de costumes variés. Les chevaux, les
chameaux, les éléphants se succèdent rapidement.
Partout on voit briller des armes ; partout on entend les bruyantes clameurs d'un peuple fiévreux
et sensuel. Les constructions arabes profilent leurs
blanches silhouettes sur l'azur du ciel. L'or brille de
toutes parts au sommet des édifices que frappent les
rayons d'un soleil éblouissant.

Nous voici arrivés devant la porte ogivale de
l'Imambarafi (la cathédrale). On pénètre dans un
joli jardin orné de jets d'eau malheureusement immobiles. Des bouquets d'arbustes verts répandent

dans l'air leurs délicieux parfums. Un large escalier conduit à une immense salle en marbre. Au milieu se trouve la tombe d'Asuphuh-Dowlah, ancien roi de Luknow. Un petit monument argent, qui représente la Casbah de la Mecque, surmonte un yatagan et un turban dorés. Quelques vieux derviches marmottent les versets du Coran pour le repos du défunt. A chaque extrémité de cette superbe salle on voit une grande décoration dorée qui semble du clinquant. Elle représente un groupe d'oiseaux qui, les ailes étendues, sont perchés sur de petits arbustes.

Non loin de ce palais, je visite d'immenses constructions élevées sur le même plan. Elles renferment le tombeau de Naseerul-Dowlah, prédécesseur du roi actuel. Cet élégant mausolée est décoré d'ornements dorés. Des musulmans viennent continuellement se prosterner devant le cénotaphe, en chantant de longues prières. On a entassé auprès du mausolée une foule d'objets dorés, émaillés, peinturlurés de toutes manières. Ce sont de grands candélabres chargés de cristaux, des centaines de lustres, des faisceaux de poignards, des oiseaux en or et en argent, enfin deux tigres de grandeur naturelle en verre massif de couleur verte. Au milieu de cette confusion de curiosités étincelantes, miroitantes, l'œil ne sait où se fixer. On comprend que les Indiens soient glorieux de cet amas d'objets brillants, car ils recherchent surtout l'éclat dans l'ornementation.

Nous avons visité les deux principaux édifices dans le quartier doré de la ville. Maintenant nous nous dirigeons vers le centre de Luknow. Quel contraste! Les rues sont en général si étroites que l'éléphant peut à peine y passer. De ma position élevée, je vois l'intérieur misérable des maisons indiennes. Quelques bazars, nouvellement construits, offrent seuls un facile passage à la foule qui s'entasse dans les rues. Luknow est en effet une ville très-peuplée, qui compte au moins trois cent mille habitants. Plusieurs boutiques étalent devant les passants quelques étoffes superbes et des parures magnifiques. Çà et là se tiennent aux fenêtres les bayadères revêtues de costumes brillants. Leurs cheveux sont enroulés d'une longue pièce d'étoffe ponceau. On rencontre dans les rues beaucoup d'éléphants. Et cependant leur vue effraye souvent les chevaux qui regimbent tout à coup et partent au galop.

Dans de misérables voitures anglaises je vois plusieurs princes de la famille royale. Ils croient afficher ainsi bien plus de luxe que s'ils étaient montés sur des éléphants richement caparaçonnés. Dans l'Inde, tout ce qui vient de l'étranger est considéré comme bien supérieur aux produits similaires du pays. Cette opinion, souvent justifiée, devient erronée lorsqu'on la généralise. La même observation pourrait peut-être s'appliquer à des peuples moins éloignés de nous que les Indiens. La nuit seule met un terme à mon intéressante excursion dans la ville de Luknow.

5. — Dès six heures du matin, je monte sur l'éléphant qui m'a porté la veille. Aujourd'hui je traverse des quartiers nouveaux pour moi. Ici le vaste palais du roi d'Aoude. De magnifiques décorations dorées ornent les coupoles de cette vaste résidence, qui semble assez mal entretenue. Plus loin, nous voyons de nombreux soldats faire l'exercice dans leurs immenses casernes. Les troupes au service du roi sont assez bien armées, mais elles portent des uniformes aussi misérables que ridicules. Ainsi les dragons attirent surtout l'attention par leurs casques en carton peint et plus ou moins bossué. On croirait assister à un défilé de figurants sur le théâtre après la centième représentation d'un drame historique. On a voulu, en effet, équiper les troupes indigènes à la mode européenne; mais, pour diminuer les frais, on renonce à la réalité; l'apparence est bien suffisante.

L'argent ne manque pas cependant au gouvernement, grâce à de fréquents impôts prélevés sur le peuple. Mais on les emploie en partie à dorer les palais et les mosquées, en partie à parer les nombreuses bayadères du roi. Son sérail contient, dit-on, cinq cents femmes. Le reste du revenu de l'État, et c'est la plus forte portion, est laissé à la disposition des ministres, qui en profitent pour se l'approprier. Singulière administration! Elle gagnerait beaucoup à l'établissement et au contrôle d'une cour des comptes.

Nous traversons quelques plantations d'arbustes en dehors de Luknow. Puis, à six kilomètres environ, nous arrivons devant la Martinière. Ce vaste palais, appelé aussi Constantia, fut construit par le général Martin, qui a dépensé deux millions cinq cent mille francs. Il présente un ensemble bizarre et très-original. On trouve dans son architecture le genre hindou uni au goût italien. Le rez-de-chaussée forme un hémicycle dont le milieu est surmonté de deux étages. Puis quatre escaliers, séparés à leurs bases, se réunissent au sommet de l'édifice et y présentent une petite terrasse. Ces immenses bâtiments sont ornés de nombreuses statues et précédés d'un étang. Une haute colonne, qui repose sur quatre piliers, présente cette inscription : *Labore, Constantia*. C'était la devise du général Martin.

A l'entrée du vestibule, un piquet de troupes me présente les armes, et un domestique s'offre pour me faire visiter l'intérieur du palais. On trouve à chaque étage une grande salle dallée en marbre et entourée d'un couloir circulaire pour y donner de la fraîcheur. Les murailles, de couleur verdâtre, sont ornées de moulures en plâtre et de quelques statuettes françaises. Au dernier étage sont placées une belle horloge et une grosse cloche portant ces mots : *Martin, Luknow*. Elles sont maintenant aussi muettes et immobiles que leur ancien propriétaire. Je monte au sommet du palais. A mes pieds s'étend une plaine peu fertile, mais bornée par la grande capitale du royaume d'Aoude.

Dans les caves de Constantia on voit le tombeau, en marbre blanc, du général Martin. Une longue dalle, reposant sur quatre autres, porte cette inscription tumulaire : « Martin, né à Lyon (France) en 1735, venu dans l'Inde simple soldat, mort en 1800. » Un beau buste en marbre représente sa physionomie spirituelle et fortement accentuée. Cette tombe simple et modeste est placée entre quatre mauvaises statues badigeonnées qui représentent des soldats affligés.

Le roi de Luknow avait vu avec plaisir s'élever un si beau palais. Il se réservait de l'occuper après la mort de Martin. Mais il fut désappointé par une disposition testamentaire de cet habile Français, qui voulut être enterré dans son palais. C'était une exclusion formelle pour les Indiens, qui n'occupent jamais une résidence où se trouve un tombeau. Maintenant tout Européen a le droit d'habiter la Martinière, sans rien payer, tout le temps que bon lui semble. Une école anglaise occupe une grande partie des bâtiments. Non loin se trouve la gracieuse habitation d'un Français. C'est le gouverneur du palais, qui est confié à la garde de quelques cipayes.

Martin gagna plus de huit millions, tant au service du roi d'Aoude que par un commerce fort étendu. Il parvint au grade de major général dans l'armée du Bengale, et, par testament, disposa de presque toute sa fortune pour fonder des écoles dans l'Inde. La plus vaste, établie à Calcutta, s'appelle la Martinière. Cet homme si philanthrope laissa malheureusement à la ville de Lyon une bien faible part dans ses libéralités posthumes.

Je remonte sur l'éléphant et me dirige vers Luknow. Chemin faisant, je remarque un petit léopard moucheté qu'un domestique mène en laisse. Cet animal, qui appartient au roi, est dressé à la chasse des gazelles. On le met sur un éléphant, puis, à l'approche du gibier, on lui débande les yeux, et il se précipite alors avec une extrême vivacité à la poursuite de sa proie. J'arrive en ville vers dix heures du matin. La marche de l'éléphant m'a peu fatigué. On y éprouve à peu près le même balancement que sur le chameau. Cependant il est bien plus doux et moins saccadé.

Je me rends immédiatement chez le résident anglais, qui m'a invité à déjeuner. Sa maison est vaste et jolie. On trouve dans le salon un mobilier confortable qui a été fabriqué en Angleterre. Il y a une riche bibliothèque, les journaux d'Europe et de nombreux albums. Plusieurs domestiques nous servent un excellent déjeuner. Je suis vraiment heureux de pouvoir causer avec M. Sleeman, dont la conversation est si intéressante. En 1824, il entreprit la destruction des thugs, ces redoutables étrangleurs qui lui furent dénoncés par Féringhea, l'un de leurs chefs. M. Sleeman maintenant touche 180 000 francs par an, et commande une imposante force militaire. Aussi est-il le véritable souverain de Luknow; le roi indigène n'en porte que le nom, et encore qui sait combien de temps il le conservera ?

L'Angleterre étend sans cesse sa domination dans l'Inde. Elle s'est emparée dernièrement du royaume de Lahore; elle convoite maintenant celui d'Aoude et la vallée de Cachemire. Tous ces agrandissements hâtifs sont peut-être d'une mauvaise politique. Comment maintenir une population considérable avec des forces aussi restreintes? On les affaiblit à mesure qu'on les divise pour occuper une plus grande surface de pays. Comme les troupes anglaises deviennent insuffisantes, on y supplée en formant des armées indigènes. Telle circonstance peut se présenter où l'on reconnaîtra le danger de cette politique envahissante. Peut-être verra-t-on en ce pays une sanglante confirmation de cet ancien adage : « Qui trop embrasse mal étreint. » Telle est du moins l'opinion de M. Sleeman, et j'ai confiance dans son habileté politique et sa profonde connaissance de la question indienne.

Le soir je monte dans le boulock-train qui retourne à Caunpour. Nous traversons les bazars brillamment éclairés et remplis de monde. Les maisons des bayadères attirent une foule d'indigènes qui vocifèrent sous leurs fenêtres des chansons obscènes. Ainsi se consolent ceux qui n'ont pas la bourse assez bien garnie. Nous remarquons dans ces groupes plusieurs jeunes gens affublés et parés comme des femmes. On nous explique le but de leur coquetterie affectée. Il paraît qu'à Sodome même l'immoralité n'était pas poussée plus loin qu'elle ne l'est actuellement à Luknow. Sous prétexte de morale, les Anglais s'empareront probablement un jour de ce riche pays.

J'ai l'air de faire des prophéties après coup, maintenant que les événements ont réalisé ces prévisions; mais elles se trouvent dans mes notes écrites jour par jour pendant tout mon voyage. Je n'ai pas cru devoir supprimer des observations faites alors, par cette raison seule qu'elles avaient été confirmées en 1857. Du reste, l'opinion du colonel Sleeman était, bien avant cette époque, partagée dans l'Inde par plusieurs hommes politiques.

6. — Nous avons voyagé toute la nuit aussi tranquillement dans le royaume d'Aoude que sur le ter-

ritoire anglais. Je m'éveille au milieu de vastes plaines fertiles ; çà et là seulement quelques steppes sablonneux et déserts. Vers six heures du soir j'arrive à Caunpour, et vais chez M. Lafont passer une fort agréable soirée. Je remercie beaucoup mon aimable compatriote de m'avoir engagé à visiter Luknow ; cette ville est certainement une des plus intéressantes que j'ai rencontrées dans mes longs voyages.

CHAPITRE X.

7 mars. — Dans le convoi du gouvernement qui part pour Agra, toutes les places sont retenues; je m'adresse alors à l'administration particulière qui a monté une concurrence. On paye seulement six francs vingt-cinq centimes pour parcourir les 306 kilomètres environ qui nous séparent d'Agra. Dans quel pays pourrait-on voyager à si bon marché? La voiture est à la vérité peu confortable, et l'on avancera sans doute fort lentement. En effet, après quelques heures de voyage à travers une fertile campagne, on s'arrête faute de relais de bœufs.

8. — Le matin on se remet en route. La chaleur est étouffante, la poussière insupportable. Dans la soirée le ciel se couvre d'épais nuages et un violent

orage éclate subitement ; l'eau s'infiltre à travers le toit du chariot, et je suis trop heureux de pouvoir m'abriter sous mon parapluie. Mais le mauvais temps dure peu, et bientôt je me promène dans une riche campagne couverte de blés presque mûrs. Je remarque plusieurs papillons aux vives couleurs, et de nombreux perroquets verts. Nous avançons bien lentement par le retard des relais.

9. — On s'éloigne de la dangereuse frontière du royaume d'Aoude ; aussi les voyageurs sont seulement armés d'un long bâton cerclé en fer. Les chariots, traînés par cinq ou six bœufs, portent d'énormes chargements de coton. Nous rencontrons de longues caravanes de chameaux chargés des marchandises du Caboul. Les hommes se font remarquer par la gravité de leur visage et l'élévation de leur taille. Rien, du reste, de bien intéressant à noter.

10. — Vers midi nous arrivons au point de jonction de la route d'Agra et de celle de Mirout. Le chariot chargé d'indigènes me quitte, et me voici seul dans mon véhicule conduit par un indigène. Je donne de fréquents pourboire à mes bouviers ; aussi maintenant j'avance rapidement. L'un de mes conducteurs ne veut laisser passer devant nous aucun attelage de bœufs ; il engage à chaque instant des courses à fond de train avec des voitures indigènes d'une forme toute primitive. Les Indiens

mettent beaucoup d'amour-propre à soutenir ces luttes de vitesse.

Je m'amuse à voir les indigènes exciter leurs bœufs et les lancer au galop en poussant des cris aigus ; ils les fouettent à coups redoublés et leur tirent la queue avec violence. Ces animaux partent avec rapidité, mais se ralentissent bientôt. Alors recommence la même manœuvre, et ainsi de suite. Pauvres bêtes ! je finis par les plaindre en les voyant harcelées sans cesse. Combien leur sort est misérable, comparativement à celui des vaches sacrées de Bénarès ! quelle inégalité dans les positions sociales !

11. — On traverse quelques rares villages et la ville de Mynpouri, où l'on voit plusieurs gracieuses habitations anglaises. Sur la route, auprès d'un beau puits, se trouve une petite pagode assez singulière. Elle renferme un énorme lingam surmonté d'un vase poreux. L'eau tombe goutte à goutte sur ce divin emblème. Enfin voici une variété dans l'aspect du pays : aux terres fertiles succèdent des plaines sablonneuses, couvertes seulement de quelques buissons rabougris.

Après bien des cahots, nous atteignons le long pont de bateaux établi sur la Jumna ; ses nombreux candélabres lui donnent un aspect européen. Nous longeons le vaste fort d'Agra, puis nous parcourons plusieurs rues sombres ; enfin notre voiture s'arrête dans la cour de l'administration. Il nous a fallu plus de quatre jours pour parcourir 306 kilomètres. Aurions-nous pu lutter de vitesse avec les chariots de nos rois fainéants? C'est un problème historique.

12. — Dès la pointe du jour je vais au bengalo; on me donne un petit appartement composé de deux pièces avec tapis et mobilier très-propres; à la suite une petite chambre sert de cabinet de toilette. Un indigène s'occupe de mon bagage, brosse mes habits et remplit l'office de valet de chambre. Le cuisinier prépare promptement mon déjeuner pendant qu'un palanquin m'attend. Je suis assiégé par une foule de marchands qui viennent m'offrir des peintures sur papier et sur ivoire, et des statuettes en marbre doré. J'achète différents objets pour le tiers du prix demandé. Puis je monte en palanquin, et mes quatre porteurs marchent d'un pas accéléré.

Nous traversons une grande place plantée d'arbres : de nombreux voyageurs y ont dressé leurs tentes au milieu des troupeaux de chameaux et d'éléphants. Nous passons entre des monticules de ruines et les nouvelles constructions qui bordent le chemin conduisant au fort d'Agra. Il est bâti en pierres rougeâtres d'un bel aspect. Il faut traverser une partie de cette vaste forteresse pour se rendre dans le principal bazar de la ville. C'est une rue droite, mais peu large et qui monte beaucoup; aussi, malgré les rainures de son pavage en dalles, les voitures y circulent difficilement.

Les maisons, en général peu élevées, sont nouvellement blanchies. A l'entre-sol se trouvent des boutiques étroites, mais bien garnies de marchandises; au premier étage, le balcon est grillé ou garanti contre le soleil par d'épaisses nattes; une terrasse forme le toit. A l'extrémité de la ville, une belle église catholique, à peine achevée, présente un portail qui rappelle celui de Saint-Gervais. A côté se trouve l'évêché, joli palais habité par Mgr Carli, qui me reçoit avec affabilité.

Je visite l'école des garçons fondée par les capucins, habillés, dans leurs missions, tout de noir à l'instar des Jésuites. Les élèves, assez nombreux, sont presque tous Écossais et de la religion catholique. L'établissement d'éducation pour les filles a été fondé par quelques sœurs françaises de l'ordre de Jésus et Marie, dont la maison centrale est à Lyon. La supérieure et l'une des sœurs me reçoivent avec amabilité; elles se proposent surtout de former pour l'avenir de bonnes mères de famille. Je revois avec plaisir quelques-uns des missionnaires que j'avais quittés sur la route d'Agra, lorsque je fus blessé au bras.

Puis, à travers la foule pressée et affairée du bazar, je me rends au fort d'Agra, bâti par l'empereur Akbar en 1563. Il est de forme carrée et défendu

par des tourelles angulaires. Au pied des murailles,
épaisses et fort élevées, s'étendent des fossés profonds. Le pavillon anglais flotte sur la forteresse. Il
faut monter à son sommet pour jouir d'une vue fort
étendue. On aperçoit alors la ville d'Agra tout entière. Elle compte environ cent mille habitants et
renferme un grand nombre de mosquées : leurs élégants minarets donnent à cette ancienne capitale
mogole le caractère d'une ville moins hindoue que
musulmane. Une large ceinture de ruines borde les
constructions modernes, qui sont limitées par la
Jumna et des plaines désertes. Au milieu d'une délicieuse oasis de verdure s'élève une surprenante
masse de marbre blanc : c'est le Tadje.

Un palais occupe le centre de l'immense forteresse
d'Agra ; il fut construit par Akbar à la fin du seizième
siècle, lorsqu'il fit rebâtir toute la ville d'Agra. Les
Grands Mogols ont habité cette superbe résidence
jusqu'en 1647. Delhi devint alors le siége de l'empire. Un long escalier conduit au sommet du palais
d'Akbar. On y trouve une large plate-forme en
marbre blanc, merveilleusement découpé à jour.
Le milieu est occupé par un élégant bassin. A l'une
des extrémités de cette superbe terrasse, une forêt
de piliers de marbre soutient une salle ornée de
délicieuses sculptures. Sur ce bloc de marbre reposait autrefois le trône du Grand Mogol. Enfin ces deux
portes aussi en marbre blanc conduisaient à l'appar-

tement des femmes. Autour de cette splendide cour règnent de larges portiques. Sur les pointes dorées qui s'élèvent de tous côtés on voit se percher de nombreux perroquets verts : ce sont maintenant les seuls hôtes de cette magnifique résidence.

On me montre aussi, dans le fort d'Agra, la vaste et belle mosquée de Mota-Musjeed. Auprès, l'on me fait entrer dans une salle décorée de nombreux faisceaux d'armes et de drapeaux indiens. Ces trophées ont été enlevés par les Anglais sur le champ de bataille. On voit aussi une immense porte en bois de sandal sculpté provenant du palais du Grand Mogol.

En dehors de cette intéressante forteresse le palanquin m'attend ; j'y monte, et à la sortie d'Agra mes porteurs suivent une longue route bordée de palais et de forts en ruines. On s'arrête devant une haute porte bâtie dans le style arabe. Ses murailles en briques rouges et en marbre blanc sont ornées de belles mosaïques formant l'inscription suivante : « A Ranou Néour Bégum, l'ornement du palais. » Cette porte franchie, je vois un frais jardin planté d'arbres de toute espèce ; citronniers, orangers, y répandent leurs suaves parfums. Au milieu d'un parterre de fleurs s'étendent des bassins en marbre ornés de nombreux jets d'eau. Ce magique Éden précède un superbe monument, dont la coupole en marbre blanc étincelle au soleil. Quatre jolis minarets aux sommets dorés s'élancent dans l'air. A l'aspect de cette merveille l'on reste stupéfait et l'on tremble qu'un souffle ne la fasse disparaître. Suis-je le jouet de mon imagination exaltée, ou ce qui me semble un rêve appartient-il à la réalité? Oui, ce monument existe tel que les yeux me le font voir. J'ai monté ses degrés en marbre, je touche ses brillantes parois sculptées, et je pénètre dans l'intérieur de ce splendide mausolée.

Au milieu d'une salle en marbre travaillé comme de la dentelle, on voit deux magnifiques tombeaux qui furent construits au commencement du dix-septième siècle. L'empereur de Delhi, Shah-Djéhan, destinait l'un à sa propre sépulture et l'autre à sa femme, nommée Nour-Mahal, qui, née dans la misère, parvint à une si grande fortune. Ces mausolées sont revêtus de superbes mosaïques qui semblent avoir été dessinées et exécutées en Italie. Lapis-lazuli, jaspes, émeraudes et cornalines y forment mille fleurs charmantes. Une lumière mystérieuse et pleine de repos pénètre à travers les réseaux en marbre d'élégantes fenêtres percées d'innombrables petites ouvertures. L'âme ressent une respectueuse émotion devant ce splendide hommage du génie au néant. Si vous élevez la voix, un écho sonore vous répond par des notes graves, puis tout retombe dans le silence et la demi-ombre.

Autour de cette salle se trouve une série de chambres destinées à lui procurer de la fraîcheur. Deux autres riches cénotaphes sont placés dans les souterrains. La rivière la Jumna coule au pied d'une magnifique terrasse pavée en marbre. De chaque côté s'élève une haute porte semblable à celle d'entrée. A l'ombre de l'une de ces élégantes constructions dans le style moresque, on a dressé un somptueux banquet pour une société anglaise. La musique militaire exécute quelques morceaux brillants. Je monte au sommet d'un minaret d'où la vue s'étend sur une plaine sablonneuse, couverte de ruines et bornée à l'horizon par la ville d'Agra.

On ne sait pas d'une façon certaine quel architecte fit bâtir cet admirable monument. Généralement on l'attribue à un Italien ou à un Français, nommé Austin de Bordeux, dont le tombeau se trouvait, dit-on, à peu de distance. Pauvre artiste!... Il créa le plus magnifique édifice qui existe au monde, et son nom reste enseveli dans l'oubli. Cet architecte de génie n'avait-il pas le droit de signer un pareil chef-d'œuvre?

Sa construction dura, dit Tavernier, vingt-deux années, pendant lesquelles vingt mille ouvriers furent continuellement occupés. Les marbres provenaient de carrières fort éloignées. La dépense totale atteignit la somme énorme de quatre-vingts millions de francs! Mais quel voyageur pourrait la trouver excessive? En présence d'une pareille

merveille il éprouve une admiration trop enthousiaste.

Depuis quatre ans je suis en voyage. J'ai parcouru
l'Italie, la Grèce, la Syrie et l'Égypte. Nulle part je
n'ai trouvé un édifice aussi élégant, aussi splendide
que le Tadje d'Agra. L'approche de la nuit me fit
partir à regret et regagner la ville.

En face du bengalo s'étend une plaine parsemée
de mille feux allumés par les voyageurs. Ici des
groupes de chameaux, là des amas de charrettes à
bœufs; plus loin une cinquantaine d'éléphants.

De tous côtés dans le bazar on entend chanter les
bayadères; mais leurs voix sont bientôt couvertes
par les fanfares d'un cirque français. La fatigue
m'empêche d'assister à une représentation donnée
par M. Jourdain. Ma journée a été si bien employée!

13. — Il pleut le matin; j'en profite pour mettre
au courant mes notes de voyage. Je visite les magasins où sont déposés les canons de l'artillerie anglaise. Puis le soir j'assiste aux vêpres. Il y a beaucoup de monde dans l'église catholique. Le chant
des religieuses produit un charmant effet.

14. — Dès le lever du soleil je vais en palanquin à
Sécundra visiter le tombeau d'Akbar. Il le fit construire une vingtaine d'années avant sa mort, qui
eut lieu en 1604. Nous parcourons neuf kilomètres
sur une route qui n'offre rien de remarquable, puis

nous traversons un vaste jardin qui semble abandonné. Enfin nous arrivons devant un palais d'architecture bizarre. Au-dessus d'une immense construction en marbre blanc se trouve une magnifique
terrasse ornée de deux gracieux kiosques. Trois
étages en briques rouges s'élèvent vers le milieu de
la terrasse ; ils sont eux-mêmes surmontés d'une galerie en marbre blanc. De toutes parts s'élancent d'é-
légants minarets. Ces assises alternatives en marbre
blanc et en briques rouges donnent un aspect
étrange à la façade, qui n'en est pas moins charmante : percée d'une foule de portes et d'arcades
dans le style moresque, elle semble une ruche immense avec ses milliers d'alvéoles. Le vaste portail
est revêtu d'inscriptions et de curieuses arabesques
de différentes couleurs. On lit ces mots sur le fronton : *Akbar, digne d'admiration.*

Je pénètre sous de vastes galeries où l'on rencontre çà et là quelques vestiges de peintures dorées
et de fresques splendides. C'est le palais de la mort.
On y voit plusieurs jolis tombeaux qui renfermaient
les restes des fondateurs des grandes familles musulmanes. Je monte sur la terrasse qui domine l'é-
difice et s'élève à quarante mètres au-dessus du sol.
Elle est dans un état de conservation qui semble
bien remarquable. En effet, les troupes anglaises
furent en 1805 cantonnées pendant quelque temps
dans cet immense palais. Elles n'ont cependant rien

détruit, et il serait à souhaiter qu'elles se fussent conduites de même dans le palais d'Akbar.

Au milieu de cette terrasse en marbre blanc qui semble une merveilleuse dentelle, s'élève un cénotaphe couvert de sculptures d'une admirable finesse. Il est perpendiculairement au-dessus de la tombe d'Akbar, bâtie dans les souterrains. On remarque une petite colonnette du meilleur goût. Elle ressemble beaucoup à l'un de ces élégants bénitiers placés dans les églises catholiques. Quelle admirable terrasse! Mais il faut partir, car le soleil devient brûlant. Je remonte en palanquin, et vers midi je suis de retour au bengalo.

Il ne me reste plus rien à voir dans la ville d'Agra; aussi dès cinq heures du soir je pars dans le boulock-train qui se rend à Delhi. Sur les bords de la Jumna, nous apercevons le Tadje resplendissant des derniers rayons du soleil couchant.

15.—Nous parcourons une route bien entretenue, où les grands arbres étendent leur ombre protectrice. La campagne est très-fertile jusqu'à la ville d'Alighur. Nous y descendons dans le chantier de construction des wagons de la compagnie. Cinq ou six cents ouvriers indigènes travaillent avec une activité remarquable.

Alighur ne consiste qu'en un long bazar et quelques rues inextricables, mais renferme une pagode consacrée au culte des singes. Beaucoup de ces animaux gambadent sur les bords d'un petit étang et se jouent librement sur les branches des arbres voisins. Ces quadrumanes, très-familiers, sont nourris par la dévotion des Hindous, qui adorent dans les singes l'incarnation du dieu Hanoumane.

Siva se transforma en singe pour aider Rama, le divin roi d'Aoude, dans sa conquête de Ceylan. Il est facile de comprendre cette allégorie transparente. Rama s'empara de l'île de Ceylan avec l'aide d'une partie des sauvages indigènes, que les Indiens plus civilisés comparaient à des singes. Non loin de la pagode se trouve une grande mosquée musulmane.

16. — Nous partons à onze heures du matin aussitôt l'arrivée des convois de Caunpour et de Mirout. La route est toujours belle, mais d'une uniformité monotone.

17.— Nous arrivons à Delhi pendant la nuit.

18. — Mes bagages portés au bengalo, je commence à visiter la ville. On remarque surtout une magnifique mosquée nommée Jumna-Musjid, qui fut construite par Shah-Jehan. Un escalier monumental conduit à la cour intérieure, dallée en marbre blanc. A son extrémité se trouvent les bâtiments de la mosquée, en pierres rougeâtres. Son triple portail est surmonté de trois dômes en marbre qui se terminent par des pointes dorées. Je monte au sommet de l'un des deux minarets, haut de qua-

rante-trois mètres environ. Je domine alors une vaste étendue de pays, et mon guide me donne des indications fort intéressantes. C'est un indigène qui parle parfaitement l'anglais et a passé plusieurs années dans les écoles.

Delhi est une immense ville peuplée de deux cent cinquante mille habitants. Elle est percée de quelques rues fort régulières qui forment les bazars. Les quartiers compris entre les principales voies de communication ne se composent au contraire que de petites ruelles fort étroites. Le mur d'enceinte s'étend sur une longueur de treize kilomètres environ. En face de la mosquée et à peu de distance de la Jumna s'élève le fort de Delhi, qui ressemble beaucoup à celui d'Agra. Parmi les nombreuses mosquées on me fait remarquer surtout celle de Choudun-Clake. En 1739, le roi de Perse Nadir-Shah se tenait sur la terrasse de cette mosquée. Il assistait au massacre de la population de Delhi. Les rues furent jonchées de cent mille cadavres.

Dans le lointain on aperçoit les habitations anglaises et quelques tombeaux mogols. On m'indique la direction de la colonne nommée le Cutub-Minar; puis on me signale, à trois kilomètres environ de Delhi, le célèbre observatoire de Gentur-Muntur. Enfin de nombreuses ruines montrent combien était importante l'antique Delhi, qui renfermait deux millions d'habitants. Son enceinte avait trente-six

kilomètres de circonférence. La ville actuelle remonte seulement à Shah-Jehan. Elle est toujours
restée bien inférieure à l'antique cité, qui surpassa
en magnificence toutes les villes de l'Inde. Ce vaste
et intéressant tableau est encadré par la Jumna, rivière assez large, puis par des plaines stériles et
désertes.

Je quitte cette mosquée, l'une des plus belles
qu'on puisse voir en Asie, puis je longe la Jumna
jusqu'à la porte de la forteresse, qui contient le
palais du Grand Mogol. Je suis reçu par deux domestiques armés de longues cannes à pommeau
d'argent. Un interprète et un régisseur complètent
mon escorte. Tous ces malheureux comptent sur ma
générosité.

Après avoir traversé plusieurs cours on arrive
sous un petit portique. En face se trouve une large
tribune en marbre dorée et ornée de mosaïques
en pierres précieuses, qui forment des dessins d'une
élégance exquise. C'est là que siégeait le Grand Mogol les jours d'audience. Non loin s'élève un second
dervar particulièrement réservé à la noblesse. Cette
grande salle est recouverte d'un toit en terrasse
supporté par d'élégantes colonnes. L'air et le jour
circulent partout librement. De riches dorures et
de belles incrustations recouvrent ce petit édifice en
marbre blanc.

Le vaste palais des empereurs mogols fut con-

struit par un architecte italien, sous le règne d'Aureng-Zeb, fils de Shah-Jehan. On me montre la
place qu'occupait le trône du paon, si renommé
par sa richesse. Il était en or massif et brillait d'un
si grand nombre de pierres précieuses, qu'il valait,
disait-on, plus de trente millions de francs. Maintenant il ne reste plus le moindre vestige d'un trône
si magnifique.

Cette splendide salle d'audience porte déjà les
traces d'un complet abandon. Elle sert seulement
les jours où l'on présente au Grand Mogol des étrangers de distinction. Pour cet empereur déchu c'est
une occasion d'échanger quelques misérables ca-
deaux et des diamants en verre coloré contre de
bonnes pièces d'or. On comprend qu'il soit assez
facile d'obtenir dans ces conditions un khélat ou
vêtement d'honneur. J'avoue que je n'acceptai pas
l'offre qu'on m'en fit, et je m'empressai de quitter
cette salle autrefois si brillante, si dégradée maintenant.

Derrière une légère clôture de sapin se trouve la
partie du palais réservée au Grand Mogol. Le jardin, fort mal entretenu, n'offre rien de curieux, si
ce n'est un bassin taillé dans un énorme bloc de
marbre blanc. Nous rencontrons quelques courtisans vêtus d'une façon misérable. Quel contraste
entre la pauvreté actuelle du Grand Mogol et son
antique splendeur! La compagnie lui donne seule-

ment deux cent cinquante mille francs par mois. Bien faible somme pour entretenir sa cour, sa garde personnelle et son nombreux sérail.

De midi à deux heures, une chaleur étouffante me fait rester au bengalo. Plusieurs marchands viennent m'offrir des peintures sur papier et sur ivoire. Je remarque les vues de divers monuments de l'Inde, le portrait de l'empereur de Delhi et ceux de quelques femmes indigènes d'une beauté ravissante. Ces peintures sont en général d'une finesse extraordinaire. Il y a aussi de charmants bijoux en argent qui rappellent la fabrication génoise. Les prix sont d'une modicité surprenante. Pauvres artistes indiens ! Quelle faible rétribution pour tant de patience et d'habileté !

Dès que j'ai complété ma collection, je vais parcourir le bazar. Il s'étend de chaque côté d'une large allée plantée d'arbres touffus. Les maisons peintes ou blanchies avec soin sont occupées, au rez-de-chaussée, par les boutiquiers, et au premier étage par des familles ou des courtisanes. Le toit est en terrasse. Il règne une grande activité dans ce bazar, où aboutissent une foule de rues très-étroites.

A quatre heures du soir, on entend tirer le canon. C'est le signal de la sortie du Grand Mogol. On voit d'abord une quinzaine d'éléphants, quelques centaines d'hommes armés, puis le Grand Mogol porté dans une litière dorée au milieu d'une foule de

courtisans, et enfin une nombreuse troupe de cavaliers. Ce cortége autrefois magnifique, semble
maintenant bien misérable. Les fusils à mèche des
troupes sont presque tous hors de service; des guenilles couvrent hommes et bêtes; l'empereur de
Delhi porte, lui aussi, un costume bien flétri par
l'usage.

Ce vieillard décrépit inspire cependant encore un
sympathique respect au peuple qui se presse sur
son passage. Toutes les fenêtres et les terrasses des
maisons regorgent d'Indiens qui saluent en portant trois fois la main à leur front. Arrivé au milieu de la grande rue, le cortége s'arrête, et une
salve est tirée par les canons placés sur les chameaux. Puis le Grand Mogol s'engage dans les
quartiers populeux.

Mais voici une procession bien singulière. Une
troupe d'hommes, vêtus de costumes blancs tout
saupoudrés de couleur violette, portent la statue colossale d'un dieu hindou. Il est représenté assis, les
jambes nues et entr'ouvertes, afin de bien mettre
en évidence un énorme lingam. Long d'un mètre,
il est peint en noir et a son extrémité revêtue de
couleur vermillon. La figure du dieu est blanche et
ornée de deux grosses touffes de barbe rouge. Deux
indigènes, armés de longs émouchoirs de crin
blanc, les balancent sans cesse sur le lingam de leur
dieu. Une bruyante musique accompagne cette pro-

cession qui excite l'hilarité générale. Rien de plus scandaleux que cette espèce de carnaval appelé *holi*.

Cependant le Grand Mogol a parcouru une partie de la ville. Il revient monté sur un éléphant et fume tranquillement le houka. Il se dispose à rentrer dans le fort qui lui sert de prison. L'officier anglais résidant à Delhi s'avance sur un éléphant simplement harnaché. Il salue l'empereur trois fois à la mode indienne, puis se place au premier rang du cortége. Dès que le Grand Mogol est rentré dans le fort, la foule se dissipe. Les boutiques du bazar s'illuminent à la nuit. Une troupe de bayadères richement vêtues exécutent des danses licencieuses au milieu de la rue et à la lueur des torches. On croirait assister aux bacchanales les plus échevelées.

19. — Dès le matin je monte en palanquin pour me rendre à treize kilomètres environ de Delhi. Je descends devant le Cutub-Minar. C'est une haute tour en forme de minaret, qui fut, dit-on, bâtie par l'empereur Cutub au treizième siècle. Elle atteint environ quatre-vingts mètres de hauteur, et présente un aspect assez pittoresque. Au-dessus d'une large base s'élève en s'amincissant une colonne ornée de quatre balcons, et qui se termine par une gracieuse coupole.

Ce minaret était destiné à faire partie d'une vaste mosquée qu'on devait construire sur les ruines des pagodes hindoues. Les versets du Coran sont gravés sur la pierre rouge qui fut employée à cette construction mahométane. On a bâti les deux étages supérieurs en marbre blanc. Malgré les nombreuses mutilations faites aux sculptures qui embellissent les entablements des balcons, elles paraissent encore admirables par leur extrême délicatesse. Enfin, un escalier conduit au sommet du Cutub, d'où l'on jouit d'une vue fort étendue. Les mosquées, les pagodes, les tombeaux, les palais couvrent le sol de leurs ruines. Mais le palanquin m'attend, et mes porteurs eux-mêmes semblent redouter la chaleur. Je me fais donc ramener à Delhi, où je n'ai plus rien à visiter.

Vers cinq heures du soir, je monte en boulock-train pour me rendre à Ambalah. On traverse le bazar et l'épaisse muraille qui entoure Delhi. Voici quelques jardins européens couverts de fleurs. Bientôt apparaisent de nombreuses ruines. Elles se prolongent sur plusieurs kilomètres de longueur. Partout la désolation, le silence, la solitude. Dans ces vastes plaines sablonneuses on ne rencontre que des édifices à moitié détruits. Çà et là de majestueuses portes, de style arabe, montrent au loin leurs tristes débris. C'est un tableau grandiose qui, éclairé par un magnifique clair de lune, prend des proportions fantastiques.

Tant de ruines accumulées sur un si vaste espace

inspirent aux voyageurs une haute idée de l'antique civilisation des peuples de l'Inde. A quelle décadence ils sont réduits maintenant! En Europe, la Grèce et l'Italie nous offrent le même spectacle, nous inspirent les mêmes réflexions. Et l'Égypte, et Balbec, et Babylone.... Que de ruines dans le monde!

CHAPITRE XI.

20 mars. — La plaine que nous venons de traverser change souvent d'aspect. Tantôt elle est bien cultivée et parsemée de nombreux palmiers; tantôt stérile et sablonneuse elle nourrit à peine quelques arbustes rabougris. On donne le nom de jungles à ces contrées désertes. Partout, dès qu'il y a un puits, on voit un attelage de bœufs mettre en mouvement une machine à monter l'eau; car sous ce climat l'eau transforme le sol le plus aride en un terrain fécond.

21. — Nous arrivons à Karnal, autrefois la dernière station anglaise du côté de Runjeet-Singh, le roi de Lahore. Elle est maintenant abandonnée pour Ambalah; les casernes et les maisons anglai-

ses tombent en ruines. La ville n'offre rien de curieux, mais je rencontre dans son confortable bengalo deux indigotiers. Ce sont des compatriotes; aussi passons-nous ensemble quelques heures fort agréables.

22. — Nous enfonçons dans les sables, ce qui retarde beaucoup la marche des chariots. On établit une nouvelle route; beaucoup d'ouvriers indigènes y travaillent maintenant. Ils ont construit des huttes en paille pour leurs misérables familles.

23. — Le matin, nous arrivons à Ambalah. Dans le voisinage d'un bazar vaste et régulier, on trouve plusieurs habitations anglaises. Le soleil est si ardent, la poussière si épaisse, qu'on ne peut sortir de la maison. Je passe la journée avec les deux indigotiers, mes compatriotes, que je trouve étendus sur leurs lits. Les difficultés de la route ont tellement exaspéré leur cheval, qu'il a fini par s'emporter. Le cabriolet a été renversé, et ils ont reçu quelques blessures heureusement fort légères. Ils regrettent néanmoins de n'être pas montés avec moi dans ma lente mais solide voiture. *Chè va piano, va sano.*

24. — A défaut du boulock-train de la compagnie, je prends celui d'une société particulière. A huit heures du matin, je pars pour Kolkka, village situé au pied de l'Himalaya. Je longe les maisons habitées par les officiers anglais, un vaste hôpital militaire, couvert en chaume, et plusieurs confor-

tables casernes bien aérées. Nous traversons des plaines fertiles, arrosées par les cours d'eau qui descendent des montagnes voisines. Le soir, un superbe clair de lune me permet d'apercevoir dans le lointain les plus hautes montagnes du globe. On voit sur leurs flancs les feux de quelques villages fort élevés. Après avoir parcouru une contrée boisée et coupée de larges torrents peu profonds, nous atteignons Kolkka vers la pointe du jour.

25. — Je déjeune dans un excellent hôtel établi au pied de l'Himalaya. Puis je prends place dans un junpun, espèce de chaise longue, portée par quatre indigènes. Il me faudra deux jours pour gagner Simla. Les huit coulis se payent deux francs cinquante centimes chacun, et le junpun sept francs cinquante centimes. Total, vingt-sept francs cinquante centimes pour se faire porter jusqu'à Simla, situé à deux mille sept cents mètres de hauteur.

Presque à la sortie du bazar de Kolkka commence l'ascension. Mes porteurs marchent assez vite, en poussant un petit cri plaintif et s'écrient de temps à autre : *Chavas!* allons! Quatre hommes suffisent à porter le junpun; les autres marchent à côté. Ces indigènes se relayent tous les quarts d'heure. On est mollement balancé dans cette chaise bien suspendue. Du toit tombent des rideaux qui me garantissent du soleil sans me cacher la vue des montagnes.

De vastes plaines couvertes de blé s'étendent aux pieds de l'Himalaya, dont les flancs portent des forêts de sapins. La terre, entraînée par les torrents, s'est répandue en larges nappes des sommets élevés jusque dans les vallons. Puis elle s'est couverte d'une abondante végétation qui semble former de verdoyantes cascades le long des rochers à pic. Çà et là de petits villages apparaissent au milieu de leurs fraîches cultures.

Pendant les premières heures de cette ascension, tout est gracieux et sourit à l'œil. Il semble que l'on voyage dans les Pyrénées. Une route bien entretenue et même carrossable nous conduit à Casaoli. C'est un grand village formé d'un bazar indigène et d'un cantonnement militaire anglais.

Nous arrivons bientôt sur un plateau fort élevé. On jouit alors d'un spectacle bien plus grandiose que tous ceux offerts par les Alpes. Les chaînes de l'Himalaya, étagées les unes au-dessus des autres, forment des vagues immenses. A l'horizon, sur leurs plus hautes cimes, la neige brille comme une blanche écume. Quelques habitations en bois semblent flotter sur une mer bleuâtre, tandis que les églises paraissent autant d'arches de Noé aux larges flancs. Quel admirable panorama!

Mais il faut se remettre en marche. Nous traversons une forêt de sapins qui couvrent ces sommités. On s'arrête devant un bengalo où je prends quelques rafraîchissements pendant le repas des coulis. Bientôt on descend par un chemin rapide jusqu'à un large torrent presque à sec maintenant. On y construit un pont qui sera fort utile pendant la saison des pluies.

Une nouvelle ascension nous amène sur l'arête de la montagne, qu'il faut suivre pendant plusieurs kilomètres. Puis le sentier devient glissant et longe des précipices profonds. Je veux mettre pied à terre, mais les porteurs insistent pour que je reste sur le junpun. Ai-je donc défiance de leur adresse ou bien peur du danger? Voici des interrogations qui me font rester sur ma chaise. Et cependant deux fois l'un de ces indigènes se laisse glisser sur le rocher. Heureusement il est retenu par ses compagnons. Mais tout à coup les brancards crient, un écrou va manquer. Je m'en aperçois assez à temps pour éviter une chute imminente. Ces périls me causent une certaine appréhension, qui cesse seulement au bas du vallon.

Nous passons sur un petit pont en fer suspendu au-dessus d'un torrent. De chaque côté s'élèvent d'énormes rochers à pic qui sont veinés de teintes ferrugineuses. On s'amuse à voir les singes gambader avec une incroyable légèreté le long des pentes les plus escarpées. Il faut monter pendant une heure pour atteindre le petit village de Cendor et son confortable bengalo. Il est trois heures du soir; nous avons parcouru environ vingt-cinq kilomètres. Je renvoie jusqu'à demain mes coulis fatigués. Pour me reposer de ma longue station dans le junpun, je me promène sur la montagne jusqu'à la nuit. Un beau clair de lune produit alors sur ces sommités quelques effets pittoresques.

26. — Nous partons à quatre heures du matin et gravissons jusqu'à midi un sentier difficile. On s'arrête alors dans un bengalo pour déjeuner. Après deux heures de repos il faut continuer l'ascension, qui devient de plus en plus pénible. Sur la route on trouve une foule de portefaix chargés de planches ou de lourds ballots. Souvent plusieurs se réunissent pour transporter un très-pesant fardeau. Par exemple, nous voyons un énorme colis suspendu au moyen d'un échafaudage sur les épaules de seize indigènes qui marchent ensemble.

Ces montagnards ont de larges pantalons, des vestes en laine et un petit chapeau rond de couleur noire. Ils se rapprochent de la race tartare par leurs figures cuivrées, leur nez aplati et leurs yeux obliques. Ils s'empressent de se ranger sur le passage des Européens et leur montrent beaucoup de déférence. Jamais dans ces montagnes on n'a entendu parler d'un vol ou d'un assassinat. Nous y rencontrons de longues files de mulets, de bœufs et de chevaux. Les petits bazars indigènes sont très-rapprochés sur une route aussi fréquentée.

On descend dans un profond ravin, puis il faut faire une nouvelle ascension très-fatigante. La chaleur devient si forte que les coulis me demandent une demi-heure de repos. Ils s'étendent à l'ombre d'un arbre et fument le houka; puis ils se remettent en marche et atteignent le sommet de la montagne. Elle est couverte de sapins, d'une espèce de chêne vert et d'énormes rhododendrons en fleurs.

Nous apercevons bientôt la petite ville de Simla avec ses maisons en bois qui ressemblent aux chalets suisses. Les habitations au milieu des forêts forment par leur disposition comme un torrent qui descend de la montagne, se divise en deux branches et se perd en minces filets dans de sombres vallons.

On trouve à Simla temple, école, salle de lecture, billards publics, tous les établissements d'une ville de bains. Les Anglais viennent, en effet, pendant l'été, chercher ici la fraîcheur des montagnes. Aussi de tous côtés l'on aperçoit des maisons de campagne. Nous sommes dans l'Inde, à deux mille sept cents mètres de hauteur sur les montagnes de l'Himalaya, et l'on se croirait en Suisse, au milieu des Alpes.

Je descends dans un bon hôtel. Il se nomme Pavillon, parce qu'il est bâti comme un chalet. Moyennant sept francs cinquante centimes par jour, on y trouve une excellente nourriture et un joli appartement. Pour faire des économies il faut venir à Simla, qui cependant est considéré comme un pays ruineux. La petite ville de Kolkka, éloignée de deux jours de marche, fournit toutes les provisions à la colonie anglaise. La saison à Simla ouvrira seulement dans quelques jours, et je suis l'un des premiers voyageurs arrivés dans cette haute région.

Les habitants célèbrent aujourd'hui le Holi, qui est sans doute une transformation de la fête de Bacchus. Ils se promènent dans le bazar, les vêtements saupoudrés de couleur violette, comme à Delhi. Quelques-uns sont déguisés en bayadères, d'autres en fakirs, ornés de longues barbes blanches. La foule se presse autour de deux larges écussons en papier argenté qui rappellent tout à fait les anciens thyrses des bacchanales. Ces indigènes chantent en chœur avec accompagnement d'une criarde musique. On entend surtout les cymbales, la cornemuse et la trompe. Ce curieux spectacle nous reporte à l'antiquité païenne.

Un petit sentier au milieu d'une forêt de sapins me conduit au sommet de la hauteur qui domine Simla. De ce point culminant et isolé la vue est fort belle. On est en face de la longue ligne des sommets neigeux de l'Himalaya. Voici l'immense barrière que la nature a élevée entre l'Inde et l'empire chinois. Il y a cependant quelques passages pour aller dans le Thibet ; mais des postes militaires chinois empêchent de les franchir. Je le regrette d'autant plus que j'aurais fait volontiers une excursion dans cette contrée. Dès que la nuit approche, l'air devient vif et froid ; je rentre à Simla. Dans ma chambre se trouve un lit avec des draps. C'est pour moi une véritable surprise. J'ai quitté Calcutta depuis plus de deux mois, et pendant tout ce temps je n'ai pas rencontré un luxe pareil.

27. — Accompagné d'un guide, je descends dans le vallon que domine Simla. Au milieu d'une forêt de sapins superbes on me montre une petite cascade assez insignifiante. Mais un peu plus loin j'en trouve une autre très-pittoresque. L'eau tombe avec bruit au milieu des rochers, puis s'enfonce sous terre pour reparaître à quelque distance.

Suivez le torrent et vous verrez une longue gorge resserrée par deux immenses parois de rochers à pic. La fraîcheur de cette promenade est ravissante ; partout de jolis arbustes et des lianes fleuries s'élancent des anfractuosités de rochers. Un rayon de soleil se glisse à travers le feuillage et vient diamanter l'onde du torrent, qui coule en murmurant sur son lit de marbre blanc. Mais le ciel se couvre et nous fuyons rapidement devant l'orage. Il ne tombe heureusement qu'une pluie très-fine ; encore dure-t-elle bien peu de temps.

Je vais visiter le temple protestant, où se trouve une brillante société. A la sortie j'admire la gracieuse tenue de quelques jolies et audacieuses amazones. Elles sont d'une intrépidité qui dégénère souvent en imprudence ; aussi arrive-t-il de nombreux accidents dans ces montagnes. Beaucoup de sentiers étroits et fort escarpés sont bordés de profonds précipices. Mais quels dangers la vanité ne fait-elle pas affronter?

Comme il ne me reste plus rien de curieux à voir dans Simla, je demande un cheval pour descendre à Kolkka. On n'en trouve pas. Voici l'occasion de se montrer bon marcheur.

28. — A quatre heures du matin je profite d'un beau clair de lune pour partir de Simla. Un coulis porte mon petit bagage. Bientôt apparaissent les premières lueurs du jour, et la promenade devient délicieuse. Nous descendons assez rapidement les pentes de l'Himalaya, et vers dix heures nous atteignons le bengalo de Cendor, où je m'arrête deux heures pour déjeuner et me reposer.

Malgré la chaleur du soleil, nous quittons notre confortable abri et suivons le chemin de Casaoli. On rencontre sur la route une foule de courtisanes portées par des coulis. Quelques-unes assez belles ont le teint légèrement cuivré, les formes attrayantes et les yeux noirs fendus en amande. Elles portent aux oreilles une quinzaine d'anneaux, aux bras de nombreux cercles d'argent et aux pieds une masse de grelots sonores. Le costume de ces femmes est ainsi composé : des sandales brodées d'or, un pantalon serré au bas de la jambe, fort large à la ceinture; une petite veste flottante, une calotte grecque de couleur vive, enfin un voile de mousseline qui est drapé fort gracieusement.

Ces bayadères se rendent de tous côtés à Simla. On y annonce, en effet, la prochaine arrivée du commandant en chef des troupes indiennes. Il est accompagné d'une nombreuse escorte. Du reste, cette émigration des femmes de joie n'a pas lieu seulement dans l'Inde. Elle se produit aussi en Europe chaque année et se dirige vers les villes de bains, qu'elles soient situées au bord de la mer, dans la plaine ou sur les montagnes. L'humanité est au fond partout la même; elle n'offre de variété que dans les formes extérieures.

Nous traversons Casaoli vers cinq heures du soir, puis nous dînons à l'ombre de grands arbres et au bord d'un torrent. Mais bientôt il fait nuit; on rencontre seulement quelques bûcherons indigènes qui se hâtent de regagner leurs cabanes. Mon guide semble peu rassuré de se trouver sur la route pendant l'obscurité. Nous prenons alors le pas de course, et vers neuf heures du soir nous atteignons Kolkka. Après quinze heures de marche dans l'Himalaya, je trouve le lit fort agréable, même sans draps.

29. — Vers sept heures du matin je monte sur le

boulŏck-train, qui se dirige vers Ambalah par la route que j'ai déjà parcourue. Pendant la nuit j'arrive à destination sans m'en apercevoir, grâce à mon profond sommeil.

30. — Il fait une chaleur étouffante; le vent soulève des flots de poussière. Je passe la journée à la maison avec M. Brunet, mon aimable compatriote.

31. — Dans l'après-midi je pars pour Amritsir. Nous avançons assez lentement sur une route très-sablonneuse.

1er *avril*. — On parcourt de longues plaines stériles couvertes d'arbres rabougris. Les villages, assez rares, sont bâtis auprès des puits, si précieux dans cette contrée aride.

2. — Nous traversons Loudhiana, large place de commerce. Les bazars neufs et réguliers regorgent de marchandises de toutes sortes. Puis on atteint le Satledge, qui formait il y a quelques années la limite du royaume des Sikhes. On franchit cette large rivière sur un pont de bateaux.

3. — Jelunder est la ville la plus importante que nous rencontrions dans la journée; on y remarque de longues baraques pour les troupes natives, de vastes bazars et un beau temple protestant.

4. — Enfin nous arrivons à Amritsir, la ville sainte des Sikhes; elle est entourée de fortifications en briques rouges, de construction récente. Les bazars, assez larges, présentent une régularité par-

faite. Dans les rues, la chaussée est bombée au milieu et bordée de ruisseaux sur les côtés; des briques placées sur champ forment un pavement régulier. Point de poussière, car l'arrosage est confié à de nombreux coulis. On trouve dans Amritsir une entente de la propreté et du confortable, qui est assez rare dans les villes de l'Inde.

Les maisons neuves ont toutes été bâties sur le même plan : au rez-de-chaussée, une longue ligne de boutiques séparées par des colonnes doriques; puis un petit fronton soutenant un balcon; enfin deux ou trois étages surmontés d'une terrasse. La façade, richement sculptée, est construite en bois ou en pierre rouge. Les peintures murales représentent des dieux hindous et des paons étalant leurs larges queues.

Une population fort aisée semble habiter les quartiers neufs de la ville. On y rencontre de nombreux cavaliers, des troupeaux de bœufs et des caravanes de chameaux. Les Sikhes se drapent dans des étoffes d'une grande propreté; ils ont les jambes nues et portent des babouches en cuir rouge brodé d'or. Leur tête est couverte d'une étoffe rose très-fine et coquettement enroulée en forme de casque.

Fort peu de femmes dans les rues, mais aux fenêtres beaucoup de jolies courtisanes de Cachemire. Leur figure, presque blanche et régulière, est animée par deux grands yeux fendus en amande et bordés de longs cils noirs. Le nez, les oreilles, les bras et les pieds sont ornés de nombreux anneaux en or. Enfin ces bayadères s'enveloppent de nuageuses mousselines aux plus tendres couleurs, roses, grises ou blanches; impossible de pousser plus loin l'élégance, le luxe et la séduisante coquetterie.

Je suis arrivé au centre d'Amritsir. Mon ami, M. Lebreton, attiré par une espèce de pressentiment, se met à la fenêtre juste au moment où je m'arrête devant son habitation; il m'offre l'hospitalité avec une cordialité toute française. Sa maison, construite à la mode indigène, semble assez curieuse à un Européen : au rez-de-chaussée, une boutique et l'entrée d'un escalier étroit qui conduit au premier étage; on arrive dans une vaste salle séparée en trois pièces par des cloisons en bois sculpté, imitant le sandal. Le jour vient d'une coupole vitrée qui donne aussi passage à un courant d'air frais.

La pièce du milieu sert d'antichambre; à droite, la salle à manger; à gauche, la chambre à coucher. Cette dernière est fort remarquable par ses peintures murales; on y a représenté différentes scènes de l'histoire et de la religion sikhes; il y a aussi plusieurs portraits des princes de la famille de Runjeet-Singh; ils se détachent sur un fond d'arabesques composées de guirlandes de fleurs et de jolis oiseaux. Le plafond, peint en vert foncé, est orné de baguettes jaunes qui forment une foule de polygones; une rosace en verre miroite au milieu du plafond comme un grand œil indiscret et curieux. Le jour pénètre à travers le grillage en bois de cinq étroites fenêtres à la mode arabe. Enfin un mobilier indigène complète l'effet de cette chambre bizarre.

Les domestiques occupent l'étage supérieur, surmonté d'une terrasse. De ce point élevé, on jouit d'une fort belle vue sur Amritsir. Quelques minarets dorés dominent cette charmante ville ; le tombeau de Naneck se reflète dans l'eau tranquille d'un gracieux étang. Dans le lointain, les campements anglais se détachent sur le fond d'or des riches moissons qui couvrent la campagne.

Le soleil a perdu sa brûlante chaleur ; le cheval de mon ami piaffe à la porte ; bientôt on amène un autre coursier richement caparaçonné ; c'est un banquier sikhe qui me l'envoie, sur la nouvelle que M. Lebreton vient de recevoir un de ses compatriotes. Nous voici à cheval ; un domestique, le saïs, fait écarter la foule devant nous. Au milieu de nombreux saluts nous arrivons à la porte de la ville, où l'on nous présente les armes. Après une promenade à la campagne, la nuit nous fait retourner à Amritsir. On traverse les bazars brillamment éclairés et l'on rentre à la maison. Le dîner est servi, les mets se succèdent sans fin et nous faisons l'éloge du cuisinier. A deux heures du matin, après une agréable soirée, nous parvenions à dormir, malgré la musique criarde des bayadères, nos voisines.

5. — Je pensais consacrer une quinzaine de jours au voyage de Cachemire, mais la guerre des Anglais avec le Caboul rend la route dangereuse, et tout le monde m'engage à ne pas m'y aventurer. Je me décide donc à rester quelques jours à Amritsir. Il se fait dans cette ville un grand commerce de châles, et dans la maison même de M. Lebreton j'ai l'occasion d'en voir plusieurs vraiment magnifiques.

Nous visitons diverses masures où l'on prépare la teinture de ces superbes tissus. Les ouvriers qui les fabriquent gagnent seulement deux annas (trente centimes) par jour. Guidés par un dessin sur papier placé horizontalement sous la trame de leurs tissus, ils ne voient que l'envers des morceaux qu'ils exécutent. Ces indigènes obéissent à la voix d'un dicteur qui lit sur des bandes de papier les lettres initiales des couleurs à employer. Une pareille manière de procéder surprendrait sans doute beaucoup les ouvriers des Gobelins.

Souvent un seul châle suffit à occuper une famille indigène pendant une année tout entière. Des ouvriers spéciaux sont chargés de faire l'assemblage des différents morceaux qui composent le châle dit de Cachemire; c'est en effet la vallée de ce ce nom qui fournit les tissus les plus remarquables par leur finesse et l'éclat de leurs couleurs. Ajoutez aux frais de confection ceux de transport et de douane, et vous trouverez l'explication du prix élevé de ces beaux produits de l'Inde.

6. — Des Sikhes fort passionnés pour les combats de cailles, nous en donnent le spectacle. Il est étonnant de voir avec quelle furie combattent ces petits oiseaux ; on les sépare néanmoins avant que mort s'ensuive. C'est une occasion de paris souvent considérables, comme les combats de coqs en Angleterre et en Espagne. La chaleur devient étouffante ; aussi passons-nous une partie de la journée dans un abattement complet. Comment pourrait-on demander aux indigènes, sous un pareil climat, la même énergie qu'à l'Européen, habitant des pays tempérés ? La nonchalance me semble un mal épidémique bien difficile à éviter dans l'Inde.

7. — Vers huit heures du soir nous allons à une fête donnée par un Sikhe opulent, qui parle assez bien anglais. On entre dans une vaste pièce brillamment éclairée ; deux lampes dorées en forme de paons attirent surtout notre attention par leur originalité : les têtes de ces oiseaux portent la lumière, et leurs queues largement développées forment de curieux réflecteurs aux mille nuances peinturlurées. La réunion se compose d'indigènes aux costumes blancs. Derrière eux se tiennent accroupis leurs nombreux domestiques.

Arrivent deux jeunes femmes accompagnées de
vieilles duègnes et d'un coulis; ces bayadères portent un étroit pantalon en mousseline rouge pail-
letée d'or; puis une robe de même étoffe retenue
au-dessous de la gorge, comme c'était la mode en
France sous l'Empire. Une longue écharpe complète
ce brillant costume. Au nez de larges anneaux d'or,
aux oreilles des bouquets de fleurs et de feuilles
dorées, aux pieds des grelots d'argent qu'elles
agitent en cadence. La plus jeune de ces bayadères
est encore vierge dit-on; ses paupières sont dorées
et bordées d'une ligne noire qui ajoute encore à
l'effet de ses longs yeux brillants. Elle s'est enroulé
autour de la tête une écharpe en mousseline rose
ornée d'un petit plumet doré.

Il y a quatre musiciens: celui-ci porte attachés à
la ceinture deux tambourins qu'il frappe avec les
doigts; celui-là choque l'une contre l'autre deux
petites cymbales; enfin les deux autres musiciens
ont des violons aux cordes métalliques, dont la
forme rappelle la pochette du maître à danser. Ces
deux indigènes chantent souvent ou seuls ou en
chœur avec les bayadères; cet ensemble produit
une harmonie bizarre, quelquefois gracieuse, mais
en général discordante. Les chanteurs s'étudient à
crier le plus fort possible. C'est leur manière d'arriver au comble de l'art; singulière méthode, qui
les conduit à préférer le bruit assourdissant à la

mélodie gracieuse. Il faut bien être dans l'Inde pour entendre soutenir une pareille théorie musicale.

Quant à la danse des bayadères elle se ressent des habitudes efféminées des Indiens ; elle est molle, languissante, et consiste surtout dans la variété des poses ; leur pantomime raconte un roman d'amour. Pour la clôture, les bayadères se dandinent un sabre à la main et s'efforcent de prendre des airs guerriers ; elles paraissent bien peu terribles, mais parviennent à exciter l'admiration de presque tous les spectateurs. Nous trouverions bientôt ce spectacle monotone si les musiciens étaient moins singuliers : ils veulent faire les gracieux et semblent tout fiers de leurs avantages physiques ; en effet, on trouve rarement des figures aussi décharnées, de si larges mâchoires et d'aussi longues oreilles, ce qui forme un ensemble original, sinon très-gracieux.

Le type le plus curieux est le massalchi (porteur de torche) : cet indigène, vieux et maigre, pose son turban sur l'extrémité de la tête; il cherche à mettre en lumière toutes les beautés des bayadères avec une dextérité de feu follet et une sollicitude de mère d'actrice; il paraît comprendre toute l'importance de ses fonctions; aussi est-ce avec la plus grande gravité qu'il verse l'huile pour alimenter sa torche. Si elle venait à s'éteindre, le ballet ne perdrait-il pas tout son intérêt?

N'oublions pas la mère des bayadères, si vivement préoccupée du soin de leurs toilettes. L'ensemble du ballet présente un éclat de clinquant qui séduit vivement les indigènes. Aussi la soirée se prolonge jusqu'à trois heures du matin. De temps à autre on jette des pièces de monnaie aux bayadères pour les encourager. Nous donnons le signal du départ; les Sikhes n'auraient jamais pensé à se retirer avant le jour, tant ce spectacle satisfait leurs goûts ardents et voluptueux.

8. — La chaleur du jour me fait rester à la maison, où j'écris mes notes de voyage.

9. — Nous allons le matin visiter le tombeau de Naneck, le grand prophète de la religion des Sikhes. Ce mausolée, situé au centre d'Amritsir, a été restauré avec luxe par Runjeet-Singh. Nous traversons une large porte moresque et nous entrons dans une vaste enceinte. Devant nous s'étend un immense bassin en marbre blanc, bordé de belles constructions; au milieu de cet étang sacré, qui a fait donner à la ville le nom d'Amritsir (eau sainte), s'élève un petit îlot en marbre blanc. Il contient le tombeau de Naneck et le Grant, ce code sacré des Sikhes. Pour arriver au sanctuaire, il faut suivre une chaussée également en marbre et ornée de jolis candélabres dorés.

Le tombeau, de forme carrée, est incrusté de précieuses mosaïques; le toit tout doré brille au soleil. Rien de plus splendide que ce délicieux monument, magnifique pièce d'orfévrerie, sans pareille au monde. Une foule de pèlerins, revêtus de brillants costumes, vont se prosterner sur la tombe du prophète; quelques-uns se plongent dans l'onde sacrée.

Nous échangeons nos bottes contre de larges pantoufles, afin de traverser une vaste cour ornée de mosaïques en marbre. Nous arrivons devant la maison dorée du grand prêtre; à la porte se dressent deux longs mâts revêtus de feuilles d'or, ils ressemblent beaucoup à ceux qui ornent la place Saint-Marc à Venise. Une chaussée en marbre conduit au tombeau de Naneck, dont les portes sont en argent ciselé; nous voyons une petite salle carrée surmontée d'un dôme doré et peint de losanges de toutes couleurs; sous un dais magnifique se trouve une pierre tumulaire recouverte d'étoffe précieuse; alentour se tiennent le grand prêtre, un musicien armé d'une pochette, et une foule de fidèles accroupis qui chantent en chœur.

On voit au milieu de la salle un gros tas de cowries qui forment la menue monnaie du pays; en échange d'une roupie, on donne cinq mille neuf cent vingt de ces petits coquillages. Les fidèles jettent leurs modestes offrandes et prennent quelques fleurs jaunes sur le tombeau de leur prophète. Nous admirons sur les parois extérieures du mausolée plusieurs jolies mosaïques représentant des fleurs, des oiseaux, et surtout un pèlerin en prière. Un coup d'œil encore à ce riche et ravissant tableau ; puis nous traversons le mur d'enceinte et nous rentrons à la maison. Il fait déjà chaud, bien qu'il soit seulement huit heures du matin.

10. — L'ancien quartier d'Amritsir est encombré de pèlerins venus pour les prochaines fêtes religieuses. A peine pouvons-nous avancer dans ces rues aussi longues qu'étroites. On a établi plusieurs balançoires russes qui ont beaucoup de succès. Des saltimbanques exécutent des tours de force peu surprenants. Des bateleurs montrent des animaux savants, des singes, des chèvres, et même des ours. Ils amassent autour d'eux une foule de curieux non moins nombreux ici qu'en Europe.

11. — Les pèlerins sikhes affluent au tombeau de Naneck ; ils viennent souvent de fort loin pour assister aux cérémonies qui ont lieu auprès de ce mausolée vénéré ; ils s'y rendent avec autant d'empressement qu'en montrent les musulmans à visiter la Caabah. Je me trouvais l'année dernière à Djeddah, le port de la Mecque. Je fus surpris du grand nombre de pèlerins que j'y vis arriver ; ils poussent le fanatisme à l'excès. J'eus le temps de l'apprécier lorsque, seul chrétien à bord d'un navire arabe, je fis en la compagnie de mahométans le voyage de la mer Rouge pour retourner à Suez.

En arrivant à Jérusalem on éprouve une impression toute différente. En 1853, j'y passai la semaine sainte : nous n'étions pas même une cinquantaine de chrétiens, catholiques ou protestants;
et encore, dans ces visiteurs du tombeau du Christ,
fallait-il compter autant de touristes que de vrais
pèlerins. Au contraire on remarquait une grande
affluence de chrétiens grecs ou arméniens : ils
étaient plus de 3000 et semblaient très-fanatiques.

Combien le sentiment religieux se manifeste plus
vivement dans les peuples méridionaux que dans
ceux qui habitent les régions septentrionales! Est-ce
l'influence du climat? Les formes du culte sont-elles
soumises à la même loi? Il semble que des tropi-
ques au pôle il y a une dégradation dans l'éclat du ciel
comme dans celui des cérémonies religieuses. Pom-
peuses dans le bouddhisme, le mahométisme et le
catholicisme, elles deviennent austères dans le pro-
testantisme, cette religion du Nord.

12, 13, 14, 15. — Il tombe ces jours-ci une pluie
torrentielle qui me fait rester à la maison.

16. — Vers trois heures de l'après-midi je fais
mes adieux à mon aimable hôte, M. Lebreton; puis
je monte dans le boulock-train qui part pour Lahore.
Bientôt j'assiste à un magnifique coucher de soleil
dont les derniers feux se projettent sur les sommets
de l'Himalaya. Toutes ces cimes neigeuses prennent
une teinte rose tendre qui se détache sur le fond

bleuâtre de l'horizon. On dirait une longue chaîne
d'îlots rosés flottant sur une mer d'azur. Je ne puis
détourner les yeux de ce ravissant tableau, que chaque minute couvre malheureusement d'un rideau
de plus en plus sombre jusqu'à la tombée de la
nuit.

CHAPITRE XII.

17 avril. — Dès la pointe du jour, nous passons devant le célèbre jardin de Schalimar, à 5 kilomètres environ de Lahore. Bientôt nous apercevons de nombreuses mosquées en ruines : on se croirait au Caire, non loin de la porte El Masor, sur les confins du désert. Nulle part, du reste, la désolation n'est écrite en plus larges caractères : le sol disparaît sous des monceaux de briques provenant d'immenses constructions. Des pans de murailles lézardées indiquent çà et là leurs vastes enceintes. Nulle habitation : pas la moindre végétation; aucun être animé, si ce n'est plusieurs bandes de corbeaux coassant. Ils se repaissent des cadavres de chameaux qui remplissent l'air de leurs miasmes pestilentiels.

Nous avons hâte de franchir cette triste route : on s'arrête seulement devant quelques murailles ornées de faïence peinte : elles formaient autrefois l'entier revêtement de la plupart de ces mosquées, et maintenant il en reste à peine de rares échantillons ; ils me font penser à Dijon et à sa cathédrale, dont le toit est couvert en tuiles vernissées. Enfin, la végétation reparaît dès qu'on approche de Lahore. Nous longeons ses fossés creusés aux pieds de hautes murailles démantelées par les Anglais ; puis j'arrive au bengalo, où je dois demeurer plusieurs jours.

Me voici dans la capitale du Pundjaub, cet État qui fut si florissant sous Runjeet-Singh. Le général Allard, notre compatriote, qui lui avait inspiré la plus grande confiance, commandait une armée de 60 000 Sikhes parfaitement disciplinés. C'est lui qui fit recevoir Jacquemont à la cour du roi de Lahore : elle était, du reste, le rendez-vous de nombreux Européens, Ventura, Court, Mouton, Argou, etc., qui occupaient des grades élevés dans l'armée. Le royaume sikhe, alors redoutable même pour la Compagnie des Indes, a été depuis annexé à ses possessions. La politique anglaise a su s'emparer de cette riche contrée en profitant des divisions intestines qui ont éclaté peu d'années après la mort de Runjeet-Singh. Maintenant les Sikhes, incorporés dans l'armée indienne, en forment les meilleures troupes.

A 9 kilomètres environ de Lahore se trouve un important cantonnement anglais. Je m'y fais conduire en palanquin. Nous traversons une vaste plaine ; et grâce à une belle route et aux excellentes jambes de mes porteurs, nous sommes bientôt arrivés à destination. Au milieu d'une immense place carrée s'élèvent les maisons de l'état-major et des officiers : à droite et à gauche, les troupes anglaises habitent des constructions qui s'étendent sur deux longues lignes parallèles : les deux autres côtés du quadrilatère sont formés par les petits villages qu'occupent les cipayes ; en face se trouve l'artillerie anglaise, qui est éloignée de 2 kilomètres environ. Les canons braqués dans la direction des cipayes paraissent prêts à les mitrailler en cas d'insurrection. Quelle preuve de confiance ! Du reste, cette précaution pourrait bien un jour n'être pas inutile. Cependant les troupes sikhes sont restées fidèles aux Anglais lors de l'insurrection de 1857, qui a pu être réprimée grâce à leur puissant concours.

De retour à Lahore, je traverse les rues étroites, régulières et populeuses qui me conduisent à la grande mosquée, bâtie par Aureng-Zeb. Elle est entièrement revêtue de faïence peinte. Les carreaux jaunes ou noirs, en alternant, forment des dessins peu compliqués. Le portail est recouvert de nombreuses inscriptions dont les lettres bizarres composent de curieuses arabesques. Aux quatre coins

de la vaste cour intérieure s'élèvent de hauts minarets.

Je monte au sommet de l'un d'eux sous la direction d'un derviche : il semble avoir fort peu de sympathie pour les Anglais, et me croit l'ami des géné-
raux Allard et Ventura, si chers au peuple sikhe. Aussi
me montre-t-il avec complaisance les quelques monuments de Lahore. Ici trois coupoles dorées, plus
loin trois autres en marbre blanc; elles dominent
la citadelle qui renferme le palais et le tombeau de
Runjeet-Singh. Une agglomération de hautes maisons en briques rouges forme la ville. On me signale
les vastes résidences qui furent habitées par les Européens au service du célèbre roi des Sikhes. Cette
rivière, étroite et rapide, qui coule aux portes de
Lahore, c'est le Ravi, dont le cours sinueux traverse
des plaines fertiles. De ce côté, à 5 kilomètres environ, nous apercevons le tombeau de Shadrah. A la
même distance, mais du côté opposé, on distingue
parfaitement les jardins de Schalimar. La campagne, ici fertile et animée, plus loin, stérile et déso-
lée, présente les plus frappants contrastes aux environs de Lahore.

Je parcours cette ville en tous sens. Les rues
étroites sont bordées de maisons hautes de cinq à
six étages; quelques-unes, à moitié ruinées, semblent prêtes à s'écrouler : il faut, dans les ruelles, éviter sans cesse les trous et les égouts qu'on rencon-

tre à chaque pas. En Asie, on trouve souvent les voies publiques dans un pareil état d'abandon. Il surprend néanmoins le voyageur qui arrive d'Amritsir, cette ville si proprette. Une population misérable et farouche se presse de tous côtés. Les chevaux et les éléphants augmentent la confusion. Aussi j'avance le plus vite possible à travers les quartiers peu intéressants. Les boutiques des bazars renferment d'assez riches soieries, quelques beaux châles de cachemire et de gracieuses boîtes vernissées en carton-pâte. Inutile de mentionner toutes les marchandises et denrées ordinaires qui se trouvent dans ces bazars.

Un spectacle très-original est celui que présente le balcon de quelques maisons. Des volatiles de toutes espèces courent au milieu des bayadères gracieusement groupées, qui se tiennent aux fenêtres dans des toilettes brillantes. Quelques-unes ont la tête couverte d'un bonnet phrygien très-coquet et généralement en usage à Lahore ; elles rient sur votre passage, vous provoquent du regard, prennent de jolies poses et vous font des signes avec enjouement. Ces femmes sont généralement fort jeunes et assez belles. La vue de groupes si curieux semble aussi agréable aux indigènes que singulière aux Européens. Cependant le rez-de-chaussée des maisons présente, dans certaines rues de Hambourg, le même coup d'œil que celui offert par le premier étage de ces habitations dans les bazars de Lahore. Les poules et les coqs manquent, toutefois, à la mise en scène derrière les glaces des fenêtres de Hambourg.

Sur la route qui mène au campement militaire s'étend un vaste quartier indigène assez animé. J'y passe la soirée jusqu'à dix heures : les lampes s'éteignent alors, et la mienne se conforme à l'usage.

18. — Je vais dans la forteresse visiter le palais de Runjeet-Singh. La façade offre un curieux type de l'architecture hindoue modifiée par le goût européen. Cette alliance semble peu heureuse pour l'effet général. On montre aux voyageurs un modeste arsenal qui renferme quelques armes et plusieurs drapeaux sikhes. Une autre salle assez belle est entièrement revêtue de petits miroirs formant des dessins bizarres.

Le tombeau de Runjeet-Singh, bâti sur le même plan que celui de Naneck, a été construit avec beaucoup plus d'économie. L'or et l'argent qui ornent la tombe du prophète ont été remplacés par de simples fresques dans ce mausolée royal. Je pénètre à l'intérieur, et je vois un dôme peu élevé, mais couvert de peintures. Des miroirs de diverses couleurs complètent cette décoration peu coûteuse. La pierre tumulaire à peine saillante au-dessus du sol est couverte d'une étoffe de soie : on y a déposé quelques fleurs. Enfin les fresques des murailles représentent les principales actions de l'illustre souverain du Pundjaub. Partout, on le voit, la parcimonie moderne a remplacé l'antique profusion hindoue.

Cette visite achevée, je traverse la plaine arrosée par les branches du Ravi. Les jardins de Shadrah sont entourés d'un mur d'enceinte ; mais la rivière y a fait une large brèche qui me sert de porte d'entrée. Je parcours les longues promenades solitaires qui aboutissent au tombeau de Shadrah. Cet édifice considérable est bâti en pierre rouge avec incrustations de marbre blanc.

On pénètre d'abord sous un long portique carré qui conduit à plusieurs chambres et à l'étroit couloir de la salle mortuaire. L'obscurité permet à peine de distinguer les peintures murales. Le tombeau, en marbre blanc, est orné de mosaïques représentant quelques fleurs. Construit sur le même plan que les mausolées d'Agra, il leur semble bien inférieur, sous le rapport de l'exécution. Une large terrasse forme le sommet de l'édifice, comme à Secundra. Elle est dallée en marbre blanc, et surmontée de quatre minarets fort élevés. Mais le soleil devient bientôt si ardent que je m'empresse de retourner au bengalo.

Vers quatre heures du soir, le ciel se couvre d'épais nuages, le tonnerre gronde, et il éclate un terrible orage. Le vent soulève des flots de poussière et emporte les toits de chaume. Il fait nuit. Alors tombe une épaisse nuée de grêlons qui rejaillissent avec force contre le sol. Ils sont de la grosseur d'un œuf de pigeon; je n'en avais jamais vu d'un pareil volume. Tout le sol et les toits en sont couverts; la nature a revêtu le blanc manteau de l'hiver, et je ne puis croire que je sois dans l'Inde. Mais déjà le ciel s'éclaircit, et l'atmosphère reprend son calme habituel. Malgré la boue qui couvre les rues de Lahore, je m'y promène pour voir les effets de l'orage. Les enfants s'amusent à ramasser les grêlons, qu'on suspend aux portes des maisons. C'est pour les indigènes un objet de curiosité.

19. — Je vais, le matin, me promener dans le jardin de Schalimar (maison de joie); ses allées droites et régulières sont bordées de vastes bassins qu'animent des nombreux jets d'eau. C'est une miniature du parc de Saint-Cloud, mais avec cette différence qu'ici les bosquets se composent d'orangers, de citronniers et d'autres arbres odoriférants. L'air est embaumé de leur doux parfum. Plusieurs terrasses, qui s'élèvent les unes au-dessus des autres, ont fait donner à cette promenade le nom de jardins suspendus. Un kiosque de forme mauresque a été bâti sur le point culminant. De là s'écoule une nappe d'eau qui diamante les degrés d'un escalier en marbre blanc. Ce charmant pavillon d'où la vue est délicieuse a été choisi par les Anglais comme site ordinaire de leurs déjeuners champêtres. Aujourd'hui

même on remarque une société d'officiers qui se réunit autour d'une table bien garnie.

Je rentre à Lahore, par la porte où se trouve un énorme canon de bronze, qui peut avoir environ cinq mètres de longueur. Après une longue promenade dans la ville, où je ne vois rien de nouveau, je me dispose à partir. La vallée de Cachemire est éloignée seulement de 260 kilomètres environ. Mais il n'y a pas de route, il faut plus de cinq jours de marche, et, sur le trajet, les attaques à main armée se multiplient depuis quelque temps. Ces différentes considérations me font renoncer à visiter la vallée de Cachemire, plus célèbre, dit-on, que vraiment intéressante. Sous le rapport du pittoresque, il paraît qu'elle est bien inférieure aux admirables vallées des Alpes. Je me décide à gagner Moultan, puis Bombay, afin de faire complétement le tour de l'Inde.

Pour se rendre à Moultan, il faut deux jours si l'on monte à cheval, en payant cent francs pour les relais de poste; quatre jours si l'on préfère le palanquin, et six jours si l'on prend une voiture traînée par des bœufs. Comme le gouvernement n'a pas organisé de boulock-train plus loin que Lahore, je m'adresse à une compagnie particulière. On paye cent vingt-cinq francs pour une voiture assez commode, espèce de large boîte à deux banquettes.

Nous partons à six heures du soir et nous suivons

une grande route, bordée d'interminables casernes.
Quelques jolis équipages attirent notre attention. Les
Anglais se hâtent de mettre à profit la soirée, seul
moment où l'on puisse respirer dans ce brûlant pays.
Bientôt nous atteignons les belles et vastes ruines
qui s'élèvent au bord du Ravi. Éclairées par la
pleine lune, elles deviennent grandioses et mélan-
coliques. Puis la route se déroule au milieu de vastes plaines, dont la monotonie me procure un prompt
sommeil.

20. — Je me réveille au milieu d'une triste et
solitaire contrée, dont le sol aride est parsemé de
maigres arbustes et de quelques buissons épineux.
L'ensemble offre moins de grandeur que les déserts
de l'Afrique, et paraît plus misérable et plus af-
fligeant, s'il est possible. Comme la voiture s'enfonce dans le sable de la route, nous sommes souvent obligés de suivre un sentier au milieu des
broussailles. Nous rencontrons plusieurs caravanes
de chameaux et quelques cipayes à cheval. Aucun village. Des huttes en torchis ou en paille se groupent seules autour des caravansérails. Ils sont à
peine achevés maintenant, et se trouvent à 14 kilomètres l'un de l'autre. On les a tous construits sur
le même plan. Ce sont des espèces de forteresses
carrées avec tourelles aux quatre coins. Un puits est
creusé au milieu de la cour intérieure. Le portique
qui l'entoure donne entrée dans plusieurs petites

chambres obscures. Ces constructions en briques et en torchis offrent un abri peu somptueux, mais fort agréable, contre les rayons du soleil. Elles ressemblent tout à fait aux caravansérails établis en Algérie, le long de la route qui de Batna mène à Biscara, cette ville bâtie sur les confins du Sahara. Pendant le milieu de la journée, les Indiens en voyage s'arrêtent à l'ombre de ces stations hospitalières. Je ne suis pas leur exemple, car j'ai trop hâte de franchir cette ennuyeuse contrée. La chaleur cependant est étouffante, et l'air semble manquer à la respiration. Une toile peu épaisse recouvre le toit de la voiture. A travers ses interstices, quelques rayons de soleil se glissent et viennent me brûler. Je suis réduit à ouvrir le parasol pour m'abriter. En outre, je cherche à me tenir en équilibre malgré les cahots de la voiture, mais je n'ose m'appuyer sur les parois de cette boîte brûlante.

Dès que j'aperçois la moindre hutte, je me fais promptement apporter de l'eau. Son goût, plus ou moins saumâtre, ne m'empêche pas d'en boire de longues rasades. Cette eau me sert aussi à imbiber une serviette que je me roule autour du front comme un large turban. Malgré cela, j'ai la tête en feu, et ce supplice dure depuis midi jusqu'à trois heures. Alors le vent s'élève et la chaleur diminue peu à peu. La réfraction solaire, si pénible sur un chemin sablonneux, perd aussi de son intensité. J'en profite pour ouvrir la porte de ma voiture, ce qui me permet de respirer plus à l'aise.

Dès qu'il fait nuit, je m'endors promptement. Mes vêtements sont fort légers ; aussi, au bout de quelques heures, le froid me réveille. Presque aussitôt la voiture s'arrête, je saute à terre pour voir quel obstacle est survenu. Mon cocher m'avait abandonné devant un caravansérail, et il reconduisait tranquillement ses bœufs au précédent relais. Je lui crie de me fournir un autre attelage ou bien de me conduire à la prochaine station. Il refuse ; je prends alors ma canne et la lève avec vivacité. Ce mouvement suffit pour rendre fort traitable le robuste bouvier, dont la force physique était bien supérieure à la mienne.

Les Indiens se montrent généralement aussi soumis et craintifs que des enfants dans leurs rapports avec les Anglais. Ces derniers ont réussi à leur inspirer une grande terreur en les accablant souvent de mauvais traitements. La violence est un argument décisif auquel les Européens ont souvent recours. Peut-être ne sont-ils pas toujours aussi blâmables qu'ils le paraissent au premier abord. Ainsi, je viens de suivre leur exemple, et je n'ai pas même besoin de mettre ma menace à exécution. Cet indigène s'empresse d'atteler les bœufs ; nous partons, et je m'endors satisfait de mon coup d'autorité.

21. — Dès l'aube du jour, j'entends de tous côtés

le chant des oiseaux. A chaque pas, j'aperçois de nombreuses perdrix rouges, de magnifiques faisans, des nuées de pigeons et des huppes aux mille couleurs. De temps à autre, on voit les lièvres fuir à notre approche, et les troupeaux de gazelles courir dans le lointain. L'abondance du gibier rend la chasse fort agréable. En outre, elle est très-facile, car les animaux ne fuient pas devant le fusil. Les Européens, qui seuls pourraient chasser, traversent rarement ces déserts. Quant aux indigènes, jamais ils ne tuent un être animé. Les végétaux composent exclusivement la nourriture de la plupart des Hindous.

La voiture avance si lentement, que je puis, sans quitter ma banquette, abattre une masse de gibier. J'en réserve une partie pour mes repas ; je distribue le reste à des mahométans. Le Coran leur permet de manger de la viande des animaux qui sont tués, en prononçant une prière spéciale. Ils se plaisent probablement à croire que j'ai observé cette prescription, car ils paraissent déguster, sans le moindre scrupule, le gibier que je leur donne.

La chaleur me fait bientôt renoncer à cette chasse peu fatigante. Je me ramasse de nouveau à l'ombre de mon parasol, et je cherche à respirer, malgré une épaisse poussière. Cette brûlante température me fatigue aujourd'hui bien moins qu'hier. L'habitude rend plus supportables les privations et même les souffrances. En voyage, on n'a que trop d'occasions de vérifier combien cette assertion est exacte. Cependant l'obscurité me procure un prompt sommeil, qui se prolonge jusqu'à deux heures du matin.

22. — Le bouvier est parti sournoisement, et me voici seul devant un poste de cipayes. Ils dorment si bien, qu'il ne serait pas facile de les réveiller en criant. Pourquoi, d'ailleurs, me fatiguer? N'ai-je pas des pistolets? Deux coups tirés aux oreilles de ces indigènes les font lever en sursaut. Ils s'empressent d'aller chercher un attelage de bœufs. Bientôt je suis en route de nouveau.

Nous rencontrons quelques montées assez difficiles; à la première, il me faut aider le bouvier ; à la seconde, ce maladroit trouve moyen de détacher l'avant-train de la voiture. Elle tombe, et malgré tous nos efforts nous ne parvenons pas à la relever sans aide.

Pendant que le bouvier court au prochain caravansérail, je me mets à chasser dès la pointe du jour. Arrive un cipaye à cheval, suivi de plusieurs natifs. Ils relèvent ma voiture avec complaisance, et bientôt nous atteignons une station de poste. Le directeur demande à voir mon bulletin de route. Il m'apprend qu'on m'a fourni des bœufs appartenant à une compagnie rivale, que la mienne n'a pas ici de relais, et qu'il faut attendre douze heures au moins un nouvel attelage. Impossible de partir plus tôt. Quelle charmante perspective m'offre un pareil retard dans cette détestable contrée !

Mais je réfléchis au pouvoir magique de l'argent, qui fait disparaître subitement les prétendues impossibilités. On ne peut pas, me dit-on, trouver ici des bœufs pour me mener à la prochaine station, éloignée de douze kilomètres seulement. J'offre dix francs à qui voudra m'y conduire. Cette proposition change complétement les dispositions des indigènes qui m'entourent. Pour gagner cette somme relativement exorbitante, ils me font l'éloge de leurs attelages de bœufs et se disputent à qui partira avec moi. Trois heures après, j'avais parcouru cette distance que l'on prétendait infranchissable aujourd'hui. Combien l'argent a de puissance même dans une bourgade au milieu de ces pays déserts ! Aucun autre incident ne vient troubler cette journée suffisamment agitée.

23. — A mon réveil j'aperçois plusieurs petits tombeaux disséminés sur le bord de la route. Quelques briques recouvrent les buttes de terre qui forment ces modestes sépultures. Elles sont les seules traces du passage de l'homme dans cette triste contrée ; car le vent efface promptement l'empreinte tracée, sur un sable friable, par les roues des voitures et les pieds des chameaux. Le gibier devient assez rare dans cette plaine stérile et sa-

blonneuse. Faute de mieux, je me contente d'abattre plusieurs milans et quelques perroquets criards.

Vers midi, le pays change enfin d'aspect. Voici des champs couverts de moissons et de vigoureux palmiers. On entend le gémissement régulier des roues hydrauliques. Nous atteignons bientôt les constructions en briques rouges de Tolumba. Cette petite ville est la seule que l'on rencontre de Lahore à Moultan. Les autres agglomérations d'habitations indigènes forment quelques villages insignifiants sur cette longue route de 270 kilomètres. Je passe toute l'après-midi à l'ombre d'un frais caravansérail. Dès que la chaleur diminue, je m'empresse de chasser dans la charmante oasis de Tolumba.

La nuit devient excessivement fraîche; les cris des chacals m'empêchent de dormir. C'est heureux pour la célérité de mon voyage, car dès qu'il me croit assoupi, le bouvier s'éloigne sans bruit. Je saute en bas de la voiture et je ramène cet indigène en le menaçant de coups de canne. Nous voilà repartis; mais au bout d'une heure, il fait une nouvelle tentative de départ. Je saisis alors un pistolet, et j'abats une petite branche sur un arbre voisin. Par signes, je lui fais comprendre que l'autre pistolet lui est réservé et qu'il voit comment je sais m'en servir. Il faut donc qu'il se remette promptement en marche, et qu'il ne s'arrête plus avant le relais. Cette énergique démonstration inspira au bouvier une terreur qui me fut profitable ; car pendant le reste de la nuit il me fit parcourir beaucoup de chemin , malgré mon profond sommeil.

24. — La chaleur et la stérilité augmentent encore, si c'est possible. On se réfugie dans un caravansérail, où nous passons quelques heures à dormir. Il souffle aujourd'hui un vent brûlant qui dessèche la peau. Décidément je suis forcé de croire aux excessives chaleurs de l'Inde. Le thermomètre marque à l'ombre 130° Fahrenheit, 53° centigrades. Aussi je vois avec plaisir approcher la fin de mon voyage. A dix heures du soir nous passons devant la forteresse de Moultan , et je me repose bientôt dans un confortable bengalo. Dormir à l'abri d'une maison est vraiment agréable quand on a passé cinq nuits en voiture.

25. — Le matin je vais visiter Moultan, situé à 3 kilomètres de distance. Les maisons construites en briques présentent un aspect misérable. A travers une foule de ruelles étroites on arrive dans le bazar principal. Il est très-commerçant, mais n'offre rien de curieux. La forteresse de Moultan, qui domine la ville, fut assiégée par les Anglais en 1849. Le chef sikhe Moulraj résista jusqu'au moment où deux brèches furent ouvertes. Lorsqu'il vit toute résistance inutile, il se rendit au camp du major général Whish, et se constitua prisonnier. Les mu

railles du fort sont en partie écroulées. On voit dans son enceinte deux grandes mosquées revêtues de faïence peinte. Elles tombent aussi en ruine. Çà et là sont rangées de nombreuses pièces de canon. Un régiment anglais occupe des casernes adossées aux murs épais de cette antique forteresse.

La chaleur me fait promptement rentrer au bengalo. Il est dangereux pour un Européen de s'exposer au soleil pendant la journée. On ne sort généralement que le matin et le soir. Conformons-nous à l'usage, c'est une nécessité.

26. — Je traverse une campagne fertile et couverte de palmiers. On se croirait en Égypte. A 4 kilomètres de distance, je trouve sur le Tchenab un petit vapeur en partance pour Kurrachée. Il quittera Moultan le 4 mai prochain. Je devrai donc rester encore huit jours dans cette triste station. Un vent violent qui soulève des flots de poussière me fait réfugier au bengalo le plus vite possible. Le sable y pénètre et se dépose en couches épaisses, quoique les portes et les fenêtres soient fermées. L'air semble sortir d'une ardente fournaise. Le bois des meubles se fend, les livres se tordent, l'eau est tiède. Le corps se couvre de sueur, bien qu'on reste immobile. Si l'on se reposait sur le lit? Mais il n'y faut pas penser, car il brûle. Que faire alors? S'étendre à terre sur des nattes et chercher dans le sommeil l'oubli de cet enfer terrestre. Oh! la France

quel beau pays! Quand reverrai-je ma patrie, et combien je la regrette!

27. — Dès le matin le vent souffle avec une incroyable furie; des tourbillons de poussière cachent complétement le soleil, qui reste voilé toute la journée. Les murs du bengalo ont un mètre d'épaisseur; ce n'est que le nécessaire, avec de pareilles bourrasques et une chaleur si ardente. Arrive l'heure du dîner; je n'ai point d'appétit, néanmoins je me mets à table. Un domestique agite au-dessus de ma tête un énorme pounka afin de me donner un peu d'air; un autre indigène apporte le rôti, dont l'odeur est si forte qu'elle m'empêche de goûter à ce mets peu appétissant. Dans cette contrée on ne sert point de légumes; que reste-t-il? Du beurre fondu et des confitures venant de Londres. Pitoyable existence! Je voudrais bien quitter Moultan.

28. — Je suis réveillé par des fusillades et de nombreux coups de canon : ce sont les troupes qui font l'exercice à feu dans la plaine voisine. Il fait une fort belle matinée, mais vers deux heures de l'après-midi éclate un épouvantable orage. J'éprouve les symptômes d'une fièvre ardente, mais ses progrès sont promptement arrêtés par une diète absolue et par des compresses d'eau fraîche sur le front; on me donne seulement quelques tasses de thé pour activer la transpiration. Je me couche de bonne heure, et la nuit calme le feu de mon sang brûlant;

voilà un traitement fort simple et qui m'a plusieurs fois parfaitement réussi : avis aux voyageurs.

29. — Le temps est superbe aujourd'hui ; aussi tous les êtres animés s'empressent-ils d'en profiter. Au soleil levant les lézards sortent de ma chambre pour s'étendre sur le sable chaud ; les oiseaux quittent leurs nombreux nids établis sous la toiture de notre vérangue, ils voltigent alentour du bengalo en poussant leurs petits cris de joie ; il y a beaucoup de moineaux, ces cosmopolites qu'on rencontre partout en grand nombre. Bientôt arrivent des essaims de mouches et d'énormes guêpes au dard terrible, qui ne cessent de vous impatienter.

A l'heure des repas apparaissent les fourmis de toutes grandeurs, depuis la géante jusqu'à la microscopique. Dans mon verre je vois s'agiter une foule d'animalcules à grosses têtes et à queues frétillantes. On allume la bougie, elle devient aussitôt le centre d'un tourbillon d'insectes ailés : papillons, mouches et hannetons viennent se brûler avec empressement ; cette manie du suicide gêne beaucoup ma lecture. Les chauves-souris du moins se tiennent à distance et décrivent dans la chambre leurs cercles continus.

Enfin je me couche, la lumière est éteinte, quelques moustiques me tiennent encore compagnie ; on voit que ma solitude n'est pas absolue. Voici les grenouilles prêtes à protester ; je les avais oubliées dans l'énumération des êtres vivant autour de moi ; en ma qualité d'homme, je suis leur roi par droit de naissance, mais j'abdiquerais volontiers, car mes sujets me semblent bien fatigants et fort peu respectueux envers leur souverain.

30. — A quatre heures du matin le canon résonne. Je vais assister aux manœuvres militaires qui s'exécutent dans la vaste plaine en face du bengalo. On aperçoit d'abord un escadron de troupes sikhes au service de la Compagnie. Les chevaux paraissent excellents. Les cavaliers ont la tournure militaire, et leurs noires figures portent de longues barbes; l'uniforme se compose d'un turban bleu foncé, d'une espèce de blouse maintenue par un ceinturon qui soutient le sabre, d'un pantalon collant de couleur jaune, et qui se perd dans des bottes à éperon. Les sabres et les lances de la cavalerie ont la forme européenne. L'escadron sikhe, commandé par des officiers anglais, manœuvre d'une façon très-régulière.

Un peu plus loin se trouve un bataillon de troupes natives. Le soldat porte un pantalon et une petite veste d'étoffe blanche, un bonnet anglais de laine bleue à galon jaune, un fusil européen à baïonnette et des buffleteries à l'ancienne mode. La musique militaire paraît assez bonne, et ces troupes présentent une excellente tenue sous les armes. Enfin, j'arrive devant l'artillerie indigène. L'uniforme est de drap bleu sombre; les canons brillent de propreté.

L'exercice à feu commence; je vais me promener dans le campement, qui occupe un vaste quadrilatère entouré d'un fossé peu profond. Les troupes habitent des constructions en torchis, que des murs divisent en une foule de chambres destinées chacune à un soldat. Quelques rangées d'arbres procurent un peu d'ombre. Les officiers occupent de larges maisons, dont les murs épais ne laissent pénétrer l'air et le jour que par d'étroites fenêtres. Un grand nombre de puits sont creusés les uns auprès des autres. Enfin à la porte du camp se trouve un petit bazar assez bien approvisionné. Les bayadères n'y manquent pas, mais elles sont plus nombreuses que jolies.

Ces troupes vivent ainsi assez confortablement. La Compagnie des Indes évite de leur fournir le moindre sujet de mécontentement. Une révolte de leur part serait en effet terrible à cause de leur instruction militaire, et surtout de leur grand nombre. La disproportion entre les troupes anglaises et les troupes indigènes offre un danger bien difficile à éviter. Ma revue terminée, je rentre au bengalo dessiner un groupe de palmiers qui s'élèvent auprès de notre demeure.

1ᵉʳ *mai.* — C'est dimanche. Il n'y a point d'exercice militaire. J'écris mes notes de voyage pour échapper à l'ennui de cette journée.

2. — Je vais auprès du cantonnement assister au défilé de quelques éléphants et de nombreux chameaux destinés à porter les tentes et les bagages en temps de guerre. Il y a aussi des attelages de bœufs pour traîner les pièces de campagne et les fourgons de l'ambulance. A la suite des armées indiennes qui font des expéditions, il faut toujours compter un grand nombre d'hommes complétement étrangers au métier des armes. Les officiers anglais emmènent plusieurs domestiques natifs et font emporter des tentes ·et tous leurs accessoires considérables. Le soin des chevaux, des éléphants, des chameaux est abandonné à des milliers d'indigènes. Enfin une foule de marchands se chargent de fournir aux soldats toutes les provisions qu'ils peuvent désirer, et forment, au moment des haltes, de véritables bazars. Les troupes de Xerxès ne traînaient pas après elles plus de gens inutiles ni une plus grande masse de bagages. Il est facile de comprendre combien la marche d'une armée doit être entravée par toute cette suite embarrassante.

CHAPITRE XIII.

3 *mai*. — Enfin je quitte Moultan. Le vapeur ne
partira que demain matin; mais, pour ne pas le
manquer, je vais coucher à bord. Nous sommes six
voyageurs pour Kurrachée. Nous préférons rester
sur le pont plutôt que de dormir dans les cabines,
où l'on manque d'air. En outre, on paye seulement
165 francs au lieu de 250. Une dame avec ses enfants a seule retenu une cabine. Pour dormir il faut
attendre la fin des nombreux toasts d'adieux. Quelques Anglais félicitent leurs amis de retourner dans
leur patrie. L'Inde, en effet, offre un séjour peu
agréable, et souvent même funeste à la santé des Européens. Combien d'Anglais ont déjà succombé en
ce pays, ou, épuisés par son climat meurtrier, sont

allés mourir au cap de Bonne-Espérance! Ils y arrivaient trop tard pour que leur santé pût se rétablir.

4. — A six heures du matin on quitte la rive. Nous avançons rapidement sur le Tchenab, qui a beaucoup grossi depuis quelques jours. Cependant il n'a pas encore partout 1^{m},50 de profondeur : c'est le tirant d'eau de notre vapeur. Il faut sans cesse passer d'un bord à l'autre et s'écarter des bancs de sable. Cette rivière jaunâtre coule rapidement entre deux rives couvertes d'une végétation maigre et uniforme. De misérables cahutes en terre forment quelques rares villages au milieu d'immenses jungles. Les trois repas ordinaires et le thé soir et matin atténuent seuls la monotonie du voyage. On paye 10 francs par jour pour la nourriture, et la table est dressée sur le pont, car il fait en bas une chaleur étouffante.

Nous avons parcouru aujourd'hui 288 kilomètres, grâce au courant et à notre excellente machine, qui est de la force de soixante-dix chevaux. Quelque temps avant le coucher du soleil on jette l'ancre auprès d'un énorme tas de bois préparé pour notre vapeur. Les marins s'empressent de monter à bord une grande quantité de ce combustible. Le charbon de terre est, en effet, peu commun dans l'Inde, et dans cette contrée il deviendrait fort cher à cause des frais de transport.

5. — La carte de géographie seule nous apprend

que du Tchenab nous sommes passés sur le Satledge. Les rives sont toujours aussi monotones.
Heureusement je lie conversation avec mes compagnons de voyage, qui, en général, se montrent fort
aimables. Quelques-uns ont appris à parler français;
ils en font parade et vantent beaucoup nos romans
les plus célèbres.

6. — Nous descendons maintenant l'Indus, ce
fleuve qui forma la limite des conquêtes d'Alexandre. Ce roi ne parvint que très-difficilement à s'emparer d'une forteresse indienne bâtie sur le sommet
d'une montagne escarpée. La tradition rapporte
qu'elle avait été aussi assiégée par Hercule. Quinte-
Curce fait une description des rives de l'Indus et
de ses tourbillons, qui semble parfaitement appli-
cable à l'aspect des environs de Sukkar. Nous at-
teindrons bientôt le fort élevé sur un îlot voisin.
Celui dont s'empara le conquérant macédonien oc-
cupait-il le même emplacement? Les savants déci-
deront cette question.

L'Indus coule entre des rives sablonneuses et
couvertes d'une végétation rabougrie. Depuis Moultan nous n'avions pas rencontré un seul site intéressant; aussi sommes-nous agréablement surpris
par la belle vue que présente Sukkar.

Devant cette ville, l'Indus atteint une fort grande
largeur, son courant très-rapide forme des tourbillons dangereux pour les petites embarcations. Le

fleuve bouillonne autour de plusieurs flots que couronnent des mosquées en ruine. L'île de Bakar est surmontée d'une ancienne forteresse. Les Indiens la considèrent comme une imprenable barrière élevée sur la route de l'Afghanistan. Les deux rives de l'Indus sont couvertes de nombreuses habitations qui forment les villes de Sukkar et de Rori, presque en face l'une de l'autre. Cette dernière est bâtie sur une éminence rocheuse baignée par le fleuve. De tous côtés les palmiers forment de gracieux bouquets. L'ensemble de ce paysage est grandiose et vraiment oriental. On se croirait sur le Nil auprès d'Assouan, cette ville construite sur la limite de la Haute-Égypte et de la Nubie.

Mais le vapeur s'arrête. Il n'est que trois heures de l'après-midi, et l'on doit partir seulement demain matin, avec un chaland qu'il faudra remorquer. Ce retard m'est fort agréable, car il me permet de dessiner le charmant tableau que l'Indus offre à nos yeux. C'est une occasion trop rare pour la perdre.

Vers cinq heures la chaleur commence à diminuer. On peut alors s'aventurer hors du vapeur. Je longe quelques belles habitations d'officiers anglais, puis j'arrive à une large place ombragée par de nombreux dattiers. Ici a lieu une lutte intéressante entre des athlètes qui sont exercés depuis leur enfance. Ils appartiennent à une caste nommée Djitty. Des arbitres surveillent tous les mouvements des lutteurs et décident quel est le vainqueur. Les champions reçoivent des récompenses en proportion de leur vigueur et de leur habileté. Ils excitent les applaudissements de l'assemblée fort enthousiaste pour ce spectacle. Il paraît que souvent les athlètes se déchirent l'un l'autre avec les morceaux de cornes tranchantes qui garnissent leurs gantelets.

Les spectateurs sont rangés en cercle sur la pente d'une colline qui forme un immense amphithéâtre naturel. Une bruyante musique stimule les champions. L'ensemble de ce spectacle donne une idée des fameuses luttes de la Grèce. Pas une femme ne se trouve dans cette nombreuse assemblée. De tous côtés on attache les chevaux aux palmiers voisins. Plusieurs indigènes grimpent sur ces arbres pour mieux voir. Enfin des barques amènent une foule de spectateurs. Quelques-uns arrivent même à la nage ; ils sont soutenus sur l'eau par des outres en cuir ou par de larges calebasses. Je m'arrête longtemps devant cette curieuse arène ouverte sur les bords de l'Indus. Puis je vais visiter les ruines de plusieurs mosquées : l'une d'elles est revêtue de faïence peinte d'un beau bleu d'azur. Une muraille en terre, crénelée d'une manière peu formidable, entoure la petite ville de Sukkar. Elle est bientôt visitée ; la nuit me fait rentrer à bord de notre vapeur.

7. — Les rives de l'Indus s'écartent tellement,

qu'on peut à peine les distinguer. Elles paraissent toujours stériles. Nous rencontrons plusieurs pêcheurs qui nagent, supportés en partie par d'énormes vases en terre de forme lenticulaire. Ils restent ainsi de longues heures sur l'eau et se laissent aller à la dérive. De temps à autre ils plongent dans le fleuve une longue perche terminée par un filet. Ces indigènes mettent le poisson dans le vase qui les soutient et leur sert de vivier. Puis le soir ils le portent sur leurs épaules et retournent chez eux en marchant le long de la rive de l'Indus.

8. — On est souvent forcé d'interrompre la marche du vapeur pour renouveler la provision de bois. Pendant l'un de ces arrêts nous voyons brûler le cadavre d'un vieillard. Au bord de l'Indus on a élevé un bûcher. Des indigènes assis en cercle regardent la flamme consumer le corps de leur ancien compagnon. Puis une musique bizarre se fait entendre : le feu a dévoré sa proie. La nuit arrive, chacun rentre dans sa cahute de paille.

Les Hindous n'ont pas de cimetière. Les émanations des cadavres pourraient être dangereuses dans un pays si chaud. Cette coutume de brûler les morts est, par conséquent, très-conforme aux lois de l'hygiène. Mais il existait un autre usage barbare, que les Anglais ont presque tout à fait aboli dans l'Inde depuis 1825 : c'était le *seutti*. On brûlait les femmes tenant dans leurs bras les cadavres de leurs maris. Elles montaient avec fermeté sur le bûcher dressé en présence d'une nombreuse assemblée. Le fils aîné mettait le feu au monceau de bois qui devait brûler sa mère! Pour abolir cette coutume, les Anglais prétendirent que les femmes ne se livraient pas aux flammes volontairement; et, malgré l'opposition des indigènes, on interdit les seuttis dans toute l'étendue des possessions de la Compagnie. Voilà, du moins, un incontestable bienfait de la civilisation; elle a supprimé les nombreux bûchers allumés par les préjugés religieux.

9. — Le matin on m'indique, sur la rive gauche, le champ de bataille de Miyani. Charles Napier y remporta, le 17 février 1843, une victoire qui livra le Sindhe aux Anglais. Bientôt nous atteignons Kotru, quartier général de la flottille de l'Indus. On y trouve un arsenal pour la réparation des bateaux à vapeur et le large bengalo de l'administration fluviale.

Haïderabad, la capitale du Sindhe, qui compte environ 25 000 habitants, est située sur l'autre rive de l'Indus, à 6 kilomètres dans l'intérieur des terres. Le capitaine décide que nous passerons la journée à l'ancre. Il attend un ami malade qui ne peut pas rejoindre notre vapeur avant demain matin. Ce retard nous fera manquer le bateau qui doit partir de Kurrachée pour Bombay. Mais qu'importe l'intérêt général? Il faut se soumettre à cette injuste décision. Quelques marchands montent à bord nous offrir des armes de prix, des tissus brodés de soie, d'or ou d'argent, et enfin des gravures sur cornalines et sur métaux : ce sont les produits renommés d'Haïderabad.

Dès que la chaleur le permet, nous visitons le bazar de Kotru. Il est formé de maisons en terre et abrité contre le soleil par des nattes en lambeaux. De tous côtés, des groupes de palmiers. Les hommes portent de larges turbans ou bien des coiffures en carton couvert de soie. Ce sont nos chapeaux européens, mis sur la tête par le fond, et les bords plats en l'air. On peut se faire une idée du curieux effet produit par notre mode renversée.

10. — Dès le matin on traverse l'Indus et l'on va patiemment attendre les protégés du capitaine. Enfin, ils arrivent : ce sont un colonel et un ingénieur, accompagnés de leurs femmes. Nous repartons, malgré un vent violent qui soulève de véritables flots et nous enveloppe de poussière. Vers cinq heures du soir on s'arrête devant la station de Tatta. Cette ville, fort ancienne et très-importante autrefois, est située à 6 kilomètres de distance. La chaleur nous ôte le courage d'aller visiter sa grande mosquée. Elle est considérable et magnifique, dit-on, mais tombe en ruine. Nous remarquons avec curiosité plusieurs indigènes qui portent des costumes ornés de petits miroirs et de lacets de différentes couleurs.

11. — Bien surpris sont les voyageurs, lorsque se levant du lit dans le plus simple appareil, ils aperçoivent deux dames sur le pont. Les nouveaux passagers, manquant d'air dans leurs cabines, étaient venus se coucher auprès de nous. Ces dames anglaises, bien qu'habituées à voir des Indiens presque nus, ne peuvent, sans rougir, voir leurs compatriotes si peu vêtus. Ces derniers ne sont pas moins embarrassés de ce pudibond voisinage. Chaque matin ils ont l'habitude de se promener sur le pont, couverts d'un simple caleçon de bain et commandent aux marins de leur jeter de nombreux seaux d'eau sur le corps. C'est une excellente coutume, surtout dans l'Inde. Aussi les Anglais, forcés d'y renoncer aujourd'hui, cherchent-ils à se venger d'une manière éclatante.

Le soir même une occasion se présente. Au bord de l'Indus les crabes abondent : on en ramasse une grande quantité, puis on les répand sur le pont pendant la nuit. C'est une agréable visite préparée aux deux dames anglaises. Mais ces crabes peu galants préfèrent leur lit humide et se précipitent à l'eau sans caresser nos voisines. Ainsi s'écroulent les plus beaux projets. Il faudra renoncer aux aspersions matinales.

12. — L'Indus forme un delta non loin de son embouchure dans le golfe d'Oman. Nous suivons l'une de ses branches, qui varie sans cesse de lar-

geur et de direction. Les rives couvertes de verdure présentent çà et là quelques misérables cahutes en paille. On remarque plusieurs troupeaux de buffles et de chameaux au milieu d'une masse de pélicans et d'échassiers de toute espèce. Demain nous arriverons au but de notre voyage. Pour célébrer la fin de cette monotone navigation, les Anglais boivent encore plus que d'ordinaire, ce qui n'est pas peu dire.

13. — On traverse un petit bras de mer et l'on jette l'ancre dans le port de Kurrachée. La ville est située à environ 4 kilomètres de distance au milieu d'une plaine aride. On aperçoit d'abord les vastes baraques des régiments anglais, puis un bazar considérable bien fourni de produits européens ; enfin, les jolies maisons habitées par les officiers anglais, et le bengalo destiné aux voyageurs. Il renferme dix chambres, et me semble le plus confortable que j'aie encore rencontré dans l'Inde.

14. — Le vent soulève une telle poussière, qu'il nous faut rester à la maison. Je profite de la circonstance pour écrire mes notes de voyage. Puis le temps se passe en véritables festins. On trouve en effet au bengalo une table excellente, mais aussi la dépense s'élève à vingt-cinq francs par jour. C'est peu économique, et cependant je prends mes repas en compagnie de deux jeunes officiers anglais. Nous

avons fait connaissance à bord du vapeur pendant notre navigation sur l'Indus.

15. — Le capitaine, en perdant une journée devant Haïderabad, nous a fait manquer le vapeur qui est parti pour Bombay. Nous ne pourrons pas non plus profiter du vapeur correspondant qui se rend à Suez et doit partir le 23 mai prochain. Il faudrait qu'au moyen d'une embarcation indigène nous pussions arriver à Bombay avant cette époque. Peut-être essayerons-nous de cette dernière ressource.

16. — Moyennant cent vingt-cinq francs nous retenons la cabine d'un bateau à voile qui partira cette nuit pour Bombay. Nous achetons toute espèce de provisions de bouche et nous formons notamment avec les bouteilles d'eau-de-vie, de bière et de soda-water deux énormes ballots. A onze heures du soir nous montons dans la voiture qui doit nous conduire au port. On suit une interminable jetée en cherchant le bateau qui doit lever l'ancre vers minuit. Les mariniers que nous réveillons ne nous donnent aucune indication.

L'un de mes compagnons frappe avec violence notre cocher, qu'il accuse de mauvaise volonté. Cet indigène éprouve une si violente frayeur, qu'il tombe à terre sans mouvement. Nous tentons alors de le ranimer, mais nos efforts sont inutiles. Enfin je vais puiser de l'eau sur la plage, et je lui en jette au visage une telle quantité, qu'il finit par se remuer. Bientôt notre cocher est remis sur pied ; il consent à ne pas porter plainte moyennant une faible indemnité pécuniaire qu'on lui remet immédiatement. Puis nous continuons à chercher notre bateau, mais sans plus de succès. A trois heures du matin nous arrivons devant les bureaux de la douane. La fatigue nous fait bientôt dormir en plein air sur quelques paillassons.

17. — Deux heures après arrive le patron du bateau indigène. Il prétend nous avoir attendus toute la nuit ; c'était sans doute en dormant. Nous montons sur l'embarcation, qui est mouillée à l'entrée du port ; mais on ne peut lever l'ancre. Il pleut à verse, le tonnerre gronde, le vent siffle avec violence. C'est un terrible typhon qui annonce l'approche de la mousson du sud-ouest. Les barques des pêcheurs rentrent au port toutes voiles dehors ; comment songerions-nous à partir ?

Après quelques heures de sommeil, nous examinons notre embarcation. Elle a quatorze mètres de long sur quatre mètres de large et n'est point pontée. Le bord s'élève de trente-cinq centimètres seulement au-dessus du niveau de l'eau ; mais il est surmonté d'une haie en branches de palmiers, qui a un mètre trente centimètres de hauteur. Ce bordage est bien faible pour résister au choc des vagues. Onze indigènes forment l'équipage. Tout le bateau est occupé par des sacs de grain, à l'exception de la cabine. On y respire une épouvantable odeur de poisson. La fumée de la cuisine nous irrite les yeux. Les mouches et les cancrelas nous assiégent. En outre le typhon redouble de violence. Alors nous renonçons à une traversée aussi pénible que dangereuse dans une pareille embarcation.

18. — Dès l'aurore, les marins veulent lever l'ancre. Nous leur disons de nous mettre à terre, et nous regagnons le bengalo, qui nous semble plus confortable que jamais.

19. — Je me promène sur le rivage de la mer et dans la petite ville indigène qui borde le port. Rien de curieux à voir.

20. — Auprès du campement anglais se trouve un petit musée qui renferme plusieurs beaux échantillons de la poterie de Scinde. La bibliothèque, formée par souscription, est assez bien fournie d'ouvrages modernes, de journaux et de publications périodiques. Je vais ensuite visiter le petit vapeur *la Victoria*, qui arrive de Bombay.

21. — Vers huit heures du matin nous montons à cheval pour nous rendre à l'étang de Magar-Talao, éloigné de seize kilomètres environ. Nous franchissons au galop la plaine déserte et stérile qui s'étend jusqu'aux montagnes du Pab. Au pied de plusieurs collines arides et d'un roc rougeâtre, quelques palmiers et des tamariniers forment une gracieuse oasis. Le mausolée pittoresque d'un pèle-

rin s'élève au milieu de plusieurs monuments funéraires qui tombent en ruines. Les pierres, jaunes comme du sandale, offrent de curieuses sculptures

Dans un petit hameau voisin, nous trouvons le vieux fakir qui préside aux cérémonies de l'étang des alligators. Il nous offre plusieurs tasses de lait frais qu'on boit avec plaisir à l'ombre d'arbres touffus. Puis, moyennant quelque monnaie, on égorge un chevreau destiné aux alligators, nos vénérés et féroces voisins. L'un des plus gros, qui a six mètres au moins de longueur, sort de l'eau à la voix du fakir. Cet alligator broie sans peine des membres entiers de la pauvre victime immolée à notre curiosité! Puis il ouvre une large mâchoire, qui semble insatiable, et laisse voir ses longues rangées de dents formidables. Une pierre lancée par l'un de nous fait sauver avec précipitation ce monstre amphibie. Il se traîne jusqu'au bord de l'étang et s'y glisse lentement. Bientôt son vaste corps, recouvert d'écailles grisâtres, semble un large tronc d'arbre flottant à la surface de l'eau.

Le fakir nous prie de ne plus jeter des pierres; c'est d'abord manquer au caractère sacré des alligators, et puis ils ne viendraient plus à la voix si on leur ménageait une aussi peu galante réception. On lui promet de les respecter; il jette alors les derniers débris de chevreau à une douzaine d'alligators qui se les disputent avec voracité. Ils sont tout à fait inoffensifs, grâce aux bons traitements des indigènes qui leur distribuent une suffisante pâture. Aussi nous promenons-nous sans crainte sur une petite digue qui s'avance au milieu de cet étang sacré, le Magar-Talao. Il paraît même que des voyageurs en ont fait le tour en se tenant sur le dos d'un alligator. J'avoue que personne de notre société ne voulut se livrer à ce divertissement.

Nous préférons remonter à cheval, voir en passant une petite source d'eau chaude peu éloignée, puis rentrer rapidement à Kurrachée, pour éviter les rayons du soleil, si dangereux dans le Scinde. Nous avons aussi à faire nos préparatifs de voyage, car nous partons demain pour Bombay. Il faut nous débarrasser de l'excédant de nos provisions. Depuis quatre jours, nous les avons du reste peu ménagées; car sans l'aide d'aucun invité, nous avons bu plusieurs litres d'eau-de-vie, quarante-huit bouteilles de bière et soixante-douze flacons de soda-water. Je cite ces chiffres pour donner une idée de la quantité de liquide consommée par les Anglais dans l'Inde. Le manque d'occupation et de distraction porte les officiers à boire des liqueurs enivrantes pour passer le temps. Ils se plongent ainsi dans une espèce d'engourdissement qui finit par altérer leur santé. Souvent, le lendemain d'une orgie, on voit des jeunes gens incapables d'écrire, tant leurs mains sont agitées d'un mouvement nerveux. Chaque régiment anglais a pour les officiers une somptueuse table commune, la *mess*, où la sobriété n'est pas à l'ordre du jour. J'avoue que je vois finir sans peine cette existence plus singulière qu'agréable.

22. — Bombay est à douze cent cinquante kilomètres environ de Kurrachée. Il faut généralement quatre jours pour faire la traversée en bateau à vapeur. On ne donne aux Européens que des billets de première place. Nous sommes quatorze voyageurs qui avons payé deux cent cinq francs chacun, nourriture comprise. On réserve pour notre promenade la plus grande partie du pont. Le reste est destiné aux soldats anglais qu'on envoie à Bombay. Bien qu'ils soient malades, on les entasse les uns sur les autres au milieu d'une foule d'indigènes.

A dix heures du matin l'ancre est levée, et nous longeons l'extrême pointe du port. On regarde en passant les gracieuses échancrures de quelques vastes rochers, puis on atteint bientôt la pleine mer. Le temps est magnifique; aussi faisons-nous honneur à cinq repas confortables. La bière, le sherry, les vins de toutes sortes sont à discrétion. Nous les ménageons d'autant moins qu'on nous a fait largement payer dans cette prévision.

23. — On ne souffre de la chaleur que dans l'après-midi. Du reste la traversée est aussi belle que monotone.

24. — Nous apercevons quelques bâtiments à voiles dont la coque légère se balance gracieusement sur une mer tranquille. C'est aujourd'hui l'anniversaire de la naissance de la reine Victoria. Les Anglais boivent à sa santé avec enthousiasme. Ils se plaignent seulement de ne pas pouvoir faire sauter quelques bouchons de champagne. Nous devons, faute de munitions, renoncer à cette canonnade pacifique.

25. — Vers midi nous arrivons à Bombay. Je descends chez M. Roussac, qui m'offre son aimable hospitalité. La brise de mer, qui commence à souffler dans la soirée, rend la température fort agréable. On va sur l'esplanade prendre des glaces en écoutant la musique militaire. C'est le rendez-vous du monde élégant. Aussi nous remarquons plusieurs gracieuses amazones et quelques jolies voitures anglaises.

CHAPITRE XIV.

26 mai. — Le bateau à vapeur est parti pour Suez
le 23 de ce mois. Comme le service de la malle de
l'Inde par Bombay n'est que mensuel, j'ai près de
trente jours à passer dans cette ville dont je connais
toutes les curiosités. Les premières journées sont
consacrées à écrire mes notes de voyage. Tous les
soirs on se promène sur l'esplanade, qui commence
à être bien moins fréquentée. Beaucoup de personnes riches ont quitté Bombay pour se rendre à Pounah, qui est le séjour à la mode pendant la saison
pluvieuse.

30. — Je me laisse entraîner par l'exemple, et à six
heures du matin je monte sur un petit vapeur qui
traverse la rade de Bombay. En trois heures nous

atteignons le rivage opposé. Rien à remarquer pendant cette traversée, si ce n'est plusieurs îlots couverts d'une verdure luxuriante. Un petit cabriolet, attelé d'un cheval, fait le service de la poste entre Pounah et le village d'Olouva. Moyennant quarante francs, je monte auprès du conducteur. Derrière la voiture se tient un indigène chargé de retenir le cheval pendant la descente des côtes rapides.

Dès que les sacs de lettres sont chargés, nous partons au galop sur une route bien entretenue. On avance très-vite, grâce à de nombreux relais. Nous traversons une contrée montagneuse, parsemée de rares villages aux maisonnettes en chaume. A chaque instant nous trouvons des ponts établis au-dessus des torrents.

La route est ombragée par les vastes branches des banians. On laisse le cabriolet au pied des Ghates, qui s'élèvent à plus de sept cents mètres de hauteur. Des femmes porteront les sacs de lettres, tandis que je monte en palanquin. Tel est l'usage en ce pays. La nuit arrive ; on allume les torches. Bientôt le mouvement moelleux et cadencé du palanquin me procure un agréable sommeil. Il dure pendant trois heures jusqu'à mon arrivée à Khandala, charmant village où quelques habitants de Bombay viennent passer l'été. Malheureusement il est trop souvent visité par les ours, les léopards et les tigres, très-nombreux dans ces montagnes.

Je monte de nouveau en cabriolet et nous repartons au galop. La nuit est très-sombre, mais nous n'avons pas envie de dormir dans le voisinage de tant d'hôtes dangereux. Quelques arbres semblent phosphorescents. Leurs feuillages sont couverts de lucioles. Ces insectes brillants forment de mouvantes grappes d'innombrables diamants. Il est difficile de se figurer quel merveilleux effet ils produisent. La description peut à peine en donner une faible idée. Nous ne rencontrons pas le moindre tigre pendant la nuit, et voici l'aurore. Nous sommes sauvés d'un danger peut-être seulement imaginaire. Combien en voyage il faut se méfier de l'exagération des renseignements qu'on vous donne !

31. — Enfin, nous pouvons voir la pittoresque contrée que nous parcourons. C'est une vaste plaine, bordée par de hautes montagnes rougeâtres. Dès huit heures du matin nous atteignons le petit village de Khirki. En 1817 les Anglais y remportèrent une brillante victoire sur Radji-Rao, le dernier Peshwa des Mahrattes. Khirki est maintenant une station de cavalerie pour un régiment anglais. Nous traversons la rivière Mula au Sangam, c'est-à-dire à son confluent avec la Muta. Pounah, de ce point, produit un assez bel effet. L'approche de la ville se révèle déjà par une foule de tentes, que les voyageurs ont dressées au bord de la rivière. Bientôt

nous descendons au bengalo de Pounah, capitale du Maharatta.

Cette ville, peuplée maintenant d'environ 80 000 habitants, a beaucoup perdu de son ancienne splendeur. Cependant elle est encore intéressante sous plusieurs rapports. Les bazars sont larges, réguliers et bien fournis de marchandises. On y rencontre une foule active et de trop nombreux chiens qui aboient après les Européens comme en Syrie. Nous visitons ce qui reste du château des Peshwas. Ces anciens souverains choisis par les Mahrattes dans les rangs des brahmes, avaient fait construire au milieu de Pounah un immense palais fortifié. Les Anglais l'ont transformé en prison et en hôpital. L'entrée, flanquée de deux tours, est fermée par de larges portes. En outre, les poutres épaisses qui les forment sont hérissées de piques en fer, afin d'empêcher l'emploi des éléphants. Autrefois on se servait fréquemment de ces puissants pachydermes pour enfoncer les portes des villes assiégées.

Non loin, on me montre la rue où les condamnés à mort étaient foulés aux pieds par des éléphants, en vertu de l'ordre donné par les Peshwas. Ces brahmes, qui doivent respecter la vie même des moindres insectes, se trouvaient ainsi, par leur double puissance spirituelle et temporelle, forcés d'ordonner de pareils supplices. Triste conséquence de l'union de ces deux pouvoirs incompatibles. Les

Anglais enlevèrent aux brahmes le gouvernement de Pounah, et les rendirent ainsi à leur véritable mission. Débarrassés de tous soins séculiers, ils purent se consacrer uniquement au but de leur institution, qui consiste à honorer leurs divinités et à instruire les indigènes de leurs devoirs religieux. On rencontre naturellement un grand nombre de pagodes dans cette ancienne capitale, qui fut gouvernée par une dynastie brahmine.

Chemin faisant, nous voyons une étrange idole. Sur une place publique s'élèvent deux grands arbres au-dessus d'un tronc commun. Un troisième arbre, qui partait du même point, fut coupé par les Hindous à plus d'un mètre de hauteur. Puis on le sculpta en forme de divinité peu modeste. Le sommet de ce lingam est peint d'éclatant vermillon, tandis que la base se divise en deux énormes lobes de couleur noire. Je n'ai jamais rien vu d'aussi obscène que cette pieuse sculpture. Il est vrai que nous sommes à Pounah, c'est-à-dire dans une ville qui fut le siége du gouvernement des prêtres de Brahma. Devant cette idole, les hommes viennent chaque jour déposer des guirlandes de fleurs jaunes. Les femmes versent de l'eau et du beurre fondu sur ce fétiche dégoûtant. C'est un culte observé fort religieusement.

Mon guide indigène me fait visiter, auprès de Pounah, le gracieux étang de Hira-Bagh (jardin diamant). On voit, en effet, une délicieuse oasis de fraîcheur et de verdure. Ici le joli pavillon des Peshwas présente sa gracieuse plate-forme ornée de vérangues. Plus loin, on trouve une belle mosquée et différents édifices à moitié ruinés. Enfin la colline de Parbati élève au-dessus de ce charmant tableau sa couronne de temples hindous. On y monte par un large escalier, à l'ombre d'arbres touffus. Sur le sommet, en 1749, on a bâti une pagode richement sculptée, qui coûta, dit-on, deux millions cinq cent mille francs. Elle renferme une idole en argent, qui représente Siva portant sur les genoux les statues en or de Parbati et de Ganesha. J'avoue ne pouvoir garantir la nature des métaux plus ou moins précieux employés dans ce groupe renommé. Parmi les six autres pagodes voisines, on remarque celle consacrée à la déesse Durga ou Parbati. De nombreux fakirs se réunissent sur cette colline sacrée. On nous laisse entrer partout, car les brahmes s'attendent à recevoir quelque monnaie pour prix de leur complaisance.

Nous visitons aussi les ruines d'un palais mahratte peu ancien. On se place à l'une de ses fenêtres, qui semble de style mauresque. Nous jouissons alors d'une vue fort étendue. A nos pieds, la ville de Pounah, qui domine une plaine fertile. Les rivières Muta et Mula y répandent la fraîcheur. Leurs bords sont ornés d'une abondante végé-

tation qui ombrage quelques maisons de campagne. Enfin, des montagnes de sable jaunâtre
forment l'horizon. Un épouvantable orage nous fait
promptement réfugier au bengalo. La nuit arrive
bientôt, et je la mets à profit pour me reposer de
mes longues excursions dans la ville de Pounah.

1er *juin*. — Le matin, nous allons voir le barrage qui retient, dans un large bassin, l'eau nécessaire à la consommation des habitants de Pounah.
Des attelages d'une douzaine de bœufs chacun font
sans cesse mouvoir les pompes nouvellement établies par des ingénieurs anglais. Le baronnet sir
Jamshidji-Jijibhaï contribua généreusement pour
quatre cent mille francs à cette importante construction. Ce riche Parsis possède une belle résidence, qui est à peu de distance. Elle s'élève sur
le bord de la rivière, au pied d'une gracieuse
colline et au milieu d'un jardin qui étend au loin
ses vertes pelouses.

Nous continuons cette agréable promenade jusqu'aux confortables baraques des troupes anglaises.
Sur le vaste champ de manœuvre voisin, nous voyons
un régiment écossais faire l'exercice. C'est une occasion pour nous d'admirer sa belle tenue et l'élégante
originalité de son uniforme. Nous traversons ensuite la petite colonie anglaise. Elle se compose de
charmantes maisons entourées de vastes jardins ;
malheureusement les arbres sont encore dépouil-

lés de feuilles ; on se croirait dans les environs de Paris, à la fin du mois de mars. Voici une végétation peu hâtive par rapport à nous, mais elle se développera promptement aussitôt après les premières pluies.

C'est pendant l'été que le monde afflue dans ces jolies résidences ; on vient jouir à Pounah d'un charmant climat, et l'on y recherche une salubrité bien rare dans l'île de Bombay, où les miasmes, qui se dégagent des terrains marécageux pendant les grandes chaleurs, causent des fièvres pernicieuses. Mais hâtons-nous, car le soleil devient brûlant. Je reste au bengalo la plus grande partie de la journée ; il ne faut pas commettre d'imprudence au moment de retourner en France. Jacquemont, en 1832, n'est-il pas venu mourir à Bombay, après avoir parcouru l'Inde pendant plus de trois années ?

2. — Je passe la matinée à dessiner une gracieuse pagode abandonnée. Vers cinq heures du soir, dès que la chaleur diminue, je monte dans une voiture traînée par des bœufs. Moyennant trente francs, on doit me conduire à Olouva en vingt-quatre heures. En outre, j'ai la faculté de m'arrêter sur la route pour visiter les curiosités. Nous étions partis depuis une heure, lorsqu'il éclate un ouragan terrible. Le vent agite violemment la voiture. Nous croyons à chaque instant qu'elle va être renversée. Il tombe

une pluie torrentielle qui pénètre à travers mes fenêtres. J'y tiens appliqués avec force les coussins de la voiture, afin d'éviter l'inondation qui me menace. Enfin, au bout d'une demi-heure, la bourrasque s'apaise, l'air devient calme et frais. A la suite de cette singulière lutte contre l'orage, je dors profondément jusqu'au lever du soleil.

3. — Nous sommes arrivés au village de Carli. Les fameuses excavations se trouvent à quatre kilomètres environ. Elles passent pour les plus intéressantes qu'on puisse voir dans l'Inde. Je m'empresse donc de m'y faire conduire. Nous atteignons bientôt le pied de hautes montagnes à pic, qui peuvent avoir deux cents mètres d'élévation. En gravissant un sentier escarpé, nous faisons fuir de nombreuses compagnies de singes à longue queue. Puis nous arrivons devant un temple hindou creusé dans le roc noirâtre. Il est consacré à Siva et remonte à plus de deux siècles avant Jésus-Christ. Des brahmes font visiter leur pagode.

Une haute colonne s'élève à l'entrée et porte à son sommet trois lions dont l'ensemble compose un terrible cerbère. Cette grotte présente la forme d'un immense fer à cheval. On entre d'abord sous une espèce de portique orné de nombreuses sculptures ; puis on traverse une petite porte et l'on aperçoit de chaque côté des éléphants sculptés avec soin. Ils s'avancent fort en saillie sur la paroi du temple et portent sur leurs dos plusieurs personnages. Le jour pénètre dans cette grotte par une large ouverture qui est réservée au-dessus du portique et semble la vaste fenêtre d'une cathédrale.

A travers une mystérieuse obscurité, l'on entrevoit, au fond de cette excavation, le monument de forme semi-sphérique si commun dans l'Inde. Il représente un lingam gigantesque. La grotte peut avoir environ trente-trois mètres de longueur sur quatorze de largeur. Des poutres en bois composent une large voûte restée presque intacte malgré son antiquité. Elle repose sur de nombreux piliers dont les chapiteaux sont ornés d'élégantes sculptures. Ce temple, qui coûta tant de travail, est maintenant presque tout à fait abandonné. Quelques adorateurs de Siva habitent une petite construction en dehors de la grotte principale.

Plusieurs autres cavernes moins profondes ont été creusées dans les environs. Autrefois elles servaient d'abri aux solitaires hindous; elles furent d'abord étroites, mais prirent peu à peu des proportions considérables. On compte dans l'Inde, et surtout aux environs d'Ellora, un grand nombre de ces excavations. Celle de Carli passe pour la plus belle, la plus vaste et la mieux conservée. Aussi je m'empresse de dessiner sa pittoresque façade. Sur le premier plan figurera un fakir qui justement se met à prêcher devant un petit groupe de pèlerins. Ils sont placés à l'ombre de vastes banians enlacés de vigoureuses lianes qui atteignent la cime des plus hautes branches et retombent en gracieux réseaux de verdure. Il fait ici une agréable fraîcheur qu'on rencontre bien rarement dans l'Inde. Décidément les cénobites, pour le choix de leurs retraites, ne font pas moins preuve de goût en Asie qu'en Europe.

Mais il me faut quitter cette charmante station pour remonter en voiture. Grâce aux nombreux relais de bœufs, nous avançons rapidement, malgré les pentes escarpées des Ghates. La route est du reste fort belle, et vers le milieu de la journée l'on s'arrête devant le bengalo de Khandala. Une ardente chaleur ne m'empêche pas de gravir la montagne jusqu'à son point culminant, d'où l'on domine un vaste horizon. Les hautes chaînes des Ghates forment d'immenses degrés qui s'abaissent jusqu'à la plaine. Elles sont sillonnées de profondes vallées. Sous mes pieds s'enfonce un effrayant ravin dont les profondeurs sont en partie voilées par une végétation luxuriante ; on aperçoit, à quelque distance, une assez jolie cascade.

Je fais une courte promenade dans le village de Khandala, situé à six cents mètres environ au-dessus du niveau de la mer. Le chemin de fer de Bombay à Pounah doit avoir une station placée à

une si grande hauteur. Maintenant on travaille au
plan incliné qui coûtera plus de quinze millions
de francs et doit être terminé en 1861. Ce sera une
œuvre gigantesque et sans pareille même en Europe.

Les Anglais ne reculent devant aucune grande entreprise. Il y a déjà un chemin de fer entre Thanah
et Bombay. On travaille à le continuer d'un côté vers
Madras, de l'autre vers Calcutta. Quelle immense
distance cependant entre ces villes importantes !
Quand donc pourra-t-on trouver le chemin de fer
même le plus modeste dans notre colonie algé-
rienne ?

Mais les bœufs s'impatientent ; on part de nouveau. Une route rapide nous conduit promypte-
ment au pied des Ghates. Nous traversons ensuite une longue vallée parsemée de nombreuses
et pittoresques collines. Puis, vers minuit, j'at-
teignais Olouva, située au bord de la mer. Une
barque me porte au vapeur, qui partira demain
matin. Je dors en attendant sur le pont même du
bateau.

4. — Dès la pointe du jour, nous quittons le rivage pour arriver à Bombay dans la matinée.
Faute d'un meilleur emploi de mon temps, je passe
quatre jours à écrire mes notes de voyage.

9. — Le chemin de fer de Bombay à Thanah est
ouvert depuis le 16 avril 1853. Je vais visiter la

gare peu remarquable d'une ligne destinée à un prolongement si considérable. Il y a des voitures de trois classes différentes. Les deux premières, assez confortables, sont naturellement destinées aux Européens. Les indigènes s'entassent dans les wagons, où ils doivent se tenir debout faute de banquettes. Les Hindous cesseront nécessairement d'observer la distinction des castes dans le choix de leurs compagnons de voyage, ou bien ils ne feront pas usage des chemins de fer. Probablement que l'intérêt l'emportera sur le respect des traditions. Peu à peu la civilisation s'étendra dans l'Inde par la facilité des communications et par le développement du commerce et de l'industrie.

A quatre heures du soir le convoi quitte la gare de Bombay. Jusqu'au fort de Sion nous parcourons des plaines marécageuses, puis nous passons sur la chaussée qui unit l'île de Bombay à celle de Salsette. On voit alors un pays fertile et bien cultivé. D'un côté, il touche à la mer, de l'autre il est borné par de gracieuses montagnes. Nous apercevons bientôt la vaste manufacture de Bhandoup, fondée par des Anglais. On y distille l'eau-de-vie extraite des dattes, fort communes dans cette contrée. A cinq heures et demie nous atteignons Thanah, limite actuelle du chemin de fer. Je traverse le long bazar de cette ville, qui compte 12 000 habitants; puis j'arrive sur le rivage du bras de mer qui sépare du continent l'île de Salsette. Un bateau à voile part chaque jour pour Bassein : il est trop tard aujourd'hui pour en profiter; je remets donc à demain mon départ, et j'entre dans le petit hôtel voisin, tenu par un Arménien.

Le hasard me fait rencontrer un indigène qui parle assez bien l'anglais et m'entretient longuement des continuelles exactions de la Compagnie. Il paraît que les percepteurs de l'impôt, ont souvent recours aux tortures pour obtenir des sommes supérieures à la taxe. Les péons (agents de police) emploient aussi la violence pour arracher aux indigènes des aveux ou des dénonciations. Cet exercice du pouvoir arbitraire est fréquent surtout dans les villages, parce qu'il échappe alors plus facilement à la connaissance des magistrats anglais.

Les indigènes n'osent pas porter plainte, ce qui est pour eux d'autant plus fâcheux, qu'ils seraient presque toujours protégés par l'autorité anglaise. On ne peut lui faire l'injure de supposer qu'elle permettrait l'emploi de la torture dans de pareilles circonstances. Plusieurs sévères condamnations, en effet, ont déjà été prononcées contre des péons et des percepteurs. On s'efforce de réprimer ces terribles pratiques si contraires à notre civilisation; mais il est bien difficile de les détruire, à cause de leur universalité. En outre, les coupables se procurent à des prix fort modiques autant de faux témoignages en leur faveur qu'ils peuvent en désirer.

Ces détails m'ont été souvent confirmés par divers indigènes, pendant le cours de mon voyage. On peut du reste, consulter à ce sujet un rapport en date du 16 avril 1855. Il a été fait par M. M. J. Elliot, H. Stokes, et John Bruce Norton, en réponse à une enquête de la chambre des. lords, sur les cas de torture dans l'Inde.

10. — A neuf kilomètres de Thanah, se trouvent les excavations de Kanhari. Elles sont plus nombreuses, mais moins remarquables que celles de Carli. Pour y parvenir, il n'y a point de route tracée, il faut traverser d'épaisses jungles. Il paraît que les tigres n'y sont pas rares et qu'on y trouve de nombreux serpents. Ces différents renseignements me font renoncer à une excursion aussi dangereuse que peu intéressante pour un voyageur qui a visité Carli. Je passe la journée à dessiner : d'abord le viaduc en construction sur le bras de mer qui sépare Salsette du continent; puis l'ensemble de Thanah, qui se détache gracieusement sur un fond de montagnes pittoresques.

Dès que la marée commence à baisser, vers cinq heures du soir, je monte sur une barque indigène, qui met à la voile pour Bassein. Nous suivons les mille sinuosités d'un étroit chenal, où le vent nous force sans cesse à virer de bord. De hautes montagnes rocailleuses et rougeâtres s'élèvent à pic sur le bord de la mer. Leurs longues chaînes se perdent à l'horizon en étages vaporeux. C'est un charmant voyage. On se croirait sur l'un des plus gracieux lacs de la Suisse. Des canards sauvages s'ébattent sur les rives de ce chenal boisé. Vers dix heures du soir le vent tombe, la lune disparaît derrière d'épais nuages. On jette l'ancre, car il est impossible de se diriger à travers cette obscurité. C'est le moment de dormir sur nos lits de bambous.

11. — Nous avons passé la nuit devant Ghora-Bandar, le Montpellier de Bombay. Quelques Européens viennent ici pour rétablir leur santé. Un vaste couvent portugais domine l'épais feuillage de nombreux arbres. On y trouve plusieurs grands appartements d'où l'on jouit d'une admirable vue sur les environs. Mais dès le lever du soleil, le vent qui gonfle notre voile nous fait avancer rapidement à travers le chenal peuplé d'alligators, et à sept heures du matin nous débarquons devant Bassein.

Cette ancienne et riche ville portugaise est maintenant abandonnée. On traverse son épaisse enceinte de murailles à moitié démolies; apparaissent alors les ruines imposantes d'églises et de cloîtres qui s'écroulent de toutes parts. Une vigoureuse végétation sauvage couvre les anciennes rues. Il faut s'ouvrir un chemin à travers les ronces et les épaisses broussailles. Personne au milieu de cette triste solitude? Mais j'entends quelques coups de marteau, qui me font diriger vers la grande église d'où ils paraissent provenir. J'y trouve en effet quelques ouvriers indigènes, sous la direction de deux Français qui m'accueillent avec la cordialité ordinaire à nos compatriotes. Ils veulent établir une raffinerie au milieu de ces ruines, et ont loué l'enceinte de Bassein, moyennant un loyer annuel de douze cent cinquante francs. Je laisse les mécaniciens à leurs occupations, pour parcourir à mon aise cette ville intéressante par son aspect d'abandon et de désolation.

Ici s'élève l'église de Saint-Vincent, dont la façade est ornée de colonnes corinthiennes, parfaitement intactes. Plus loin, Saint-François Xavier, puis cinq autres églises, plus ou moins détruites par le temps et surtout par une vandale végétation. De nombreux arbustes poussent entre les joints des pierres, y projettent leurs pénétrantes racines, s'y développent et finissent par détacher des pans de murailles. Quelquefois les pierres isolées des parois restent soutenues par un puissant bras végétal, qui les enlace vigoureusement. Des lianes tombent du sommet des ruines en longs filets fort minces, ou bien comme des serpents elles grimpent sur les murs et s'y épanouissent en masses verdâtres. Impossible de se rien figurer de plus triste que cette sauvage végétation. Les pierres tumulaires portent

des inscriptions, qui souvent remontent au seizième
siècle. Quelques écussons parfaitement sculptés conservent leurs nobles armoiries. A chaque pas les
monceaux de pierre témoignent qu'on a fait de
nombreuses fouilles. On recherchait les riches
trésors dont parle la tradition.

Au milieu de tous ces débris du culte catholique,
on remarque une assez belle pagode hindoue,
précédée de son idole en pierre noire. C'est un
taureau sacré, souvent visité par les femmes stériles.
Les cérémonies hindoues sont les seules pratiquées
maintenant dans cette ville, autrefois célèbre par
son ardent catholicisme. Voici Brahma révéré là où
le Christ est oublié. La pagode semble s'élever triomphante sur ces ruines chrétiennes. Les Anglais ont
profité des leçons de l'histoire ainsi qu'ils le prou-
vent par leur politique à l'égard des Indiens. Autant
les Portugais furent intolérants, autant les Anglais
montrent de respect pour toutes les croyances religieuses.

12. — Le matin nous montons à cheval pour aller
parcourir le bazar de Wasaï. On compte plus de
trois cent cinquante puits dans cette ville, habitée
seulement par les indigènes. La campagne est arrosée au moyen de nombreuses roues hydrauliques.
Des attelages de bœufs les mettent en mouvement.
On voit de magnifiques plantations de cannes à
sucre. Çà et là se groupent de vigoureux cocotiers.

Dans le lointain se dressent les hautes montagnes des Ghates, où se sont réfugiés les chacals, les hyènes et les tigres. C'est le serpent qui domine dans la plaine, où l'on rencontre aussi beaucoup de caméléons. Pendant la nuit les lucioles illuminent les arbres de leurs mille feux. A neuf heures du matin un soleil ardent nous faisait regagner les ruines de Bassein. J'y passe la journée à dessiner plusieurs vues pittoresques.

13. — Voici décidément la saison des pluies. Il tombe des averses torrentielles. Aussi le soir je pars avec le courrier pour Bombay.

14. — Vers huit heures du matin, j'arrivais dans cette ville. Le voyage a été rapide et peu pénible, grâce à une excellente voiture.

15, 16, etc. — Il tombe une pluie continuelle, qui ne me permet pas de quitter la maison. La température devient plus agréable, mais on ne peut se promener pendant un pareil déluge. Quand donc reverrai-je la France? L'Inde est un pays fort intéressant à visiter, mais d'un séjour désagréable par son climat et par le manque de société. Quant aux divertissements intellectuels, ils y sont presque complétement inconnus.

20 — Le matin, je lis avec plaisir, dans le journal, que le vapeur *l'Adjadha* partira aujourd'hui pour Aden. On vient de renouveler ses chaudières, et grâce à sa puissante machine de la force de cinq

cents chevaux, on espère que cette frégate fera la traversée en douze jours, malgré la mousson contraire. Je parviens à obtenir une place de seconde classe, ce qui est assez difficile dans cette saison. Une barque vigoureusement agitée par une forte mer me porte enfin à bord du vapeur. Je suis venu de Suez à Bombay par le même bâtiment; aussi j'y retrouve plusieurs connaissances que j'avais faites pendant ma première traversée.

A six heures du soir, on lève l'ancre. Je dis adieu à l'Inde, que je quitte sans regret. Une pluie torrentielle et une mer fort agitée me font réfugier dans ma cabine. Mais à peine y suis-je couché, que je sens tomber sur mon lit des gouttelettes d'eau qui coulent du pont tout à fait submergé. Enveloppé de mon manteau en caoutchouc, je dors dans ce lit humide. L'eau pourrait y atteindre une hauteur inquiétante, si elle n'était à chaque instant rejetée en dehors par le roulis du vapeur. Je reste donc étendu toute la nuit au milieu de cette eau salée; heureusement elle ne peut dépasser un certain niveau qui me semble déjà trop élevé. Que ne suis-je amphibie?

21, 22, etc. — Pendant toutes ces journées, la pluie est tellement forte et continue, qu'on ne peut rester sur le pont. J'y fais cependant quelques courtes apparitions, afin d'observer quels effets produit l'orage sur la mer des Indes. Jamais je n'ai rien vu de comparable à ce terrible et imposant spectacle. Les vagues, soulevées par un vent violent, se dressent en menaçantes montagnes couvertes d'écume. Nous sommes élevés sur leurs cimes humides pour être ensuite précipités dans leurs profondes vallées. A chaque instant notre vapeur se penche violemment sur le côté, et semble prêt à chavirer sous le choc puissant de la mer en furie. Tout ce qui est à bord roule et se brise. Il faut être bon marin pour conserver son équilibre sur le pont.

26. — La pluie a cessé; tout le monde quitte les cabines. C'est dimanche, aussi le capitaine remplit l'office de ministre protestant en présence des passagers, qui portent presque tous des pantalons blancs. Cette journée est, suivant l'usage, consacrée à un repos absolu.

27. — Le mauvais temps cause à la machine un accident que les mécaniciens réparent promptement.

28. — Il serait impossible pour nous d'atteindre Aden en suivant une ligne directe. On ne pourrait avancer, car maintenant la mousson nous est contraire. Il faut descendre jusqu'à la hauteur des îles Maldives pour remonter ensuite vers Aden. Nous devons ainsi parcourir une distance qui équivaut presque à deux fois le trajet ordinaire d'Aden à Bombay. C'est le seul moyen d'arriver à notre but,

dit le capitaine, qui parcourt la mer des Indes depuis vingt-trois années. Voici aujourd'hui, à midi, le relevé de notre position : 64⁰ longitude, 6⁰ latitude est de Greenwich. Bombay se trouve par le 73⁰ longitude, 19⁰ latitude, et Aden par le 46⁰ longitude, 13⁰ latitude. Quelle immense courbe nous devons parcourir !

29, 30, 1ᵉʳ *juillet*, 2. — Il ne tombe plus une goutte de pluie, mais la mer reste toujours agitée. Dans ses chocs furieux, elle a brisé une partie des tambours du vapeur. Les cuisines qui s'y trouvaient installées ont par suite été abandonnées. Par les ouvertures des bastingages, l'eau s'élance en longs jets qui viennent inonder les marins sur le pont, ce qui excite une foule de plaisanteries.

A table, il faut sans cesse rétablir l'équilibre dans les services. Les plats se livrent à des courses désordonnées, et finissent ordinairement par se briser en mille pièces. On nous sert des provisions avariées. Les volailles, les canards même sont noyés dans leurs cages par l'eau de mer qui envahit le pont du vapeur. Malheur aux gastronomes qui sont à notre bord pendant cette pénible traversée.

3. — Nous avançons fort lentement. La provision de charbon, faite pour seize jours, commence à s'épuiser. Peut-être ne suffira-t-elle pas si l'on veut atteindre Aden ; il faudrait alors retourner à Bombay. Grâce à la violence de la mousson, favorable

pour le retour, cette traversée exigerait cinq jours seulement. Déjà l'année dernière, à la même époque, notre capitaine fut réduit à prendre ce dernier parti; on manquait de combustible. Demain à midi, après avoir relevé notre position, le capitaine prononcera sa décision.

4. — Allons-nous retourner à Bombay pour y attendre la fin de la mousson? Il faudra y rester deux mois, justement pendant la saison des fièvres pernicieuses. Atteindrons-nous, au contraire, Aden si peu éloignée maintenant, et reverrons-nous bientôt l'Europe? On comprend l'impatience des voyageurs à connaître la détermination du capitaine. Il paraît que depuis hier nous avons parcouru une distance considérable. Enfin, il est décidé qu'on conservera la direction vers Aden. Dieu soit loué!

5. — Vers dix heures du matin, on distingue la terre dans le lointain. A midi, nous passons devant le cap Guardafui. On se croirait alors sur un lac, tant la mer est tranquille. La chaleur devient étouffante lorsque nous côtoyons les rivages stériles et sablonneux de l'Afrique. Un beau vapeur anglais, *le Memnon*, fut jeté sur cette côte pendant une nuit brumeuse. Nous avançons maintenant assez vite; le spleen est banni de notre bord depuis que nous apercevons la terre.

6. — Le beau temps continue.

7. — Bientôt la provision de charbon sera tout à fait épuisée. Heureusement il souffle un vent favorable. Le capitaine ordonne d'arrêter la machine, on va mettre à la voile. Aussitôt les matelots anglais grimpent sur les vergues, les Hindous, les cipayes et même les chauffeurs africains tirent sur les cordages. Tout le monde prend part à la manœuvre. Le pont est alors encombré d'une foule d'hommes blancs, jaunes et noirs qui s'interpellent vivement dans leurs différents langages. On peut se figurer la confusion de la tour de Babel. Que de mouvement! Combien de monde employé! et tout cela pour rien. Car à peine les voiles sont-elles tendues, le vent tombe, et le bâtiment reste immobile. Aussi voyons-nous à notre aise le stérile rocher appelé *Ile de Barnt*. Cette tentative achevée, on retourne à la machine, et bientôt nous voici en marche avec bien moins d'efforts. Vive la vapeur !

Mais le charbon va manquer. On fait alors main basse sur un monceau de bois brisés par la mer. Puis on jette au feu de vieux cordages et des mâts de rechange. Enfin, on monte de la cale des rouleaux de cordages tout neufs. A coup de hache on les met en morceaux, puis on les lance dans les fourneaux. Voici un combustible d'un genre nouveau, mais peu économique. La tonne revient à plus de soixante-quinze francs, et nous en brûlons une et demie par heure. Du moins arriverons-nous au port. La machine s'arrête à son tour; une des chaudières est hors de service. Après quelques heures de travail, notre vapeur se remet de nouveau en marche. On avance cette fois plus lentement, car la force d'impulsion est diminuée de moitié par la perte de l'une de nos deux chaudières. Espérons du moins que nous finirons par atteindre le but de notre voyage.

8. — Vers trois heures du soir, nous apercevons les sommets bleuâtres des montagnes d'Aden. A six heures, on jette l'ancre non loin d'énormes rochers. Ce rivage désert semble le bord d'un immense cratère. On passe de *l'Adjadah* sur *l'Akbar*, qui doit nous porter à Suez. Ce vapeur, de la force de trois cent cinquante chevaux, est aussi propre que confortable. Le chef mécanicien me cède sa jolie cabine avec beaucoup d'amabilité. Il est vrai que je lui donne cent vingt francs pour mes repas pendant les six jours de traversée. Vingt francs par jour pour une nourriture fort simple, c'est suffisamment payé. A minuit, on lève l'ancre, et je quitte avec plaisir Aden, que j'étais si heureux d'atteindre.

9. — Il souffle toute la journée une charmante brise, contraire, il est vrai, mais qui rafraîchit l'air agréablement. A midi, on traverse le détroit de Bab-el-Mandeb, formé par des côtes montueuses et arides. Puis les rivages s'écartent de plus en plus;

nous sommes dans la mer Rouge. Le soir, on voit briller le phare de Mokka. Pendant la nuit, on sonde la profondeur de la mer à cause des nombreux écueils voisins. Je dors tranquillement malgré l'intensité de la chaleur.

10. — Vers midi, on atteint un archipel d'îlots volcaniques. De longues traînées de laves noirâtres et un cône aux nuances sulfureuses, caractérisent parfaitement ces volcans. La dernière éruption remonte à une dizaine d'années. La lutte entre le feu et l'eau devait ici présenter un curieux aspect.

11, 12, 13. — La mer tout à fait calme nous offre, à sa surface, les mêmes larges raies jaunes et rougeâtres que j'avais déjà remarquées en allant de Suez à Bombay.

14. — Nous côtoyons deux longs murs de rochers si semblables l'un à l'autre, qu'ils se nomment les Deux-Frères. Puis on atteint la partie resserrée de la mer Rouge. De toutes parts, les sommets de hautes montagnes escarpées forment l'horizon.

15. — Enfin, vers midi, nous débarquons à Suez. Après quelques heures de repos, je monte sur un dromadaire. Je me joins à la caravane qui porte les bagages de la malle de l'Inde. Une trentaine de chameaux, conduits chacun par un Arabe, sont tous attachés à la queue l'un de l'autre. Un sous-officier du pacha accélère la marche du convoi. Je cause avec lui en italien. Le sable du désert réfléchit les

rayons solaires avec tant de force, que je suis forcé de me garantir les yeux avec un voile bleu. Nous admirons un magnifique coucher de soleil.

Les cinq voitures qui portent mes compagnons de voyage ne tardent pas à rejoindre notre caravane. J'arriverai quatorze heures après eux, mais au lieu de deux cent cinquante francs, j'en paye dix seulement, ce qui est pour moi une considération, et en outre je ne monte pas en omnibus pour traverser le désert. Le froid de la nuit nous fait prendre avec plaisir une tasse de café qui nous est offerte dans une station par les gardiens arabes.

16. — Vers le milieu de la journée, il fait une chaleur étouffante. Je suis tellement épuisé de fatigue, que je m'arrêterais volontiers; mais le conducteur de la caravane s'y oppose. Il m'assure que marcher seul dans le désert serait m'exposer à l'attaque de quelques troupes arabes. Enfin, vers dix heures du soir, nous entrons au Caire. Je me jette sur le dîner et puis sur le lit avec l'empressement d'un voyageur qui est resté trente heures à dos de dromadaire, et qui n'a pris ni repos ni nourriture pendant un si pénible trajet.

Heureusement, du Caire à Paris, le voyage est aussi prompt que facile. Je l'ai fait déjà plusieurs fois, et presque toujours agréablement. Un bateau à vapeur conduit à Alexandrie, un autre à Marseille. Puis le chemin de fer nous transporte rapidement à Paris. J'y arrivai le 5 août 1853, après une absence qui avait duré plus de onze mois.

Depuis cette époque, j'ai visité l'Amérique et toute l'Europe ; j'ai parcouru plusieurs fois l'Égypte, les bords du Nil et presque tout l'Orient. Après dix années de voyage, je dois avouer n'avoir jamais vu de pays plus intéressant que l'Inde, sous le rapport des monuments, des mœurs et des costumes de ses habitants. Mais il faut partir promptement pour visiter ce pays avant qu'il n'ait subi le niveau civilisateur des chemins de fer.

Les artistes surtout doivent se hâter, s'ils veulent reproduire les aspects pittoresques de contrées encore peu explorées et les costumes singuliers des différentes populations indiennes. Les chariots traînés par des bœufs vont passer à l'état de curiosités. On les trouvera seulement dans les musées. Ils auront le même sort qu'une foule de bizarres embarcations fluviales qui ont été détruites par la concurrence des bateaux à vapeur. Sans doute, on voyagera plus vite et plus confortablement, mais d'une façon moins pittoresque.

Les villes elles-mêmes seront transformées par l'administration des Européens. On aura des rues larges et bien alignées, comme en Europe. Enfin, l'Inde prendra l'aspect régulier d'une colonie anglaise. Ce sera certainement un progrès au point de vue de la civilisation. Mais quelle déception pour le voyageur qui, après avoir lu une description de l'Inde, chercherait dans cette contrée les traces de l'originalité qui la caractérise encore , mais qui chaque jour tend à disparaître devant l'invasion de la monotone uniformité moderne.

FIN.

TABLE DES MATIÈRES.

FIN DE LA TABLE.

PARIS — IMPRIMERIE DE CH. LAHURE ET Cie
Rues de Fleurus, 9, et de l'Ouest, 21

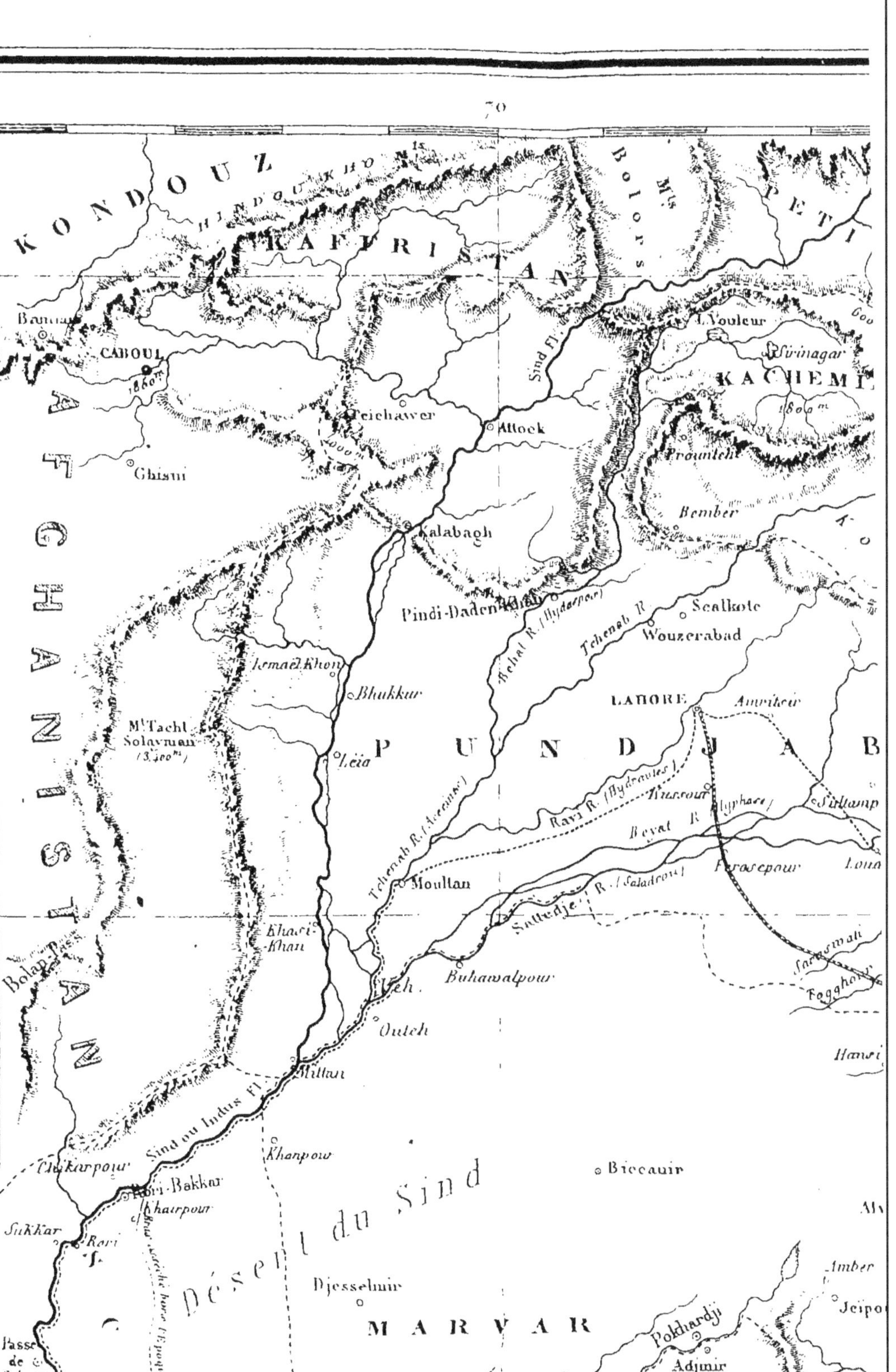

KONDOUZ
KAFIRISTAN
Mts Bolors
HINDOU KOU Mts
PETI
KACHEMI
L. Vouleur
Srinagar
1800 m
Bannu
CABOUL
1860 m
Peichawer
Attock
Ghisni
Prountch
Bember
Kalabagh
AFGHANISTAN
Pindi-Daden
Behat R. (Hydaspou)
Tchenab R.
Scalkote
Wouzerabad
Ismaël Khon
Bhukkur
LAHORE
Amriteur
Mt Tachi
Solavruan
(3,400 m)
Leia
PUNDJAB
Ravi R. (Hydraotes)
Russour
Iyphaces
Sirhamp
Tchenab R. (Acesines)
Beyal R.
Firosepour
Loua
Khaïri-
Khan
Moultan
Sultedje
R. (Saladrous)
Bolan-Pass
Oeh
Buhawalpour
Sarsouan
Foggon
Outch
Hansi
Millan
Sind ou Indus Fl.
Khanpou
Chikarpour
Biccauir
Bori-Bakkar
Khairpour
Aly
Sukkar
Rori
Amber
Désert du Sind
Jeipo
Passe
de
Schwan
Djesselmir
MARVAR
Pokhardji
Adjmir
Djoupour
Nassirabad

BIBLIOTHÈQUE VARIÉE

NOUVELLE COLLECTION IN-18 JÉSUS.

On peut se procurer chaque volume de cette collection relié ;
le prix de la demi-reliure, dos en chagrin, est de 1 franc 50 centimes ;
tranches dorées, 1 fr. 75 c.; avec plats dorés, fr. 10 c.

I. LITTÉRATURE CONTEMPORAINE.

(A 3 FR. 50 C. LE VOLUME.)

About (Ed.) : *La Grèce contemporaine.*
4e édition. 1 vol.
— *Nos artistes au salon de 1857.* 1 vol.
Anonyme : *L'Enfant*, par M***. 1 vol.
Balzac (H. de) : *Théâtre*, contenant
*Vautrin, les Ressources de Quinola,
Paméla Giraud, la Marâtre.* 1 vol.
Barrau (Th. H.) : *Histoire de la révolu-
tion française* (1789-1799). 1 vol.
Bautain (l'abbé) : *La belle saison à la
campagne.* 3e édition. 1 vol.
— *La chrétienne de nos jours.* 2 vol.
Bayard (J. F.) : *Théâtre*, avec une No-
tice de M. Eugène Scribe, de l'Acadé-
mie française. 12 vol.
   Chaque volume se vend séparément.
Belloy (marquis de) : *Le chevalier d'Ar,
ses aventures et ses poésies.* 1 vol.
— *Légendes fleuries.* 1 vol.
Brizeux (A.) : *Histoires poétiques*, sui-
vies de *l'Inspiration, ou poétique nouvelle.* 1 vol.   2 fr.
   Ouvrage couronné par l'Académie
française.
Busquet (A.) : *Le poème des heures.* 1 v.
Caro (E.) : *Études morales sur le temps
présent.*
   Ouvrage couronné par l'Académie
française.
Castellane (comte P. de) : *Souvenirs de
la vie militaire en Afrique.* 3e édition. 1 vol.

Fr.

Champfleury : *Contes d'été.* 1 vol.
Charpentier : *Les écrivains latins de
l'empire.* 1 vol.
Dargaud (J. M.) : *Histoire de Marie
Stuart.* 2e édition. 1 vol.
— *Voyage aux Alpes.* 1 vol.
Daumas (général E.) : *Mœurs et cou-
tumes de l'Algérie* (Tell, Kabylie,
Sahara). 3e édition. 1 vol.
Didier Ch.) : *Les amours d'Italie.* 1 v.
— *Les nuits du Caire.* 1 vol.
Énault (L.) : *Constantinople et la Tur-
quie*, tableau historique, pittoresque,
statistique et moral de l'empire otto-
man. 1 vol.
— *La Norvège.* 1 vol.
— *La terre sainte*, voyage des quarante
pèlerins de 1853, avec la carte de la
Palestine et le Panorama de Jérusalem. 1 vol.
Eyma (X.) : *Les deux Amériques*, histoire, mœurs et voyages. 1 vol.
— *Les femmes du nouveau monde.* 1 vol.
— *Les Peaux-Rouges*, scènes de la vie
indienne. 1 vol.
Fétis : *La musique mise à la portée de
tout le monde* ; exposé succinct de
tout ce qu'il est nécessaire pour juger
de cet art, et pour en parler sans en
avoir fait une étude approfondie.
2e édition, suivie d'un dictionnaire
des termes de musique, et d'une bi-
bliographie de la musique. 1 vol.

1

Figuier (L.) : *Histoire du merveilleux dans les temps modernes.* 4 vol.

— *L'alchimie et les alchimistes*, ou essai historique et critique sur la philosophie hermétique. 2ᵉ édit. 1 vol.

— *Les applications nouvelles de la science à l'industrie et aux arts*, introduction à *l'Année scientifique et industrielle.* 1 vol.

— *L'Année scientifique et industrielle*, 1ʳᵉ année (1856). 1 vol.; 2ᵉ année (1857). 1 vol ; 3ᵉ année (1858). 2 vol.; 4ᵉ année (1859). 1 vol.

Gautier (Th.) : *Un trio de romans.* 1 vol.

Gérard de Nerval : *Le rêve et la vie.* 1 vol.

— *Les illuminés*, ou les précurseurs du socialisme. 1 vol.

Giguet (P.) : *Le livre de Job*, précédé des livres de *Ruth*, *Tobit*, *Judith* et *Esther*, traduit du grec des Septante, par P. Giguet. 1 vol.

Gotthelf (J.) : *Nouvelles bernoises*, traduites par M. Max Buchon. 2ᵉ édit. 1 v.

Houssaye (A.) : *Histoire du quarante et unième fauteuil de l'Académie française.* 4ᵉ édition. 1 vol.

— *Le violon de Franjolé.* 6ᵉ édit. 1 vol.

— *Philosophes et comédiennes.* 3ᵉ édition. 1 vol.

— *Poésies complètes.* 4ᵉ édition. 1 vol.

— *Voyages humoristiques.* 1 vol.

Hugo (Victor) : *Théâtre.* 3 volumes :

Tome I : Lucrèce Borgia, Marion Delorme, Marie Tudor, la Esméralda, Ruy-Blas.

Tome II : Hernani, le Roi s'amuse, les Burgraves.

Tome III : Angelo, procès d'Angelo et d'Hernani, Cromwell.

— *Les Contemplations.* 2 vol.

— *Les Enfants*, livre des mères, extrait des œuvres poétiques de l'auteur. 1 v.

Jouffroy (Th.) : *Cours de droit naturel.* 3ᵉ édition. 2 vol.

— *Mélanges philosophiques.* 3ᵉ édition. 1 vol.

— *Nouveaux mélanges philosophiques.* 2ᵉ édition. 1 vol.

Jourdan (L.) : *Contes industriels.* 1 vol.

Lamartine (Alph. de) : *OEuvres.* 9 vol.
Méditations poétiques. 2 vol.
Harmonies poétiques. 1 vol.
Recueillements poétiques. 1 vol.

Jocelyn. 1 vol.
La chute d'un ange. 1 vol.
Voyage en Orient. 2 vol.
Lectures pour tous. 1 vol.

— *Histoire de la Restauration.* 8 vol.

Lanoye (Ferd. de) : *L'Inde contemporaine.* 2ᵉ édition. 1 volume contenant une carte.

— *Le Niger* et les explorations de l'Afrique centrale, depuis Mungo-Parck jusqu'au docteur Barth. 1 vol.

Laugel : *Études scientifiques.* 1 vol.

Lenient : *La Satire en France au moyen âge.* 1 vol.

Libert : *Histoire de la chevalerie.* 1 vol.

Lutfullah : Mémoires traduits de l'anglais et annotés par l'auteur de l'*Inde contemporaine.* 1 vol.

Marmier (X.) : *En Amerique et en Europe.* 1 vol.

— *Les fiancés du Spitzberg.* 1 vol. Ouvrage couronné par l'Académie française.

— *Lettres sur le Nord.* 5ᵉ édition. 1 vol.

— *Un été au bord de la Baltique et de la mer du Nord* (Dantzig; Oliva; Marienbourg ; la côte de Poméranie ; l'île de Rugen ; Hambourg; l'embouchure de l'Elbe ; Helgoland). vol.

Méry : *Mélodies poétiques.* 1 vol.

Michelet : *La Femme.* 2ᵉ édit. 1 vol.

— *L'Amour.* 4ᵉ édition. 1 vol.

— *L'Oiseau.* 6ᵉ édition. 1 vol.

— *L'Insecte.* 3ᵉ édition. 1 vol.

Milne (W. C.) : *La vie réelle en Chine*, traduite de l'anglais par M. Tasset, et annotée par G. Pauthier. 2ᵉ édit. 1 vol.

Moges (le marquis de) : *Souvenirs d'une ambassade en Chine et au Japon.* 1 vol.

Molé-Gentilhomme et **Saint-Germain Leduc** : *Catherine II*, ou la Russie au xviiiᵉ siècle; scènes historiques. 1 vol.

Monnier (Marc) : *L'Italie est-elle la terre des morts?* 1 vol.

Montaigne (M.) : *Essais*, précédés d'une lettre à M. Villemain sur l'éloge de Montaigne, par E. Christian. 1 vol.

Mornand (F.) : *La vie des eaux*, contenant les bains de mer et les eaux thermales, avec des notes sur la vertu curative des eaux, par le Dʳ *Roubaud.* 2ᵉ édition. 1 vol.

Mortemart-Boisse (baron de) : *La vie élégante à Paris.* 2e édition. 1 vol.

Nodier (Ch.) : *Les sept châteaux du roi de Bohême ; les quatre talismans.* Édition illustrée. 1 vol.

Nourrisson (J. F.) : *Les Pères de l'Église latine*, leur vie, leurs écrits, leur temps. 2 vol.

Orsay (Comtesse d') : *L'ombre du bonheur.* 1 vol.

Patin (Th.) : *Études sur les tragiques grecs.* 2e édition. 4 vol.

Perrens (F. T.) : *Jérôme Savonarole*, d'après les documents originaux et avec des pièces justificatives en grande partie inédites. 3e édition. 1 vol.
> Ouvrage couronné par l'Académie française.

— *Deux ans de révolution en Italie* (1848-1850). 1 vol.

Pfeiffer (Mme Ida) : *Voyage d'une femme autour du monde*, traduit de l'allemand, avec l'autorisation de l'auteur, par *W. de Suckau.* 1 vol.

— *Mon second voyage autour du monde*, traduit de l'allemand, avec l'autorisation de l'auteur, par *W. de Suckau.* 1 vol.

Rougebief (Eug.) : *Un fleuron de la France.* 1 vol.

Saint-Félix (J. de) : *Les nuits de Rome*, 1 vol.

Saintine (X.-B.) : *Picciola.* 1 vol.

— *Seul !* 1 vol.

Sand (George) : *L'homme de neige.* 2 vol.

— *Elle et lui.* 2e édition. 1 vol.

— *Jean de La Roche.* 1 vol.

Scudo (P.) : *Critique et littérature musicales.* 2 vol.

— *L'Année musicale*, 1re année (1859), 1 vol.

— *Le chevalier de Sarti.* 1 vol.

Simon (Jules) : *La liberté.* 2 vol.

— *La liberté de conscience.* 4e édit. 1 v.

— *La religion naturelle.* 5e édit. 1 vol.

— *Le devoir.* 6e édition. 1 vol.
> Ouvrage couronné par l'Académie française.

Taine (H.) : *Essai sur Tite Live.* 1 vol.
> Ouvrage couronné par l'Académie française.

— *Essais de critique et d'histoire.* 1 vol.

— *Les philosophes contemporains.* 2e édition. 1 vol.

— *Voyage aux Pyrénées.* 2e édit. 1 vol.

Texier (Edmond) : *La chronique de la guerre d'Italie.* 1 vol.

Théry : *Conseils aux mères.* 2 vol.
> Ouvrage couronné par l'Académie française.

Töpffer (R.) : *Nouvelles genevoises.* 1 vol.

— *Rosa et Gertrude.* 1 vol.

— *Le presbytère.* 1 vol.

— *Réflexions et menus propos d'un peintre genevois*, ou Essai sur le beau dans les arts. 1 vol.

Troplong : *De l'influence du christianisme sur le droit civil des Romains.* 1 vol.

Ulliac-Trémadure (Mlle) : *La maîtresse de maison.* 2e édition. 1 vol.

Vapereau : *L'Année littéraire*, 1re année (1858). 1 v.; 2e année (1859). 1 v.

Viardot : *Les musées d'Allemagne.*

— *Les musées d'Espagne.* 3e édit. 1 vol.

— *Les musées d'Italie.* 3e édit. 1 vol.

Viennet : *Épîtres ou Satires.* 1 vol.

Warren (comte Édouard de) : *L'Inde anglaise avant et après l'insurrection de 1857.* 3e édition, revue et considérablement augmentée. 2 vol.

Zeller (J.) : *Épisodes dramatiques de l'histoire d'Italie.* 1 vol.

— *L'Année historique*, 1re année (1859). 1 vol.

II. ŒUVRES DES PRINCIPAUX ÉCRIVAINS FRANÇAIS.

(A 2 FRANCS LE VOLUME.)

Barthélemy : *Voyage du jeune Anacharsie en Grèce* (sous presse).

Boileau : *OEuvres complètes.* 1 vol.
> Notice sur Boileau, — Satires, — Épîtres, — Art poétique, — Le Lutrin, — Poésies diverses, — OEuvres diverses en prose, — Réflexions sur Longin, — Traité du sublime, — Lettres.

Corneille : *OEuvres complètes*. 5 vol.

Tome i : Notice sur P. Corneille, — Mélite, — Clitandre, — la Veuve, — les Galeries du palais, — la Suivante, — la Place royale, — Médée, — l'Illusion, — le Cid.

Tome II : Horace, — Cinna, — Polyeucte, — Pompée, — le Menteur, — la suite du Menteur, — Théodore, — Rodogune, — Héraclius, — Andromède.

Tome III : Don Sanche d'Aragon, — Nicomède, — Pertharite, — OEdipe — la Conquête de la Toison d'or, — Sertorius, — Sophonisbe, — Othon, — Agésilas, — Attila, — Tite et Bérénice.

Tome IV : Psyché, — Pulchérie, — Suréna, — l'Imitation de Jésus-Christ, — l'Office de la sainte Vierge.

Tome V : Psaumes, — Hymnes, — Prières, — Poésies diverses, — Poëmes sur les victoires du roi, — Poésies latines, — Discours, Lettres, — OEuvres choisies de Thomas Corneille.

La Fontaine : *OEuvres complètes*. 2 vol.

Tome I : Notice sur La Fontaine, — Fables, — Contes.

Tome II : Théâtre, — Poésies diverses, — Opuscules en prose, — Lettres.

Molière : *OEuvres complètes*. 3 vol.

Tome I : Notice sur Molière, — la Jalousie de Barbouillé, — le Médecin volant, — l'Étourdi, — le Dépit amoureux, — les Précieuses ridicules, — Sganarelle, — Don Garcie de Navarre, — l'École des maris, — les Fâcheux, — l'Ecole des femmes, — la critique de l'École des femmes, — l'Impromptu de Versailles, — le Mariage forcé.

Tome II : La princesse d'Élide, — les Plaisirs de l'île enchantée, — Don Juan, — l'Amour médecin, — le Misanthrope, — le Médecin malgré lui, — Mélicerte. — le Sicilien, — le Tartufe, — Amphitryon, — l'Avare, — Georges Dandin.

Tome III : Relation de la fête de Versailles, — M. de Pourceaugnac, — les Amants magnifiques, — le Bourgeois gentilhomme, — Psyché, — les Fourberies de Scapin. — la Comtesse d'Escarbagnas, — les Femmes savantes, — le Malade imaginaire, — Poésies diverses.

Montesquieu : *OEuvres complètes*. 2 vol.

Tome I : Notice sur Montesquieu, — Esprit des lois.

Tome II : Grandeur et décadence des Romains, — Lettres persanes, — le Temple de Gnide, — Dialogue de Sylla et d'Eucrate, — Essai sur le goût, — OEuvres diverses, — Lettres, — Table analytique.

Pascal (B) : *OEuvres complètes*. 2 vol.

Tome I : Notice sur Pascal, — Vie de Pascal, par Mme Périer, — Lettres à un Provincial, — Pensées, — Opuscules.

Tome II : OEuvres attribuées, — Traités divers de physique et de mathématiques, — Table analytique.

Racine (J.) : *OEuvres complètes*. 2 vol.

Tome I : Notice sur Racine, — Théâtre.

Tome II : Histoire de Port-Royal, — Fragments historiques, — OEuvres diverses, — Remarques sur l'Odyssée et sur Pindare, — Lettres.

Rousseau (J. J.) : *OEuvres complètes*. 8 vol.

Tome I : Notice sur J. J. Rousseau, — Discours, — les quatre premiers livres d'Émile.

Tome II : Fin d'Emile, — Économie politique, — Contrat social.

Tome III : Considérations sur le gouvernement de Pologne, — Lettres à Butta-Foco, — Projet de paix perpétuelle, — Polysynodie, — Julie ou la nouvelle Héloïse.

Tome IV : Mélanges, — Théâtre, — Poésies, — Botanique, — Musique.

Tome V : Dictionnaire de musique, — les Confessions.

Tome VI : Dialogues, — Rêveries, — Correspondance.

Tomes VII et VIII : Fin de la Correspondance, — Table analytique.

Saint-Simon (le duc de) : *Mémoires complets et authentiques* sur le siècle de Louis XI et la Régence, collationnés sur le manuscrit original par M. Chéruel, et précédés d'une notice de M. Sainte-Beuve de l'Académie française. 13 vol.

Sédaine : *OEuvres choisies*. 1 vol.

Voltaire : *OEuvres complètes*. Les premiers volumes sont en vente et la publication sera promptement achevée.

III. CHEFS-D'ŒUVRE DES LITTÉRATURES MODERNES ÉTRANGÈRES

(A 3 FR. 50 C. LE VOLUME.)

Byron (lord) : *OEuvres complètes*, traduites de l'anglais par *Benjamin Laroche*, quatre séries :
1re série : *Child-Harold*. 1 vol.
2e série : *Poëmes*. 1 vol.
3e série : *Drames*. 1 vol.
4e série : *Don Juan*. 1 vol.

Dante : *La Divine Comédie*, traduite de l'italien, par *P. A. Fiorentino*. 1 vol.

Ossian : Poëmes gaéliques recueillis par *Mac-Pherson*, traduits de l'anglais par *P. Christian*, et précédés de recherches sur Ossian et les Calédoniens. 1 vol.

IV. BIBLIOTHÈQUE DES MEILLEURS ROMANS ÉTRANGERS.

(A 2 FRANCS LE VOLUME.)

Ainsworth (W. Harrisson) : *Abigaïl, ou la cour de la reine Anne*, roman historique traduit de l'anglais par M. Révoil. 1 vol.
— *Crichton*, roman traduit par Ch. Romey. 1 vol.
— *La Tour de Londres*, roman traduit par Ed. Scheffter. 1 vol.

Anonymes : *Whitefriars*, traduit de l'anglais par Ed. Scheffter. 1 vol.
— *Whitehall*, traduit de l'anglais, par M. Éd. Scheffter.
— *Paul Ferroll*, trduit de l'anglais par Mme H. Loreau. 1 vol.
— *Les pilleurs d'épaves*, traduits de l'anglais par Louis Stenio. 1 vol.
— *Violette*; — *Éléonor Raymond*. Imité de l'anglais par Old-Nick. 1 vol.

Beecher-Stowe (Mrs) : *La case de l'oncle Tom*, traduit de l'anglais par Louis Énault. 1 vol.

Bersezio (V.) : *Nouvelles piémontaises*, traduites avec l'autorisation de l'auteur, par Amédée Roux. 1 vol.

Bulwer Lytton (sir Edward) : *OEuvres*, traduites de l'anglais, avec l'autorisation de l'auteur, sous la direction de P. Lorain.
En vente :
— *Devereux*, traduit par William L. Hughes 1 vol.
— *Ernest Maltravers*, traduit par Mlle Collinet. 1 vol.
— *Le dernier des barons*, traduit par Mme Bressant. 2 vol.
— *Le Désavoué*, traduit par M. Corréard, 1 vol.
— *Les derniers jours de Pompéi*, traduits par M. Hippolyte Lucas. 1 vol.
— *Mémoires de Pisistrate Caxton*, traduits par Ed. Scheffter. 1 vol.
— *Paul Clifford*, traduit par M. Virgile Boileau. 1 vol.
— *Qu'en fera-t il?* traduit par M. Amédée Pichot. 2 vol.
— *Rienzi*, traduit sous la direction de M. Lorain. 1 vol.
— *Zanoni*, traduit par M. Sheldon. 1 vol.

Caballero (Fernan) : *Nouvelles andalouses*, traduites de l'espagnol par A. Germond de Lavigne. 1 vol.

Cervantès : *Don Quichotte*, traduit de l'espagnol par L. Viardot. 2 vol.

— *Nouvelles*, traduites par le même. 1 v.

Cummins (Miss) : *L'allumeur de réverbères*, traduit de l'anglais par MM. Belin de Launay et Éd. Scheffter. 1 vol.

— *Mabel Vaughan*, traduite de l'anglais avec l'autorisation de l'auteur, par Mme H. Loreau. 1 vol.

Currer-Bell (Mrs Brontë) : *Jane Eyre*, ou les mémoires d'une institutrice, roman traduit de l'anglais, avec l'autorisation de l'auteur, par Mme Lesbazeilles-Souvestre. 1 vol.

— *Le professeur*, trad. avec l'autorisation de l'auteur, par Mme H. Loreau. 1 vol.

— *Shirley*, traduit par M. Ch. Romey. 1 v.

Dickens (Charles) : *OEuvres*, traduites de l'anglais, avec l'autorisation de l'auteur, sous la direction de P. Lorain.

En vente :

— *Aventures de M. Pickwick.* 2 vol.
— *Barnabé Rudge.* 2 vol.
— *Bleak-House.* 1 vol.
— *Contes de Noël.* 1 vol.
— *David Copperfield.* 2 vol.
— *Dombey et fils.* 2 vol.
— *La petite Dorrit.* 2 vol.
— *Le magasin d'antiquités.* 2 vol.
— *Les temps difficiles.* 1 vol.
— *Nicolas Nickleby.* 2 vol.
— *Olivier Twist.* 1 vol.
— *Vie et aventures de Martin Chuzzlewit.* 2 vol.

Disraéli : *Sybil*, traduit de l'anglais, avec l'autorisation de l'auteur, par ★★★. 1 vol.

Freytag (G.) : *Doit et avoir*, traduit de l'allemand, avec l'autorisation de l'auteur, par W. de Suckau. 1 vol.

Fullerton (lady) : *L'Oiseau du bon Dieu*, traduit de l'anglais par Mlle de Saint-Romain, et publié avec l'autorisation de l'auteur. 1 vol.

Fullon (S. W.) : *La comtesse de Mirandole*, roman anglais traduit par Ch. Roquette. 1 vol.

Gaskell (Mrs) : *OEuvres*, traduites de l'anglais, avec l'autorisation exclusive de l'auteur.

En vente :

— *Autour du sofa*, traduit par Mme H. Loreau. 1 vol.

— *Marie Barton*, traduite par Mlle Morel. 1 vol.

— *Nord et sud*, traduit par Mmes H. Loreau et H. Lespine. 1 vol.

— *Ruth*, traduit par M.★★★. 1 vol.

Gerstäcker : *Les pirates du Mississipi*, traduits de l'allemand, par B. H. Révoil. 1 vol.

— *Les deux Convicts*, traduits par B. H. Révoil. 1 vol.

Gogol (Nicolas) : *Les âmes mortes*, trad. du russe par Ernest Charrière. 1 vol.

Grant (James) : *Les mousquetaires écossais*, roman anglais traduit par M. Émile Ouchard. 1 vol.

Hackländer : *Boutique et comptoir*, traduit de l'allemand, avec l'autorisation de l'auteur, par M. Materne. 1 vol.

— *Le moment du bonheur*, roman traduit par M. Materne. 1 vol.

Hauff (Wilhem) : *Nouvelles*, traduites de l'allemand par A. Materne. 1 vol.

— *Lichtenstein*, épisode de l'histoire du Wurtemberg, traduit par MM. E. et H. de Suckau. 1 vol.

Heiberg (L) : *Nouvelles danoises*, traduites par M. X. Marmier. 1 vol.

Hildreth : *L'esclave blanc*, nouvelle peinture de l'esclavage en Amérique, trad. de l'anglais par M. Mornand. 1 vol.

Immermann : *Les paysans de Vesphalie*, traduits par M. Desfeuiles. 1 vol.

James : *Léonora d'Orco*, traduite de l'anglais, avec l'autorisation de l'auteur, par Mme de Morvan. 1 vol.

Kingsley : *Il y a deux ans*, roman anglais, traduit avec l'autorisation de l'auteur par H. de l'Espine 1 vol.

Lennep (J. Van) : *Les aventures de Ferdinand Huyck*, traduites du hollandais, avec l'autorisation de l'auteur, par MM. Wocquier et D. Van Lennep. 1 vol.

— *Brinio*, traduit du hollandais, avec l'autorisation de l'auteur, par F. Douchez. 1 vol.

— *La rose de Dekama*, traduite du hollandais, avec l'autorisation de l'auteur, par MM. Wocquier et D. Van Lennep. 1 vol.

Lever (Ch.) : *Harry Lorrequer*, traduit de l'anglais, avec l'autorisation de l'auteur, par M. Baudéan. 2 vol.

Ludwig (Otto) : *Entre ciel et terre*, traduit de l'allemand, avec l'autorisation de l'auteur, par A. Materne. 1 vol.

Marvel (Isaac) : *Le rêve de la vie*, roman anglais, traduit, avec l'autorisation de l'auteur, par Mme Mezzara. 1 vol.

Mane -Reid : *La Quarteronne*, roman anglais, traduit, avec l'autorisation de l'auteur, par L. Sténio. 1 vol.

Mügge (Th.) : *Afraja*, traduit de l'allemand, avec l'autorisation de l'auteur, par W. et E. de Suckau. 1 vol.

Smith (J. F.) : *Dick Tarleton*, traduit de l'anglais, avec l'autorisation de l'auteur, par Éd. Scheffter. 2 vol.

— *La femme et son maître*, traduit avec l'autorisation de l'auteur, par H. de l'Espine, 2 vol.

Stephens (Miss A. S.) : *Opulence et misère*, traduit de l'anglais, par Mme Loreau. 1 vol.

Thackeray : *OEuvres*, traduites de l'anglais, avec l'autorisation de l'auteur.
En vente :
— *Henry Esmond*, traduit par Léon de Wailly. 1 vol.
— *Histoire de Pendennis*, traduite par Éd. Scheffter. 2 vol.

— *La foire aux vanités*, traduite par G. Guiffrey. 2 vol.
— *Le livre des Snobs*, traduit par G. Guiffrey. 1 vol.
— *Mémoires de Barry Lyndon*, traduits par Léon de Wailly.

Tourguéneff : *Scènes de la vie russe*, traduites du russe avec l'autorisation de l'auteur, par X. Marmier et L. Viardot. 1 vol.
— *Mémoires d'un seigneur russe*, traduits par E. Charrière. 2e édition. 1 vol.

Trollope (Francis) : *La pupille*, roman anglais traduit par Mme Sara de La Fizelière. 1 vol.

Wilkie Collins : *Le secret*, roman anglais, traduit, avec l'autorisation de l'auteur, par Old-Nick. 1 vol.

Zschokke : *Addrich des Mousses*, roman allemand, traduit par W. de Suckau. 1 v.
— *Le château d'Aarau*, traduit de l'allemand par W. de Sukau. 1 vol.
— *Contes suisses*, traduits par W. de Suckau. 1 vol.

V. CHEFS-D'ŒUVRE DES LITTÉRATURES ANCIENNES.
(A 3 FR. 50 C. LE VOLUME.)

Aristophane : *OEuvres complètes*, traduction nouvelle par M. Poyard. 1 vol.

Hérodote : *OEuvres complètes*, traduction nouvelle avec une introduction et des notes, par M. P. Giguet. 1 vol.

Homère : *OEuvres complètes*, traduction nouvelle, suivie d'un Essai d'encyclopédie homérique, par M. P. Giguet. 4e édition 1 vol.

Lucien : *OEuvres complètes*, traduction nouvelle, suivie d'une table analytique, par M. Talbot. 2 vol.

Tacite : *OEuvres Complètes*, traduites en français avec une introduction et des notes par J. L. Burnouf. 1 volume.

Xénophon : *OEuvres complètes*, traduction nouvelle par M. Talbot. 2 vol.

Des traductions d'Eschyle, d'Euripide, de Sophocle, de Plutarque et de Strabon sont en préparation.

VI. CHEFS-D'ŒUVRE DE LA PHILOSOPHIE ANCIENNE ET MODERNE.
(A 3 FR. 50 C. LE VOLUME.)

Bossuet : *OEuvres philosophiques*, comprenant les Traités de la connaissance de Dieu et de soi-même, et du Libre arbitre, la Logique, et le Traité des causes, publiées par M. de Lens. 1 v.

Descartes, Bacon, Leibnitz, recueil contenant : 1° Discours de la Méthode; 2° Traduction nouvelle en français du *Novum organum*; 3° Fragments de la Théodicée, avec des notes, par

M. Lorquet, professeur de philosophie au lycée Saint-Louis. 1 vol.

Fénelon : *Traité de l'Existence de Dieu, et Lettres sur divers sujets de métaphysique*, publiés par M. Danton, inspecteur général de l'instruction publique. 1 vol.

Nicole : *OEuvres philosophiques et morales*, comprenant un choix de ses Essais et publiées avec des notes et une introduction, par M. Ch. Jourdain, professeur agrégé de philosophie près les Facultés des lettres. 1 vol.

Paris. — Imprimerie de Ch. Labure et Cie, rue de Fleurus, 9.